普通高等教育“十一五”国家级规划教材
《农业气象学》立体化配套教材

农业气象观测与数据分析

（第二版）

姜会飞　主编

科学出版社
北京

内 容 简 介

本书以中国气象局业务部门的观测规范和分析方法为基础，注重培养学生农业气象要素观测技能和数据资料分析处理能力，在介绍传统常规观测手段和方法的同时，结合农业气象学科应用服务和观测手段的发展，介绍现代农业气象观测中的一些新仪器和新技术，保证教材内容的基础性、规范性和先进性。

全书共 9 章 15 个实习，主要包括辐射、日照、温度、湿度、气压、风、降水、蒸发和云等气象要素的观测测量原理、仪器安装维护、观测方法和步骤，以及农业小气候观测和气象数据资料的整理、统计、分析及应用。书中内容展现了气象科技服务农业的新领域、新技术和新方法，这些新技术和新方法也为建立农业气象减灾防灾保障体系提供技术支持。

本书不仅可用作农业院校非农业气象专业的教材，也可供农业气象、地理、水文等其他有关专业及各级农、林、牧、渔等生产和管理部门的技术人员及管理人员参考。

图书在版编目(CIP)数据

农业气象观测与数据分析/姜会飞主编. —2 版. —北京：科学出版社，2014

（普通高等教育“十一五”国家级规划教材《农业气象学》立体化配套教材）

ISBN 978-7-03-041764-0

Ⅰ. 农… Ⅱ. 姜… Ⅲ. ①农业气象-气象观测-高等学校-教材 ②农业气象-气象数据-分析-高等学校-教材 Ⅳ. ①S163

中国版本图书馆 CIP 数据核字（2014）第 194181 号

责任编辑：丛 楠/责任校对：胡小洁

责任印制：赵 博/封面设计：铭轩堂

科学出版社 出版

北京东黄城根北街 16 号

邮政编码：100717

http://www.sciencep.com

北京中石油彩色印刷有限责任公司印刷

科学出版社发行 各地新华书店经销

*

2009 年 4 月第 一 版 开本：720×1000 1/16

2014 年 11 月第 二 版 印张：14

2024 年5月第十一次印刷 字数：282 000

定价：59.80 元

（如有印装质量问题，我社负责调换）

《农业气象观测与数据分析》（第二版）

编委会名单

主　编： 姜会飞

副主编： 廖树华　霍治国　杨霏云

编　委：（按姓氏汉语拼音排序）

侯双双（贵州大学）

霍治国（中国气象科学研究院）

黄晚华（湖南省气象科学研究所）

姜会飞（中国农业大学）

李天佑（浙江农林大学）

廖树华（中国农业大学）

潘仕梅（中国农业大学烟台研究院）

杨霏云（中国气象局培训中心）

朱士兵（湖南省常德市农业气象试验站）

第二版前言

农业气象观测与数据分析，作为农业气象科学研究和农业气象实践应用的基础方法，是高等农业院校本（专）科生的专业基础课课程——农业气象学的配套实验实习课程。本书以中国气象局业务部门的观测规范和分析方法为基础，由高等院校从事农业气象学教学一线的教师和中国气象局从事农业气象科学研究的专家及业务技术骨干共同编写而成。

本书第一版从农业气象观测场地选择、气象要素观测地段和时段确定、观测仪器性能和使用方法、数据观测记录和资料调查、数据整理和分析等方面系统地介绍了农业气象要素的数据采取和分析方法。本书作为本（专）科生实验课程教材，于2009年首次出版发行后，被农业院校、农业科学院和气象局系统农业气象专业选作研究生实验教材，并成为受科技工作者普遍欢迎的参考工具书，至2014年已先后印刷四次。

应广大读者对增加数据分析内容的要求，本版增补了农业气象产量测算、马尔柯夫序列分析和提炼主要影响因子的相关回归分析等几种农业气象中常用的统计分析方法，并把这些内容归于第九章——农业气象统计分析。第八章和第九章的数据分析方法有相应配套的教学软件，供师生使用。

农业气象研究过程通常分为资料的获取、处理和分析三个阶段。资料获取方法包括调查考察、田间试验、人工模拟农业气象条件等，通常要进行农业生物或设施状况和环境气象要素二者的平行观测。资料处理包括审核、订正和数学加工处理。资料分析包括统计学方法、数值模拟法、系统分析法、模糊聚类法等。基于规范的试验观测方法获得实验数据，并经过筛选和处理得到真实可靠的数据结果后，农业信息与气象要素之间的相互关系和内在规律需借助有效的数据分析方法来揭示。

统计分析是农业气象数据分析中最常用的手段和技术，其中相关分析作为统计学中的一种古典方法，在农业气象数据分析中的使用最为普遍。可运用数理统计方法研究农业与气象数据之间的相互关系，从中找出气象条件对农业影响的规律性，或从描述不同农业对象的气象数据之间寻找它们存在的相互依赖关系。虽然统计分析方法不能揭示事物内在的因果关系，但对于归纳和概括已有的大量事实，建立一组因素综合影响的随机变量之间的依存关系，认识事物的外部联系，较为客观地区分矛盾的主次、影响程度，还是有效的工具。经验和实践证实，只有在统计资料足够和可靠的基础上，选用合理的数学方法，才能取得满意的结果。

对农业气象数据进行分析的方法常常是基于农业与气象的数据关系分析构建农业气象指标，并根据农业气象数据关系和演变。本书介绍的方法是常用的统计处理和数据分析方法，在统计方法中是一些基础的方法。随着学科的发展和计算条件的改善，许多新方法和新理论不断涌现，这些众多的内容几乎无法在一门课程或一本书中加以概括和讲述，也不可能在一个学期内讲授完毕。因此，在本版中我们着重对最基本的统计分析方法做了一些补充。

编　者

2014年5月

第一版前言

本书是普通高等教育“十一五”国家级规划教材《农业气象学》的配套教材和补充教材，与《农业气象学》构成统一的整体。观测和分析是科学研究的第一步，农业气象观测与数据分析是农业气象教学过程中最重要的环节之一。通过开展有效的气象要素观测和数据分析的实践教学，不仅可以巩固和补充课堂教学内容，而且还可以培养学生观测和分析数据的实践操作技能，提高科学考察和判断的能力。

农业气象观测与数据分析是一门培养实践操作技能的课程，故本书强调知识与技能并重，而且在某些方面更侧重技能的掌握，使学生的基本技能操作熟练并规范化。为此，我们在相应的章节后配有复习思考题，并安排了实习，要求学生掌握气象学基础理论和基本实践技能。

本书内容以中国气象局业务部门的观测规范和分析方法为基础，由高校从事农业气象学教学一线的教师和中国气象局从事农业气象科学研究的专家及业务技术骨干共同编写完成。在教材编写方面，着重对学生实践操作和观测技能的培养，同时根据农业气象观测要求和技术科学发展的趋势，介绍现代农业气象观测方法和技术手段、农业小气候基本观测知识及一些新仪器、新技术。这样既保证了教材内容的正规性、合理性、先进性，又具有一定的知识储备，使学生今后无论在基层还是在科研部门工作，都能适应现代农业技术的需求，更快更好地开展工作。

本书第一章至第五章介绍了观测场地的选择、建设，辐射、温度、湿度、风、气压、降水、蒸发和云等气象要素的测量原理，观测仪器的安装维护，以及观测的方法和步骤；第六章介绍了自动气象站系统和现代农业气象观测中使用的一些新仪器和新技术；第七章介绍了作物气象、林果气象、畜牧气象和渔业气象等农业气象观测种类，农业小气候观测，农业气象灾害及病虫害观测和调查的规范方法，包括观测原则、仪器特点和观测程序等；第八章介绍了气象资料和农业气候资料的整理、统计、分析和应用。

在实际教学工作中，各院校可根据本校具体仪器设备条件、实习课学时数等实际情况，对实习内容作相应的取舍，并可编写出适应本校情况的实习报告作业本，以实施教学。

受编者水平和时间限制，书中文字、图表等方面仍难免会有不足之处。望读者把对本书的意见和建议反馈给我们，以便在本书重印和再版时予以修改。

编　者

2009年3月

目　　录

第一章　农业气象观测场地设置

农业气象观测是农业气象业务、服务和科研的基础，它包括对农作物生长环境中的物理要素、气象要素及相关土壤要素和生物要素的观测。气象要素的大气候观测方法与地面气象观测方法相同，土壤水分等要素的观测方法可以参阅《土壤学》或《土壤学实验指导》。本书侧重介绍地面气象要素、农业小气候和生物要素的观测记录及数据的整理分析。

第一节　农业气象观测项目和场地

一、农业气象观测的基本要求

1. 平行观测原则

农业气象观测必须遵守平行观测的基本原则，即在进行生物生长、发育状况观测的同时，还要对其生长和生存的环境进行同步观测，使资料具有可比性。

2. 点面结合的方法

所选农业气象观测点要能够代表同一种农业气象类型，即根据所选择的测点资料，可以推出同一农业类型的大致情况。因此，除了在固定的观测地段进行系统观测外，还应在生物生长、发育的关键时期，以及气象灾害、病虫害发生时进行较大范围的农业气象调查，以增强观测资料的代表性。

3. 观测工作的科学性、连续性、长期性和可行性

观测地段和观测项目要相对稳定，观测项目、观测标准和使用仪器、观测方法等应科学合理，确保观测资料的科学性、代表性、可行性、可比性、连续性和统一性。

二、农业气象观测项目的选择

农业气象观测项目包括农业生物要素和大气环境要素两部分。根据科研和业务服务内容不同，所选择的农业气象观测项目也有所不同。表 1.1 列出了农田生态系统的农业生物要素、农业气象灾害和大气物理要素等选择观测内容。

表 1.1　农业气象观测项目

类别	观测项目	观测要素
大气物理要素	常规气象	温度、气压、湿度(水汽压)、风向、风速、地温、蒸发量、日照时数、降水、冻土深度、总辐射、直接辐射、散射辐射、反射辐射、净辐射、紫外辐射、云、能见度、天气现象等
	大气边界层	温度、相对湿度、风向、风速
	小气候	总辐射、直接辐射、散射辐射、反射辐射、净辐射、光合有效辐射、气温、相对湿度、风速、土壤温度等
	下垫面-大气间通量	农田、森林、草地、荒漠、湿地生态系统：地-气间感热、潜热、动量、CO_2通量；湖泊生态系统：水-气间感热、潜热、动量、CO_2通量
生物要素(农田生态系统)	作物物候	稻类、麦类、玉米、棉花、大豆、高粱、甘薯、马铃薯、油菜、花生、芝麻、向日葵、甜菜、甘蔗、烟草、苎麻、黄麻、红麻、亚麻、谷子等作物的发育期
	作物生长状况与产量	高度、密度、生长量、最大根深、根宽、根长密度和根重、作物生长状况评定、产量因素、产量结构、产量
	作物生理参数	叶片光合速率、蒸腾速率、气孔导度、叶片叶绿素含量
	冠层光谱特性	350～2500nm 分光光谱特征曲线
	农事活动	整地、播种、移栽、田间管理、收获方式
	农田环境状况	地理位置、土壤类型、土壤质地、灌溉方式、作物布局
灾害	农业气象灾害	干旱、洪涝、渍害、雹灾、连阴雨、低温冷害、霜冻、冻害、雪灾、高温热害、风灾和干热风等
	牧草气象灾害	霜冻、干旱、冰雹、暴雨、大风等
	家畜气象灾害	白灾、黑灾、暴风雪、大风、风沙等
	森林气象灾害	冻害、霜冻、低温冷害、高温、干旱、洪涝、冰雹、暴雨、雪压、雨凇、大风等

三、农田生态气象观测场地的确定

农业气象观测场由大气物理要素观测场、农田生态气象主观测场和农田生态气象辅助观测场三部分组成。农田生态气象观测场地的正确选择和设定是保障观测资料准确性和代表性的重要前提。

(1) 农田生态气象主观测场的环境要求：主观测场主要来流路径要足够长，遮挡角小于 1°，并在主要来流路径 10km 范围内没有大型污染源和水体等。为减少小气候的影响，主观测场地段距离林缘、建筑物、道路等应在 20m 以上，主观测场面积为 25m×25m。

(2) 农田生态气象主观测场和辅助观测场是四周边缘与地理经度线和纬度线平行的正方形，周边不设置围栏，用 GPS 定位仪按照 5km×5km 的面积要求，确定正方形观测场的 4 个顶点位置，即经度和纬度（精确到 0.1′）、海拔（精确到 0.1m）。并在 4 个顶点设置标志桩，标明观测场的范围。

(3) 农田生态气象主观测场和辅助观测场应能够代表当地主要的农田生态系统类型及其下垫面类型（地形、地势、土壤、植被类型、水域等状况）和大气观测场的天气气候条件。为了增强观测资料的代表性，还需在生态气象站附近的辅助观测场增设 4 个调查点。

(4) 观测场地要保持固定。

生态主观测场和生态辅助观测场如图 1.1所示。

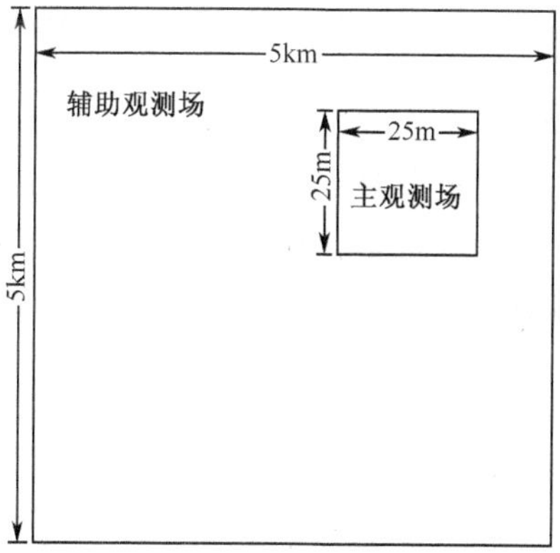

图 1.1　农田生态气象主观测场和辅助观测场

四、农田小气候观测位置和时间的设置

农田小气候观测的目的，主要是揭示农田小气候特征，了解不同作物、不同栽培条件和不同农业技术措施所产生的不同小气候效应对作物生长发育的影响，以便进一步改善农田小气候环境，提高农业技术措施的实效。农田小气候观测不同于大气候观测，它没有长期固定的观测场地，也没有统一的观测规范，其观测内容常根据研究对象、任务来确定。

1. 农田小气候观测的一般原则

农田小气候特征不仅表现在时间的变化上，而且也反映在空间分布的特点上。因此，在进行农田小气候观测时，必须正确选择观测地段，确定观测项目、观测高度和观测时间。

农田中光照、温度、湿度、风等气象要素值是通过各种气象仪器的测量取得的，这些要素值的准确性与测点选择的关系很大。因为农田小气候特征除了受下垫面性质影响外，还与植株高度、密度、品种、农业技术措施等有关。因此，测点的选择必须具有代表性和比较性。

2. 观测地段和测点的选择

农田小气候观测地段的面积取决于观测目的和观测内容，一般在 15m×15m 以上，该地段要求能反映所要了解的小气候特征，且方便观测。

地段内的测点分为基本观测点和辅助观测点。基本观测点设置在最有代表性的观测地段上。基本观测点的观测项目要求比较齐全，观测时间、次数比较固定，同时要观测作物的生长发育状况。为补充基本观测点资料，完善基本观测点的小气候特征，需要设置辅助观测点。辅助观测点可以不固定，观测项目和次数也可以与基本观测点不同，一般观测次数相对较少，但观测时间应基本一致。

3. 观测高度和深度的设置

由于空气温度、湿度和风等气象要素在垂直方向的分布规律随高度呈对数比例变化，所以选择观测高度不能等距离分布，一般近地面的地方观测高度密一些，远离地面的地方观测高度稀一些。测点高度一般需包括 20cm、150cm 和2/3 株高三个高度。20cm 高度基本能代表贴地气层的情况，同时 20cm 高度又是气象要素垂直变化的转折点；150cm 高度能够代表大气候的一般情况，观测资料可与附近气象站的观测资料进行比较；2/3 株高是植株茎叶茂密的地方，代表农田植被活动层情况。

农田中风速的观测高度一般为 1/3 株高、2/3 株高和外活动面以上 1m 高。辐射观测一般选择植株基部、2/3 株高和作物层顶。作物层顶的光照强度表示自然光强，2/3 株高的光照强度可以反映植株的主要受光情况，基部的光照强度反映作物下部的受光情况。

土壤温度的观测深度，一般在地表层布点密，深层布点稀，常用地面 0cm、地下 5cm、地下 10cm、地下 15cm、地下 20cm、地下 30cm、地下 50cm 7 个深度，后 2 个深度主要反映深耕农田的温度状况。

4. 观测时间的确定

农田小气候观测不需要长时间逐日观测，一般根据观测目的可结合作物的生育期选择不同天气类型（晴天、阴天、多云）进行观测，晴天小气候效应最明显，可连续观测 3 天。观测时间应按以下原则进行选择。

（1）选择在观测时间所测的记录，算出的平均值应尽量接近于实际的日平均值。

（2）一天所选的时间中，应有 1～4 次的观测时间与气象台站的观测时间相同，便于比较。

（3）根据所选时间的观测，可表现出气象要素的日变化，其中包括最高值和最低值出现的时间；可反映农田中气象要素的垂直分布类型，如空气温度的日射型和辐射型、空气湿度的干型和湿型等。

第二节 地面气象观测场的建设

一、观测站的种类和观测要求

1. 观测站的分类

地面气象观测站按承担的观测任务和作用分为国家基准气候站、国家基本气象站、国家一般气象站三类，还可根据需要设置无人值守气象站。承担气象辐射观测任务的站，按观测项目的多少分为一级站、二级站和三级站。

国家基准气候站——简称为基准站，是根据国家气候区划和全球气候观测系统的要求，为获取具有充分代表性的长期、连续气候资料而设置的气候观测站，是国家气候站网的骨干，必要时可承担观测业务试验任务。

国家基本气象站——简称为基本站，是根据全国气候分析和天气预报的需要设置的地面气象观测站，大多担负区域或国家气象信息交换任务，是国家天气气候站网中的主体。

国家一般气象站——简称为一般站，主要是按省（自治区、直辖市）行政区划设置的地面气象观测站，获取的观测资料主要用于本省（自治区、直辖市）和当地的气象服务，也是国家天气气候站网的补充。

无人值守气象站——简称为无人站，是在不便建立人工地面气象观测站的地方，利用自动气象站建立的无人地面气象观测站，用于天气气候站网的空间加密，观测项目和发报时次可根据需要设定。

另外，还可布设机动地面气象观测站，按气象业务和服务的临时需要组织所需地面气象观测。

承担气象辐射观测任务的台站分为：

气象辐射观测一级站——进行总辐射、散射辐射、太阳直接辐射、反射辐射和净全辐射观测的辐射观测站；

气象辐射观测二级站——进行总辐射、净全辐射观测的辐射观测站；

气象辐射观测三级站——进行总辐射观测的辐射观测站。

2. 站址迁移及对比观测要求

（1）基准站、基本站和辐射站站址的迁移必须报国务院气象主管机构审批；一般站站址迁移必须报省级气象主管机构审批，并报国务院气象主管机构备案。

（2）为取得全年完整的观测资料，旧站址的观测记录应持续到当年12月31日，新站址的正式观测记录应从翌年1月1日开始。

（3）为了解站址迁移前后观测资料的差异，应正确使用迁站前后观测资料提供的依据。凡新旧两地水平距离超过2000m，或海拔差在100m以上，或地形环境有明显差异时，迁站时需在新、旧站址同时进行对比观测。对比观测可在迁站前进行，也可在迁站后进行。

（4）对比观测项目为气温（包括最高气温、最低气温）、湿度、风向、风速、深层地温（无深层地温观测任务的站不必进行）。

对比观测的时间，基准站为1年（1～12月）；基本站和一般站为1月、4月、7月（或7月、10月、1月）3个月。每天进行对比观测的时次为02时、08时、14时、20时（80cm、160cm、320cm等层的地温仅在14时）4个时次，夜间不守班的地面气象观测站02时可用自记记录代替。

（5）对比观测资料应统计整理成月报表，并存档上报。

3. 观测值班室

观测值班室是安放室内观测仪器的场所和值班观测员的工作室，一般应建在观测场北边，保证观测员在值班室有较开阔的视野，能看见观测场的全貌，可随时监视观测场的情况和天气变化。观测值班室安装集中控制和分配供电电源的配电箱。

二、观测场的选择和设置

1. 环境条件要求

地面气象观测场必须符合观测技术上的要求。

(1) 地面气象观测场是取得地面气象资料的主要场所，地点应设在能较好地反映本地较大范围内气象要素特点的地方，避免局部地形的影响。观测场四周必须空旷平坦，避免建在陡坡、洼地或邻近有铁路、公路、工矿、烟囱、高大建筑物等的地方。避开地方性雾、烟等大气污染严重的地方。

地面气象观测场四周障碍物的影子应不会投射到日照和辐射观测仪器的受光面上，附近没有反射阳光强的物体。

(2) 在城市或工矿区，观测场应选择在城市或工矿区频率最大风向的上风方。

(3) 地面气象观测场周围观测环境发生变化后要进行详细记录。新建、迁移观测场或观测场四周的障碍物发生明显变化时，应测定四周各障碍物的方位角和高度角，绘制地平圈障碍物遮蔽图。

(4) 无人值守气象站和机动气象观测站的环境条件可根据设站的目的自行掌握。

2. 观测场的规格和要求

(1) 观测场一般为 25m×25m 的平整场地；如受条件限制，也可取 16m（东西向）×20m（南北向），高山站、海岛站、无人站不受此限制；需要安装辐射仪器的台站，可将观测场南边缘向南扩展 10m。

(2) 要测定观测场的经纬度（精确到 0.1′）和海拔（精确到 0.1m），其数据刻在观测场内固定标志上。

(3) 观测场四周一般应设置约 1.2m 高的稀疏围栏，围栏不宜采用反光太强的材料。观测场围栏的门一般开在北面。场地应平整，保持有均匀草层（不长草的地区例外），草高不能超过 20cm。对草层的养护，不能对观测记录造成影响。场内不准种植作物。

(4) 为保持观测场地的自然状态，场内应铺设 0.3～0.5m 宽的小路（不得用沥青铺路面)，人员只准在小路上行走。有积雪时，除小路上的积雪可以清除外，应保护场地积雪的自然状态。

(5) 根据场内仪器布设位置和线缆铺设需要，在小路下修建电缆沟(管)。电缆沟(管) 应做到防水、防鼠，便于维护。

(6) 观测场的防雷设施必须符合气象行业规定的防雷技术标准的要求。

3. 观测场内仪器设施的布置

观测场内仪器设施的布置要注意互不影响，便于观测操作。具体要求如下：

(1) 高的仪器设施安置在北面，低的仪器设施安置在南面。

(2) 各仪器设施东西排列成行，南北布设成列，相互之间东西间隔不小于4m、南北间隔不小于 3m，仪器距离观测场边缘护栏不小于 3m。

(3) 仪器安置在紧靠东西向小路的南面，观测员应从北面接近仪器。

(4) 辐射观测仪器一般安装在观测场的南面，观测仪器感应面不能受任何障碍物的影响。

(5) 因条件限制不能安装在观测场内的观测仪器，即总辐射、直接辐射、散射辐射、日照及风等的观测仪器可安装在符合要求的屋顶平台上，反射辐射和净全辐射的观测仪器安装在符合条件的有代表性的下垫面的地方。

(6) 北回归线以南的地面气象观测站观测场内，仪器设施的布置可根据太阳位置的变化进行灵活掌握，使观测员的观测活动尽量减少对观测记录代表性和准确性的影响。

观测仪器必须是具有相关主管部门颁发的使用许可证或审批同意用于观测业务的气象仪器。观测场内仪器的布置可参考图 1.2。仪器基本技术性能的要求见《地面气象观测规范》附录 1，仪器安装标准要求见表 1.2。

表 1.2　仪器安装标准要求表

仪器	要求与允许误差范围		基准部位
干湿球温度表	离地面高度 1.50m	±5cm	感应部分中心
最高温度表	离地面高度 1.53m	±5cm	感应部分中心
最低温度表	离地面高度 1.52m	±5cm	感应部分中心
温度计	离地面高度 1.50m	±5cm	感应部分中部
湿度计	在温度计上层横隔板上		
毛发湿度表	上部固定在温度表支架上的横梁上		
温湿度传感器	离地面高度 1.50m	±5cm	感应部分中部
雨量器	离地面高度 70cm	±3cm	口缘
虹吸雨量计	仪器自身高度		
翻斗式遥测雨量计	仪器自身高度		
雨量传感器	离地面高度不低于 70cm		口缘

续表

仪器	要求与允许误差范围		基准部位
小型蒸发器	离地面高度 70cm	±3cm	口缘
E-601B 型蒸发器	离地面高度 30cm	±1cm	口缘
地面温度表(传感器)	感应部分和表身埋入土中一半		感应部分中心
草面温度传感器	离地面 6cm	±1cm	感应部分中心
地面和地面最高、最低温度表	感应部分和表身埋入土中一半		感应部分中心
曲管地温表(浅层地温传感器)	深度 5cm、10cm、15cm、20cm 倾斜角 45°	±1cm ±5°	感应部分中心 表身与地面
直管地温表(深层地温传感器)	深度 40cm、80cm 深度 160cm 深度 320cm	±3cm ±5cm ±10cm	感应部分中心
冻土器	深度 50～350cm	±3cm	内管零线
日照计(传感器)	高度以便于操作为准 纬度以本站纬度为准 方位正北	 ±0.5° ±5°	 底座南北线
辐射表(传感器)	支架高度 1.50m 直射、散射辐射表 方位正北 纬度以本站纬度为准	±10cm ±0.25° ±0.1°	支架安装面 底座南北线
风速器(传感器)	安装在观测场高 10～12m		风杯中心
风向器(传感器)	安装在观测场高 10～12m 方位正南(北)	 ±5°	风标中心 方位指南(北)杆
电线积冰架	上导线高度 220cm	±5cm	导线水平面
水银气压表(定槽)	高度以便于操作为准		水银槽盒中线
水银气压表(动槽)	高度以便于操作为准		象牙针尖
气压计(传感器)	高度以便于操作为准		感应部分中心
采集器箱	高度以便于操作为准		

4. 观测场地、设备的维护

保护观测场地和周围环境，使之符合观测规范要求，是取得科学观测数据的重要保证。为此，观测仪器要符合规范技术标准，检定合格，性能良好，安装准确。在使用中要定期进行检查、清洁和维护，发生故障要及时排除或更换。实际工作中具体应做好以下几点：

(1) 经常检查百叶箱、风向杆、围栏是否牢固并保持洁白，一般 1～3 年油漆一次。

(2) 保持场内整洁，及时清理观测场内的树叶、纸屑等杂物；并将清理出来的杂物及时运出观测场；有积雪时，除小路上的积雪可清除外，其他地方应保持

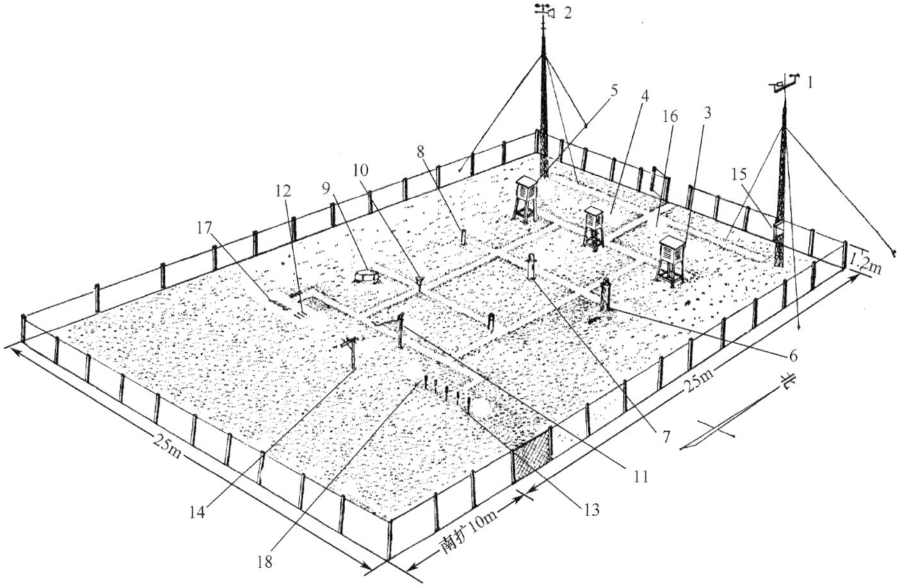

图 1.2　观测场仪器布置参考图

1. 风向风速传感器；2. 风向风速计感应器；3. 温湿度传感器；4. 干湿球温度表，最低、最高温度表；5. 温度计、湿度计；6. 虹吸式雨量计；7. 翻斗式雨量传感器；8. 雨量筒；9. E-601B 蒸发桶、蒸发传感器；10. 小型蒸发器；11. 日照计；12. 地面温度表、浅层地温表及传感器；13. 深层地温表及传感器；14. 辐射表；15. 自动站采集器及气压传感器；16. 积冰架；17. 草温传感器；18. 冻土器

场地积雪的自然状态。

(3) 严格执行仪器的操作规程，保证仪器正常运转，现用仪器发生故障应及时排除，保证仪器保持规定的准确度，超过检定周期或检定不合格的仪器应及时撤换。

(4) 现用仪器设备每天小清洁一次；每月按规定检查、清洁、维护一次；大风、沙尘暴、降雨（雪）以及其他有关天气之后要及时检查并清洁仪器。

三、地面气象观测项目和程序

1. 观测方式和观测项目

地面气象观测分为人工观测和自动观测两种方式。为积累气候资料按规定的时次进行的观测称为定时气象观测。通常自动观测项目每天进行 24 次定时观测；昼夜守班气象站人工观测项目每天进行 02 时、08 时、14 时、20 时 4 次定时观测；白天守班气象站每天进行 08 时、14 时、20 时 3 次定时观测。中国地面气象要素的观测以北京时 20 时为日界，日照以日落为日界。

地面气象观测的基本项目包括云、能见度、天气现象、气压、空气的温度和湿度、风向和风速、降水、日照、蒸发、地面温度（含草温）、雪深、浅层和深层地温、辐射等。为农业生产服务的气象观测站，可只在 08 时、14 时、20 时 3 次定时观测与农业生产有关的气象要素。

2. 观测程序

1）自动观测方式观测程序

（1）每天日出后和日落前巡视观测场和仪器设备，具体时间由各站自定，但站内必须统一。

（2）正点前约 10min 查看显示的自动观测实时数据是否正常。

（3）00 分，进行正点数据采样。

（4）00～01 分，完成自动观测项目的观测，并显示正点定时观测数据，发现有缺测或异常时及时按规定处理。

（5）01～03 分，向计算机系统内录入人工观测数据。

（6）按照各类气象报告的时效要求完成各种定时天气报告和观测数据文件的发送。

2）人工观测方式观测程序

（1）一般应在正点前 30min 左右巡视观测场和仪器设备，尤其要注意湿球温度表球部的湿润状况，做好湿球溶冰等准备工作。

（2）在 45～60min 观测云、能见度、空气温度和湿度、降水、风向和风速、气压、地温、雪深等发报项目，连续观测天气现象。

（3）雪压、冻土、蒸发、地面状态等项目的观测可在 40min 至正点后 10min 内进行。

（4）日照计在日落后换纸，其他自记仪器的换纸时间由省级气象主管机构自定。

（5）电线积冰观测时间不固定，以能测得一次过程的最大值为原则。

（6）观测程序的具体安排，台站可根据观测项目的多少和观测仪器的布设状况确定，但气压观测时间应尽量接近正点，全站的观测程序必须统一，并且尽量少变动。

3. 观测记录

（1）观测员应熟悉观测规范，遵守观测规章制度。不得缺测、漏测、迟测。只能记载自己亲眼看到的数据和天气现象，不得涂改、伪造观测记录，禁止用任何估计或揣测的办法来代替实际观测。

（2）观测前必须对仪器设备进行巡视，维护仪器和场地，使之处于良好状态，避免影响记录准确性的突发事故发生。

（3）观测结果应立即用黑色铅笔工整记入地面气象观测记录簿和向计算机终端输入人工观测记录，并应按规定的数据格式和编码按时发送观测数据，编制报表和预审。

复习思考题

1. 农业气象观测的基本要求有哪些？
2. 如何选择农业气象观测场地？
3. 观测场选址应注意哪些问题？
4. 观测场内仪器应如何布置？
5. 地面气象观测主要包括哪些内容？
6. 简述地面气象观测的程序？

第二章　辐射和日照的观测

地面气象站观测的辐射包括太阳辐射与地球辐射两部分，辐射测量仪器观测到的物理量是辐射通量密度，单位为 W/m^2。到达地面的太阳总辐射包括直接辐射和散射辐射。目前，气象站主要观测的太阳辐射是波长为 0.29～3μm 的短波辐射，地球辐射是波长为 3～100μm 的长波辐射。日照时数的观测是利用日照计测定太阳直接辐射照射地面的时数。

第一节　辐射的观测

一、气象辐射量

1. 太阳短波辐射

（1）垂直于太阳表面的直接辐射 R_{sb}，可用直接辐射表测量。

（2）水平面太阳直接辐射 R'_{sb}与太阳直接辐射 R_{sb}和太阳高度角 h 的关系为

$$R'_{sb} = R_{sb} \cdot \sin h$$

（3）散射辐射 $R_{sd}\downarrow$：是指太阳辐射经过大气散射或云层反射，以短波形式向下到达地面的那部分辐射量。可用总辐射表以遮住太阳直接辐射的方法测量。

（4）总辐射 $R_s\downarrow$：是指水平面上接收的太阳直接辐射和散射辐射之和，可用总辐射表测量。

$$R_s\downarrow = R'_{sb} + R_{sd}\downarrow$$

（5）短波反射辐射 $R_{sr}\uparrow$：是指总辐射到达地面后被下垫面向上反射的那部分短波辐射，可用总辐射表感应面朝下测量。下垫面的反射率 r 为

$$r = \frac{R_{sr}\uparrow}{R_s\downarrow} \times 100\%$$

2. 地球长波辐射

（1）大气长波辐射 $R_{Ld}\downarrow$：是指大气以长波形式向下发射的那部分辐射，也称为大气逆辐射。

（2）地面长波辐射 $R_{Lu}\uparrow$：是指地球表面以长波形式向上发射的辐射（包括地面长波反射辐射）。

3. 全辐射

短波辐射与长波辐射之和称为全辐射，波长为 0.29～100μm。

4. 净全辐射

净全辐射 R_n（净全波辐射）：是指太阳和大气向下发射的全辐射与地面向上发射及反射的全辐射之差。

净全波辐射：$R_n = R_s\downarrow + R_{Ld}\downarrow - R_{sr}\uparrow - R_{Lu}\uparrow$

净短波辐射：$R_{sn} = R_s\downarrow - R_{sr}\uparrow$

净长波辐射（地面有效辐射）：$R_{Ln} = R_{Ld}\downarrow - R_{Lu}\uparrow$

二、辐射测量原理

1. 辐射传感器

气象站使用的辐射表都是热电型的，传感器由感应面与热电堆组成。感应面是薄金属片，涂上吸收率高、光谱响应好的无光黑漆（或黑漆、白漆相间）。感应面下部是热电堆，它与感应面应保持绝缘。热电堆工作端位于感应面下端。参考端（冷端）位于隐蔽处。热电堆由康铜丝绕在骨架上，其中一半镀铜，形成几十对串联的热电堆。

当辐射表对准辐射源（如太阳）时，感应面黑色部分吸收辐射能而增热，使下部的热电堆两端形成温度差，从而产生温差电动势。投射辐射越强，热电堆两端的温差就越大，输出的电动势也就越大，它们的关系基本是线性的。

当辐射仪器达到稳定状态后，其输出量（电动势）与输入量（辐照度）之比，称为该仪器的灵敏度，即单位辐照度产生的电压微伏数，用 K 表示。K 值是否稳定是衡量辐射表等级标准的重要指标。此外，灵敏度还随辐照度和环境条件（如温度、湿度、风等）的改变而变化。若已知 K，测量辐射表输出电压的大小，就可确定辐照度的强弱，这就是热电型辐射传感器的基本原理（图 2.1）。

2. 辐射电流表

辐射电流表（微安表）是各种辐射仪器的指示仪器，可与辐射表配套使用，经换算后得出辐照度。

1）结构与使用

辐射电流表的整个机件放在一个封闭的扇形盒内，玻璃窗下是电流表的指针和刻度表。盒下部正前方有 3 个接线柱，分别是电流表的正极（+）、负极（P 或 C）接线柱；在盒的上部末端装有调节指针位的调节螺丝；盒的后侧有绝电

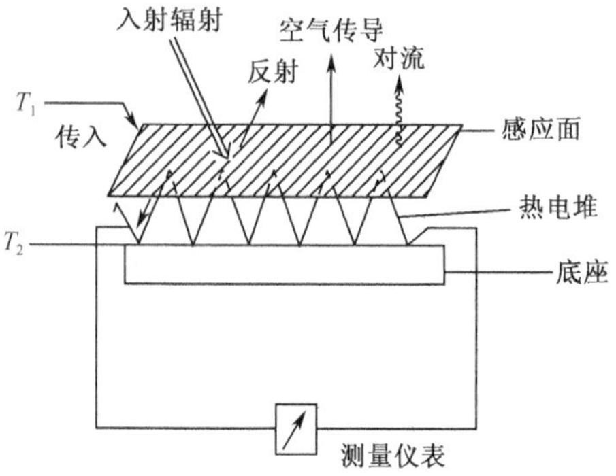

图 2.1　热电型辐射表原理图

器，当电流表不用时，需拧紧绝电器，这样就可切断电流表电路并固定指针（图 2.2）。辐射电流表属于精密仪器，要轻拿轻放，防止震动。使用完毕后必须将绝电器拧紧，盖上盘盖并罩上外罩。

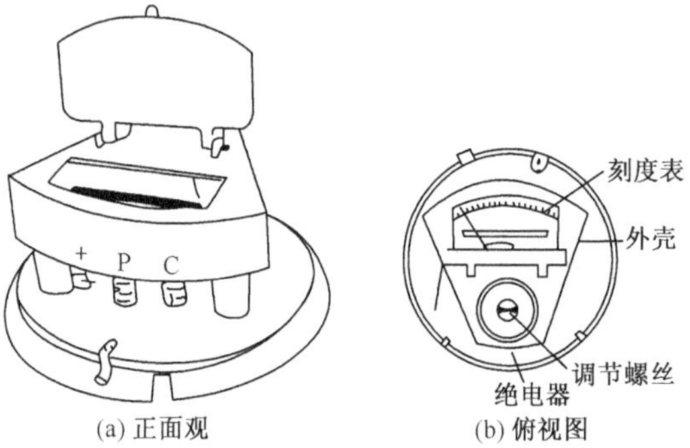

图 2.2　DFMI 型辐射电流表

太阳辐射较弱时，将辐射表的负极接在电流表 P 接线柱上。当太阳辐射强时，将负极接在电流表 C 接线柱上，因为电流表 C 接线柱的线路中电阻较大。接通辐射电流表后，读数精确到 0.1 小格。从读数中减去零点读数并加上线性订正值就得到反映当时辐照度的电流表刻度值。

2）转换系数

使用辐射电流表时，需要将电流表的刻度值换算成辐照度，换算因子 a_t 用下式求出：

$$a_t = \frac{\alpha(R_{电} + R_{天} + R_3)}{K} \times 0.698 \quad [\mathrm{W/(m^2 \cdot 格)}]$$

式中，α 为电流表分度值，μA/格；$R_{电}$ 为电流表内阻、$R_{天}$ 为辐射表内阻、R_3 为附加电阻，欧姆（Ω）；K 为辐射表的灵敏度，（mV · cm^2 · min）/cal（1cal=

4.1868J)。

如果辐射电流表灵敏度 K 值的单位为 $V/(W \cdot m^2)$，则不需要乘以换算系数 0.698，即

$$a_t = \frac{\alpha(R_{电} + R_{天} + R_3)}{K} \quad [W/(m^2 \cdot 格)]$$

这里以电流表与天空辐射表配合使用为例，介绍将电流表的读数转换为辐照度的转换系数计算方法。

假设：①辐射表灵敏度 $K=7.37$ $(mV \cdot cm^2 \cdot min)/cal$，电流表分度值 $\alpha=0.771\mu A/格$，辐射测量时线路中电阻为 R，则转换系数 $a_t=\frac{\alpha \times R}{K}\times 0.698$ $[W/(m^2 \cdot 格)]$，换算单位 $1cal/(cm^2 \cdot min \cdot 格)=698W/(m^2 \cdot 格)$。②电流表内阻 $R_{电}$ 为：当 $R_1=38.8\Omega$、$R_2=117.2\Omega$，负极接到 P 接线柱上时，$R_{电}=R_1$；当负极接到 C 接线柱上时，$R_{电}=R_1+R_2$。③天空辐射表电阻 $R_{天}=35.0\Omega$。④当辐射较强、负极接到 C 接线柱上、电流表超量程时，需要增加电路中的电阻，此时称负极接点为“f”点，附加电阻 $R_3=102.0\Omega$。

当负极接到 P 接线柱上时，

$$a_{tp}=\frac{\alpha \times R}{K}\times 0.698=\frac{\alpha(R_1+R_{天})}{K}\times 0.698=\frac{0.771\times 73.8}{7.37}\times 0.698=5.4\ (W/m^2)$$

当负极接到 C 接线柱上时，

$$a_{tc}=\frac{\alpha \times R}{K}\times 0.698=\frac{\alpha(R_1+R_2+R_{天})}{K}\times 0.698=\frac{0.771\times 191}{7.37}\times 0.698=13.9\ (W/m^2)$$

当负极接到 f 接线柱上时，

$$a_{tf}=\frac{\alpha \times R}{K}\times 0.698=\frac{\alpha(R_1+R_2+R_3+R_{天})}{K}\times 0.698$$
$$=\frac{0.771\times 293}{7.37}\times 0.698=21.4\ (W/m^2)$$

三、辐射观测项目及仪器

1. 总辐射

总辐射是辐射观测最基本的项目。总辐射用总辐射表（也称为天空辐射表）测量。

1）总辐射表

总辐射表由感应件、玻璃罩和附件组成（图 2.3）。

感应件由感应面和热电堆组成。涂黑的感应面通常为圆形，也有方形。热电堆由康铜、康铜镀铜构成。另一种感应面由黑白相间的金属片构成，利用黑白片

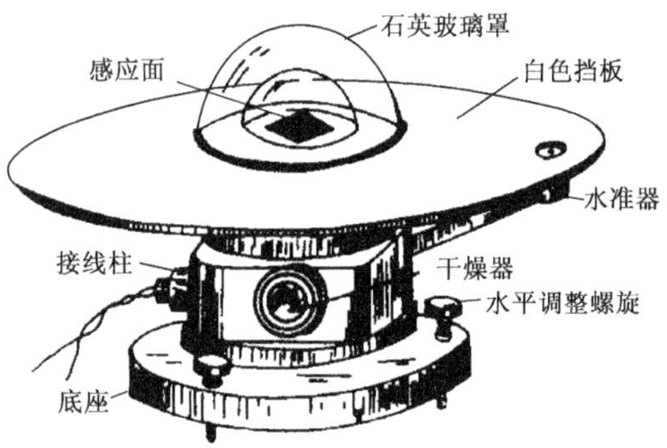

图 2.3　总辐射表

的吸收率不同，测定其下端热电堆温差电动势，然后转换成辐照度。

玻璃罩由半球形双层石英玻璃构成。它既能防风，又能透过波长 0.3～3μm 的短波辐射，其透过率为常数且接近 0.9。双层罩的作用是为了防止外层罩的红外辐射影响，减少测量误差。

总辐射表的附件包括机体、干燥器、白色挡板、底座、水准器和接线柱等。此外，还有保护玻璃罩的金属盖（又称为保护罩）。干燥器内装干燥剂（硅胶），与玻璃罩相通，保持罩内空气干燥。白色挡板既挡住太阳辐射对机体下部的加热，又防止仪器水平面以下的辐射对感应面的影响。底座上设有安装仪器用的固定螺孔及调整感应面水平的 3 个调整螺旋。

2）仪器的安装、使用和维护

（1）安装。总辐射表应牢固安装在专用的台柱上。台柱是由一根金属管或木柱及其上部固定的一块比总辐射表底座稍大的金属板或木板构成的。台柱离地面约 1.5m，下部埋入地中要很牢固，长时间内不会出现下陷或变形现象，即使台柱受到严重冲击振动（如大风等），也不改变仪器的水平状态。

安装时，先把总辐射表的白色挡板卸下，再将总辐射表安装在台上，使仪器接线柱方向朝北。用 3 个螺钉（最好用不生锈的材料）将仪器固定在台柱上，若台架为金属板则事先打好 3 个孔，用螺栓固定仪器。然后调整底座上的 3 个螺旋，利用仪器上所附的水准器，使总辐射表的感应面处于水平状态，最后将白色挡板装上。

仪器安装后，用导线将接线柱、记录仪表连接（接线时，要注意正、负极），有的接线柱有 3 根引出线，其中 1 根连接机体，用于连接电缆的屏蔽层，起防干扰和防感应雷击的作用。

（2）使用和维护。总辐射的观测，应在日出前把金属盖打开，辐射表开始感应，记录仪自动显示总辐射的瞬时值和累计总量。日落后停止观测，并加盖。若夜间无降水或无其他可能损坏仪器的现象发生，总辐射表也可不加盖。

开启与盖上金属盖时应特别小心，要旋转其到上下标记点对齐才能开启或盖上。由于石英玻璃罩贵重且易碎，启盖时动作要轻，不要碰玻璃罩。冬季玻璃罩及其周围如附有水滴或其他凝结物，应擦干后再盖上，以防冻结。金属盖一旦冻住，很难取下时，可用吹风机使冻结物融化或采用其他方法将盖取下，但都要仔细，以免损坏玻璃罩。

每日上午、下午至少各一次对总辐射表进行如下检查和维护：①仪器是否水平，感应面与玻璃罩是否完好等。②仪器是否清洁，玻璃罩如有尘土、霜、雾、雪和雨滴时，应用镜头纸或镜头布及时清除干净，注意不要划伤或磨损玻璃。③玻璃罩不能进水，罩内也不应有水汽凝结物。检查干燥器内硅胶是否变潮（由蓝色变成红色或白色），若变潮须及时更换。受潮的硅胶，可在烘箱内烤干变回蓝色后再使用。④总辐射表防水性能较好，一般短时间或降水较少时可以不加盖。但降大雨（雪、冰雹等）或降雨、降雪时间较长时，为了保护仪器，观测员应根据具体情况及时加盖，雨停后即把盖打开。

遇强雷暴等恶劣天气时，也要加盖并加强巡视，发现问题及时处理。

2. 净全辐射

净全辐射是研究地球热量收支状况的主要资料。净全辐射为正表示地表增加热量，说明地表接收到的辐射大于发射的辐射，净全辐射为负表示地表损失热量。净全辐射用净全辐射表测量。

1）净全辐射表

净全辐射表由感应件、薄膜罩和附件等组成（图 2.4）。

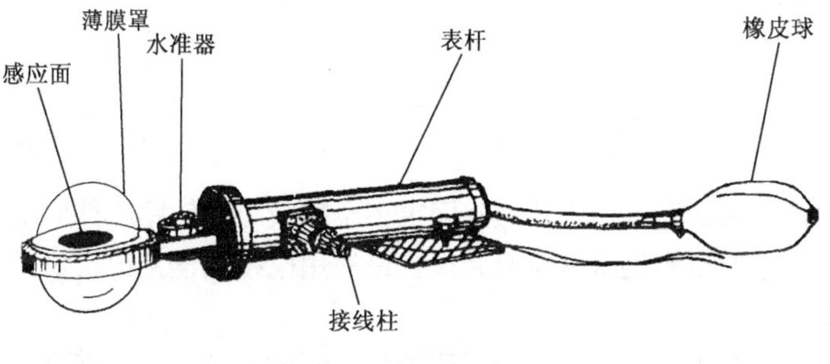

图 2.4　净全辐射表

净全辐射表的感应件也是由涂黑感应面和热电堆组成的。但与总辐射表不同的是，它有上、下两个感应面，两个感应面均能吸收波长为 0.3～100μm 的全波段辐射。热电堆两端与上、下两个感应面相贴。由于上、下感应面吸收的辐照度不同，使热电堆两端产生温度差异，其输出的电动势与涂黑感应面接收的辐照度差值成正比。净全辐射表有长波与全波段两个灵敏度，长波与全波段灵敏度允许误差≤15%。白天（净全辐射为正值）采用全波段灵敏度，夜间（净全辐射为负值）采用长波灵敏度。

为防止风的影响和保护感应面，净全辐射表上下感应面装有既能透过短波辐射（0.3～3μm），又能透过长波辐射（3～100μm）的半球形专用聚乙烯薄膜罩。薄膜罩上放置橡皮密封圈，然后用压圈旋紧，使薄膜罩牢牢固定住。

净全辐射表的附件有表杆、干燥器、底板、上下水准器和调节螺旋、接线柱和橡皮球等。干燥器（内装硅胶）装在表杆内与感应件相通，用橡皮球打气，通过干燥器即使上下薄膜罩充成半球形，并提供干燥气体，排除罩内潮气。此外，还有上下两个金属盖和固定压圈用的金属环等。

2）仪器的安装、使用和维护

（1）安装。安装净全辐射表的架子由台柱和伸出的长臂组成（图2.5、图2.6），长臂的末端固定一块比净全辐射表底座稍大的金属板或木板。安装架子时，要求台柱离地面约1.5m，长臂基本水平，方向朝南。台柱埋入地下部分要很牢固，不能因安装仪器的长臂末端长期承受重量而下垂。

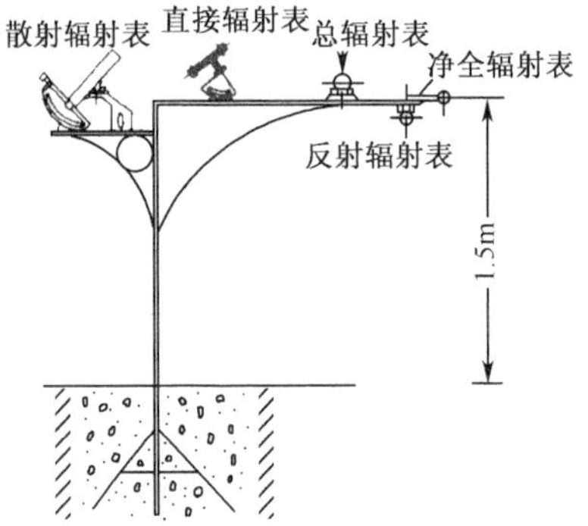

图2.5　一级站辐射表安置分布

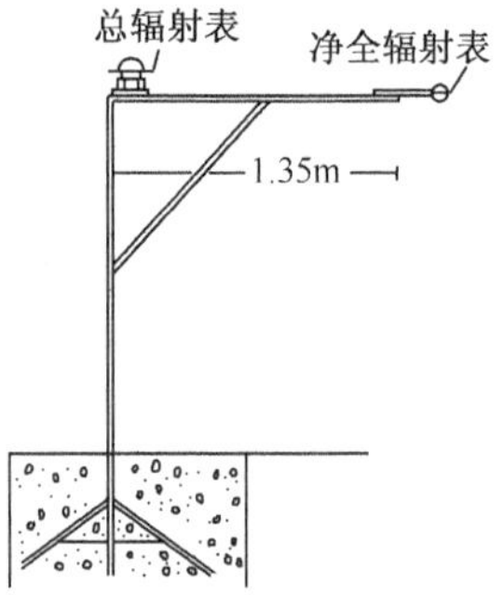

图2.6　二级站辐射表安置分布

安装时，把表的底板用不锈螺旋固定在金属板上，使感应件伸出长臂，接线柱方向朝北。用调整螺旋将感应面调平。最后用电缆线连接记录仪，接线时要注意正、负极。

（2）使用与维护。净全辐射表观测的是全辐射差额，不仅需要白天观测，夜间也要观测。记录仪显示的是瞬时值、时累计量和日总量，一般白天显示正值，夜间显示负值。

净全辐射表和总辐射表一样，除每日上午、下午至少各检查一次仪器状态外，夜间还应增加一次检查。每次检查和维护的内容为：①感应面是否水平。②薄膜罩是否清洁和呈半球凸起。罩外部如有水滴，应用脱脂棉轻轻抹去；若有尘埃、积雪等，可用橡皮球打气，使罩凸起并排除湿气。薄膜罩通常每月更换一次，风沙多、大气污染严重或紫外线强易使聚乙烯老化的地区，要增加更换次数。更换薄膜罩时要用专用工具（金属环）把压圈旋下，取下橡皮密封圈与旧罩，然后换上新罩，放上密封圈，再用专用工具把压圈旋紧（有的用螺钉固定）。换罩时如发现密封圈老化或损坏应同时更换，更换时注意不要弄脏或碰坏黑体。如果感应面有脏物，要用橡皮球清除，不要用刷子等硬物去清除。③遇有雨、雪、冰雹等天气时，应将上下金属盖盖上，加盖条件同总辐射表，稍大的金属盖在上面，以防雨水流入下盖内。降大雨时应另加防雨装置。降水停止后，要及时开启。由于薄膜罩密封性能不好或金属盖盖得不紧，大雨时感应面常被弄湿，使仪器短路或出现负值，应及时把仪器烘干或换上备份表。④要注意观测结果的正、负值。正常天气净全辐射夜间为负值，日出后 1～2h 升为正值，至中午为最大，日落前 1～2h 又转为负值。如果出现相反情况，可能仪器的正、负极接错。⑤干燥剂失效要及时更换。⑥注意保持下垫面的自然和完好状态。平时不要乱踩草面，降雪时要尽量保持积雪的自然状态。

净全辐射表出现的故障和处理方法与总辐射表基本相同。但最常见的故障是薄膜罩漏水使感应面潮湿，造成记录出错。因此，气象站要备足薄膜罩和橡皮垫圈，及时更换，保持好密封性。

3）辐射作用层状态的观测

有净全辐射或反射辐射观测项目的气象站，应观测作用层状态。

作用层状态的观测地点为净全辐射表支架下的观测场地面。每天地方平均太阳时 09 时左右观测辐射作用层状态。

作用层状态由作用层情况的十位数码和作用层状况的个位数码组成的两位编码表示（表 2.1），记录在备注栏靠日期一边的栏内。例如，枯草上降新雪记为“14”。

表 2.1　作用层状态编码表

十位数码	作用层情况	个位数码	作用层状况
0	青草	0	干燥
1	枯(黄)草	1	潮湿
2	裸露黏土	2	积水
3	裸露沙土	3	泛碱(盐碱)
4	裸露硬(石子)土	4	新雪
5	裸露黄(红)土	5	陈雪
		6	溶化雪
		7	结冰

3. 太阳直接辐射

垂直太阳表面（视角约为 0.5°）的辐射和太阳周围很窄的环形天空的散射辐射称为太阳直接辐射。太阳直接辐射用太阳直接辐射表（简称为直接辐射表或直射表）测量。

1）直接辐射表的构造

直接辐射表由进光筒、感应件、跟踪架（赤道架）及附件组成（图 2.7）。

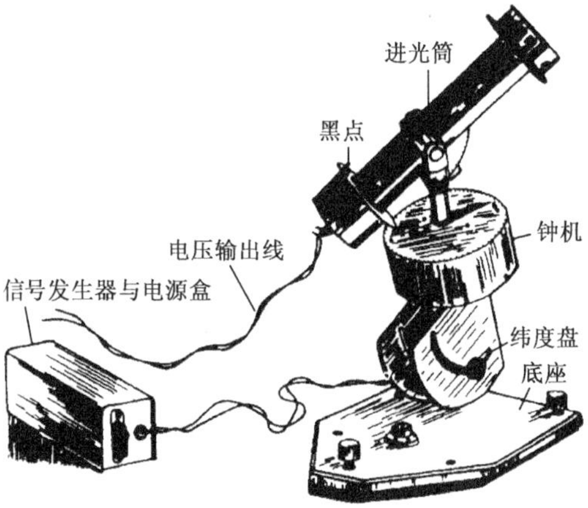

图 2.7　直接辐射表

（1）进光筒是一个金属圆筒，为使感光面不受风的影响，同时又减少管壁的反射，筒内有几层涂黑的光栏，光栏的坡度使进入光筒的半开敞角为 2.5°～5.5°，斜角为 1°～2°，建议采用斜角为 1°。为保证筒内清洁，筒内装有石英玻璃片。进光筒前有一个金属箍用来安放各种滤光片，筒内装有干燥气体以防止产生水汽凝结物。为了对准太阳，进光筒两端分别固定两个圆环，筒口圆环上有一个小孔，筒末端白色圆环上有一个黑点，小孔和黑点的连线与筒中轴线相互平行。如果光线透过小孔落在黑点上，说明进光筒已对准太阳。

（2）感应件是仪器的核心部分，由感应面和热电堆组成，安装在进光筒的后部。当进光筒对准太阳时，黑体感应面吸收太阳直射增热，使热电堆产生温差电动势，由导线输出。

（3）跟踪架是支撑进光筒，并使之自动准确跟踪太阳的一种装置，常用的跟踪架有时钟控制、直流电机控制和全自动 3 种形式。

①时钟控制跟踪架：实际为石英钟。信号发生器和电源部分一般安在室内，用导线与跟踪架上的钟机连接，钟机操纵输出轴带动进光筒跟踪太阳。

这种跟踪架由于每天不停地转动，使进光筒上两根输出线容易缠绕。发现缠线后，应在不观测时（日落后）松开进光筒的固定螺旋，向相反方向转动，直至导线完全放松为止，再拧紧固定螺旋。

②直流电机控制跟踪架：单片计算机和电源部分用导线与跟踪架上的直流电机相连接，单片计算机控制电机从而推动进光筒跟踪太阳，每天准确转动1圈。

以上两种跟踪架也称为赤道架，跟踪精度为±1°/天（相当于4min/天）。

③全自动跟踪架：它由机械主体、控制箱和电缆线等构成。机械主体安在室外，由准光筒、固定直射表的架子、电机、转动轴、底座等组成（图2.8）。该仪器以单片计算机为控制核心，采用传感器定位和太阳运行轨迹定位两种自行切换的跟踪方式，弥补了赤道架跟踪的缺点，具有全自动、全天候、跟踪精度高（±0.25°）、不绕线等特点，是辐射仪器的主要跟踪装置。

跟踪的原理是利用单片计算机的软件（每天日出至日落每一时刻的太阳高度角与方位角参数）控制电机转动，带动准光筒跟踪太阳。此外，准光筒内均匀安装有4个光敏传感器，当准光筒跟踪太阳稍有偏差时，筒内的4个传感器接收到阳光的信号就不相同，从而驱动准光筒自动瞄准太阳，使装在架子上的直接辐射表进光筒准确对准太阳。这种装置可带动多台直接辐射表，以及散射辐射表上的遮光板跟踪太阳。

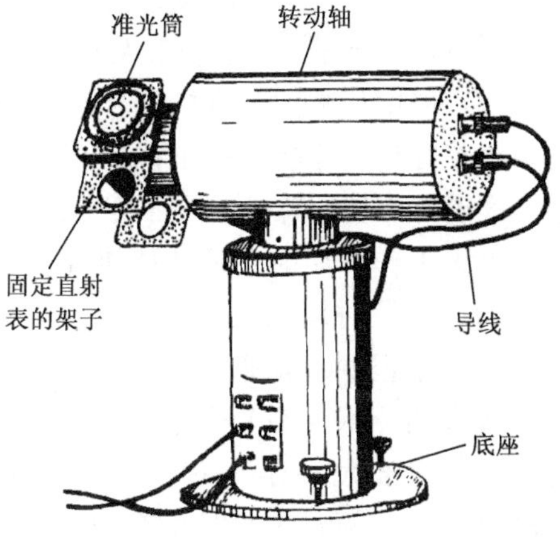

图2.8　全自动太阳跟踪器外观图

机械主体安装在牢固的台架上，调好水平、方位后将底座固定。用时角、赤纬、传感器3根电缆将机械主体与室内的控制箱连接。调整控制箱内参数，时间（年、月、日、时、分、秒）和经纬度与本站的实际时间、经纬度相一致。调整后，一般不再需要人工干预。接通电源后，由计算机控制可以自动搜寻太阳位置，并自动选择合理的跟踪方式，对太阳进行全自动跟踪。日落6min后装置自动返回初始位置。下一个日出前6min仪器将自动运行到适当位置，开始新的跟踪过程。

（4）附件包括仪器底座（刻有南北方位线）、水准器和调整螺旋、进光筒帽盖和外罩等。

2）仪器的安装、使用和维护

（1）安装。直接辐射表安装在专用的台柱上，专用台柱的要求和安装方法与总辐射表基本相同。

直接辐射表跟踪太阳的准确度与仪表安装是否正确密切相关，安装时必须对准南北向、纬度，调整水平以及观测时的赤纬和时间。①调整、对准南北向。表底座方位线对准南北向是非常重要的。对准南北向，首先必须测定南北线。测定南北线的主要方法有经纬仪法和铅垂线法。具体请参阅中国气象局印发的《地面气象观测规范》。②调整、对准纬度（全自动跟踪架除外）。松开纬度刻度盘上的螺旋，转动刻度盘对准当地纬度（准确至 0.1′），然后再固定。③调整水平。用 3 个水平调整螺旋调整，使水准器气泡位于中央。

方位、纬度、水平调整好后，再将仪器牢固地固定在台架上。仪器安装完成后，转动进光筒对准太阳（光点恰好落在瓷盘黑点中央）。这时仪器的赤纬与时间指针应指在当时的太阳赤纬和时间（真太阳时）上，但往往有一定差别，这是由于制造仪器时刻度误差等原因造成的。

直射表安装好后，应试跟踪太阳一段时间，检查其是否准确。若不准确，应反复调整，直到准确为止［1 天的跟踪误差<1 光点（约 4min）］。

（2）使用和维护。直接辐射表与其他辐射表相比，不仅感应件要灵敏，而且还要跟踪准确，才能获得准确的直接辐射。要保持在任何天气条件下长年不断地、准确可靠地跟踪太阳是不容易的，因此要严格遵守操作规程。

每天工作开始时，应检查进光筒石英玻璃窗是否清洁，如果有灰尘、水汽凝结物时应及时用软布擦净。跟踪架要精心使用，切勿碰动进光筒位置，每天上午、下午至少各检查一次仪器跟踪状况（对光点），遇特殊天气要经常检查。如有较大的降水、雷暴等恶劣天气不能观测时，要及时加罩，并关上电源。转动进光筒对准太阳时，一定要按操作规程进行，绝不能用力太大，否则容易损坏电机。直接辐射表每月检查的内容与总辐射表基本相同，除检查感应面、进光筒内是否进水、接线柱和导线的连接状况外，重点应检查仪器安装和跟踪太阳是否正确。

此外，进行太阳直接辐射观测的气象站（一级辐射站），在每日地方平均太阳时 09 时、12 时、15 时（±30min 内），若太阳面无云时，要进行大气浑浊度的观测。

4. 散射辐射

把来自太阳直接辐射部分遮蔽后测得的总辐射为散射辐射。

1）散射辐射表

散射辐射表由总辐射表和遮光环两部分组成（图 2.9）。遮光环的作用是保证从日出到日落能连续遮住太阳的直接辐射，它由遮光环圈、标尺、丝杆、调整螺旋、支架、底座等组成。

中国采用的遮光环圈宽度为 65mm、直径为 400mm，固定在标尺的丝杆调整螺旋上，标尺上有纬度和赤纬刻度。标尺与支架固定在底盘上，底盘上有 3 个水平调整螺旋。总辐射表安装在支架平台上。

此外，还有用电机带动的自动跟踪太阳的遮光球（板）和手动的遮光板两种装置，以阻挡太阳直接辐射。

2）仪器的安装、使用和维护

（1）安装。散射辐射表安装的地方条件和台架安装的要求与总辐射表相同。由于遮光环很重并且底盘较大，因此仪器台架的安装更应牢固。

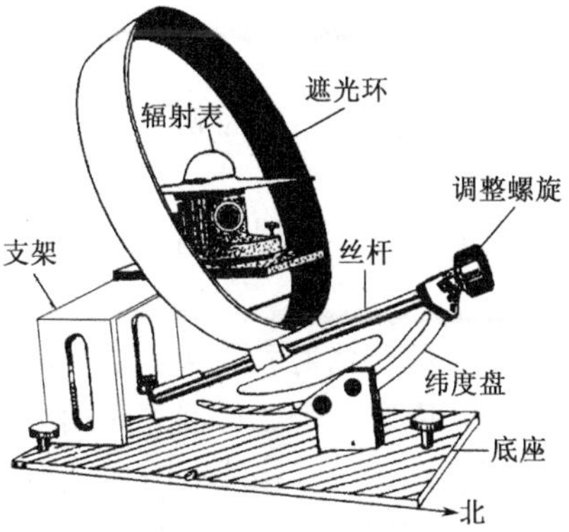

图 2.9　带遮光环的散射辐射表

①先将遮光环架安装在观测台架上。安装时必须使底盘边缘对准南北向，使仪器标尺指向正南北（遮光环的丝杆调整螺旋柄朝北）。用水平尺和底板 3 个调整螺旋把底板调水平，然后，用螺栓将遮光环底板固定在观测台架上。

②根据当地的地理纬度，固定标尺位置。

③把总辐射表水平地安装固定在遮光环中的平台上，使接线柱朝北，其位置应正好使辐射表涂黑感应面位于遮光环中心。

④将遮光环按当日的太阳赤纬调到相应的位置上，使遮光环恰好全部遮住总辐射表的感应面和玻璃罩。

⑤将接线柱导线与记录仪连接。

（2）使用和维护。散射辐射表的使用与维护基本同总辐射表。观测散射辐射时，日出前，转动丝杆调整螺旋，将遮光环按当日赤纬调在标尺相应的位置上（有时也可几天调整一次），使遮光环全天遮住太阳直射辐射。每日上午、下午巡视一次，检查遮光环阴影是否完全遮住仪器的感应面和玻璃罩，否则应及时调整。

平时要经常保持遮光环部件的清洁和丝杆的转动灵活。发现丝杆有灰尘或转动不灵活时，尤其是风沙过后，要用汽油或酒精将丝杆擦净。较长时间不使用，应将遮光环取下或用罩盖好，以免丝杆和有关部件锈蚀。长时间使用遮光环，当圈环颜色（外白内黑）退色或脱落时，应重新上漆。

（3）散射辐射的遮光环订正系数。观测天空散射辐射时，由于采用遮光环不仅遮住太阳直接辐射，同时还把遮光环带上的天空散射遮掉，这样使用遮光环测得的散射辐射比实际偏小。因此，必须乘以一个大于 1 的遮光环订正系数，才能得到准确的散射辐射。辐射一级站的遮光环订正系数可查阅中国气象局印发的《地面气象观测规范》附录表。

5. 反射辐射

使总辐射表感应面朝下，即可测定短波反射辐射，此时称总辐射表为反射辐射表。

反射辐射表安装的条件与净全辐射表相同，一般安装在浅草平铺的观测场内。

安装反射辐射表的架子也是由台柱和伸出的长臂组成。长臂下端（靠近净全辐射表）固定一个比仪器底座稍大的金属板，把反射辐射表底座用不锈螺栓固定在金属板上。仪器接线柱方向朝北。然后用调整螺旋把感应面调平，通常有上、下两个水准器。安装反射辐射表时一定要把仪器上的白色挡板翻过来安装，否则降雨时，雨水将聚在白色挡板上，流入感应元件，损坏仪器。

反射辐射表的使用、维护和一般性检查与总辐射表相同。

6. 长波辐射

长波辐射用长波辐射表测量。

1）长波辐射表结构

长波辐射表的构造、外观与总辐射表基本相同，由感应件（黑体感应面和热电堆）、玻璃罩和附件等组成（图 2.10）。与总辐射表主要不同的是其玻璃罩内镀上了硅单晶，保证了 3μm 以下的短波辐射不能到达感应面。仪器观测到的值是感应面接收到的长波辐射与感应面本身向外发射的长波辐射的差值；通过安装在腔体内的热敏电阻测量腔体温度，测算出感应面发射的长波辐射，两者之和即为投射来的长波辐射。

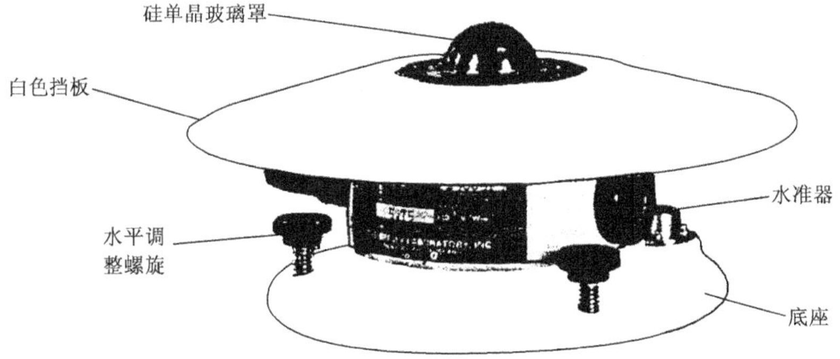

图 2.10　长波辐射表

白天太阳辐射较强，硅单晶玻璃罩的温度明显高于腔体温度，使感应面从硅罩得到附加的热辐射，导致仪器显示的数据值偏高。新型长波辐射表增加一个热敏电阻，测量硅单晶玻璃罩温度，用来修正上述误差。有的还采用散射辐射表方式，用自动跟踪遮光板，挡住太阳直接辐射。

2）仪器的安装、使用与维护

与总辐射表和反射辐射表一样，分别将感应面朝上和朝下的两台长波辐射表安装在一起。安装的地方条件、要求、使用注意事项和维护方法与总辐射表基本相同。每台仪器有 4 根引出线，其中 2 根测量热电堆电压，另外 2 根测量热敏电阻器的阻值，然后换算为腔体温度。

3）用长波、短波辐射表观测和计算净全辐射

气象站用短波辐射仪器观测总辐射 $R_s\downarrow$、短波反射辐射 $R_{sr}\uparrow$，用两台长波辐射表分别观测大气长波辐射 $R_{Ld}\downarrow$ 和地面长波辐射 $R_{Lu}\uparrow$，然后计算出净全辐射 R_n，这种方式计算出的净全辐射比用净全辐射表观测的值更加准确。

7. 紫外辐射

紫外辐射又分为 3 个亚区：UV-A（0.315～0.400μm）、UV-B（0.280～0.315μm）和 UV-C（0.100～0.280μm）。

UV-A 波段刚好处在可见光光谱外，对人类（生物）无明显影响，在地球表面它的强度不随大气臭氧含量的改变而变化。这个波段的观测比较方便，光电器件对这个波段有很高的感应灵敏度，而且不需要高真空技术。

UV-B 对人类健康和环境具有影响，大气中臭氧浓度的减少引起地面 UV-B 的增加，所以人们最关心到达地面的 UV-B 辐射量。许多型号的光电管和光电倍增管对这个波段的感应很灵敏，铯化碲和铷化碲的光电阴极不但对 UV-B 辐射反应灵敏，而且对可见光是盲区。UV-B 的窗口材料一般采用石英。如果采用某些荧光材料作为转换器件，使荧光物体受紫外辐射后发出波长为 0.443μm 的可见光，那么对这个波长感应能力强的光电管就可以用于 UV-B 的测量。

UV-C 在大气层中完全被吸收，地面上观测不到此波段的辐射。

8. 辐射自动观测仪

辐射自动观测仪由辐射表（传感器）和采集器组成。辐射表安装在专用的架子上，仪器排列见图 2.5 和图 2.6。

采集器要求每分钟输出 1 次采样值（实际为 1min 内均匀采集 6 次的数据平均值）。

四、观测方法及观测记录整理

1. 辐射自动观测

目前，气象台站均使用自动辐射观测系统观测各种辐射量。各种辐射表安装

好后用导线将接线柱与采集器和计算机连接即可进行观测。

1）总辐射观测

在日出前把金属盖打开，辐射表开始感应，记录仪自动显示总辐射的瞬时值和累计总量。日落后停止观测，并盖上金属盖。

2）直接辐射观测

将各类参数（如时间、经纬）调整好后一般不需要人工干预。接通电源后，由计算机控制可以自动搜寻太阳的位置，对太阳进行全自动跟踪，并在计算机上显示和保存数据。

3）散射辐射观测

散射辐射表的使用基本同总辐射表。日出前，转动丝杆调整螺旋，将遮光环按当日赤纬调在标尺相应的位置上（有时也可几天调整一次），使遮光环全天遮住太阳直射辐射。每日上午、下午各巡视一次，检查遮光环阴影是否完全遮住仪器的感应面和玻璃罩，否则应及时调整。

4）净全辐射观测

净全辐射表观测的是全辐射差额，白天和夜间都要观测。记录仪显示的是瞬时值、时累计量和日总量。正常天气净全辐射夜间为负值，日出后1～2h升为正值，至中午为最大，日落前1～2h又转为负值。如果出现相反的情况，应检查仪器的正、负极是否接错。

2. 辐射量的野外观测

在野外考察中，可用辐射表和辐射电流表进行辐射的人工观测。在着手进行辐射观测之前，首先应记录日光状况，即云遮蔽日光的程度，可用下列符号记录：$\odot^2$无云，$\odot^1$薄云、影子明显，$\odot^0$密云、影子模糊，Π厚云、无影子。

1）太阳总辐射、散射辐射、下垫面反射辐射的观测

（1）观测前，接通天空辐射表与辐射电流表的电路，把天空辐射表的正极接到辐射电流表的正极接线柱上，把天空辐射表的负极接到辐射电流表的“P”或“C”接线柱上（辐射强时需要外接附加电阻）。拧松绝电器。

（2）盖上天空辐射表的盖子，待电流表指针稳定后，记录第一次零点读数N_{01}。

（3）打开天空辐射表的盖子，此时为太阳总辐射读数，待电流表指针基本稳定后，每隔5～10s读数一次，连续读数3次，记作N_{s1}、N_{s2}、N_{s3}。

（4）装上遮光板，挡住感应面（遮住太阳直射光），此时为散射辐射读数，读数方法同上，连续读数3次，记作N_{sd1}、N_{sd2}、N_{sd3}。取下遮光板。

（5）翻转天空辐射表，使感应面朝下，进行地面反射辐射观测。读数方法同上，连续读数3次，记作N_{sr1}、N_{sr2}、N_{sr3}。

(6) 翻转天空辐射表，使感应面朝上，加盖后，读取第二次零点值 N_{02}。

(7) 拧紧绝电器，辐射观测结束，记下观测时间和日光状况。

2) 太阳直接辐射通量密度的观测

(1) 观测前，接通直接辐射表和辐射电流表的电路，把直接辐射表的正极接到辐射电流表的正极接线柱上，把直接辐射表的负极接到辐射电流表的“P”或“C”接线柱上（辐射强时需要外接附加电阻）。拧松绝电器。

(2) 调整直接辐射表的进光筒，对准太阳，使透过进光筒上方小孔的光点正好落在小黑点上。然后盖上进光筒筒盖，读出电流表指针指示值，记作第一次零点读数 N_{01}，读数精确到 0.1 小格。

(3) 打开进光筒盖并检查光点位置（保持进光筒对准太阳），待电流表指针基本稳定后，每隔 5～10s 读数一次，连续读数 3 次，记为 N_{sb1}、N_{sb2}、N_{sb3}。

(4) 盖上进光筒盖，待指针稳定后读取第二次零点值，记为 N_{02}。

(5) 转动进光筒，使筒口朝下，盖上筒盖，直接辐射观测完毕。记下观测时间。

3) 辐射的记录整理

(1) 电流表的“零点”平均值：$\overline{N}_0=\dfrac{N_{01}+N_{02}}{2}$。

(2) 电流表的读数平均值：$\overline{N}=\dfrac{N_1+N_2+N_3}{3}$，分别求出 $\overline{N}_{sb}$、$\overline{N}_{sd}$、$\overline{N}_s$ 和 $\overline{N}_{sr}$。

(3) 电流表零点订正：$N=(\overline{N}+\Delta N)-(\overline{N}_0+\Delta N_0)$，式中 ΔN 和 ΔN_0 可从仪器鉴定证上查得。分别求出 N_{sb}、N_{sd}、N_s 和 N_{sr}。

(4) 计算辐射通量密度。

直接辐射：$R_{sb}=a_t \cdot N_{sb}(\mathrm{W/m^2})$（与太阳光线垂直面上的直接辐射）

$R'_{sb}=a_t \cdot N_{sb} \cdot \sin h(\mathrm{W/m^2})$（水平面上的直接辐射）

散射辐射：$R_{sd}=a_t \cdot N_{sd}(\mathrm{W/m^2})$

反射辐射：$R_{sr}=a_t \cdot N_{sr}(\mathrm{W/m^2})$

总辐射：$R_s=a_t \cdot F_h(N_s-N_{sd})+a_t \cdot N_{sd}$

F_h 是总辐射表与太阳高度角（h）有关的订正系数，其值从仪器检定表中查得，F_h 之所以与 h 有关，是因为总辐射表感应面上的铂黑和烟煤吸收太阳能的强弱与 h 有关。另外，玻璃罩对长波辐射也具有吸收作用，且玻璃罩厚薄不均，其削弱作用也不一样，在入射角很低时，影响尤为明显。

当对辐射值要求不是很严格时，为简化计算过程，有时总辐射值也直接运用 $R_s=a_t \cdot N_s$ 得到较粗略的辐射参考值。

注意：计算 R_{sb}、R_{sd}、R_s 和 R_{sr} 时所用的 a_t 是不同的。因为辐射观测仪器不同；同时，计算 R_{sd}、R_s 和 R_{sr} 时，虽然辐射观测仪器相同，但所用的 a_t 可能也不同，这与线路中的电阻有关，所以要记录观测时“—”接点的位置。

第二节　日照时数的观测

日照时数（实照时数）是指某地一天中，太阳直接辐照度达到或超过 120 W/m^2 的时间总和，以小时（h）为单位，保留 1 位小数。

可照时数（天文可照时数）是指在无任何遮蔽的条件下，太阳中心从某地东方地平线到进入西方地平线，其光线照射到地面所经历的时间。可照时数由公式计算，也可从天文年历或气象常用表查出。

日照百分率＝（日照时数/可照时数）×100％，取整数。

观测日照的仪器有暗筒式日照计、聚焦式日照计、太阳直射辐射表等。

一、暗筒式日照计

1. 仪器构造

暗筒式日照计又称为乔唐式日照计，由金属圆筒（底端密闭，筒口带盖，两侧各有一个进光小孔，筒内附有压纸夹）、隔光板、纬度刻度盘和支架底座等构成（图 2.11）。它是利用太阳光通过仪器上的小孔射入筒内，使涂有感光剂的日照纸上留下感光迹线，来计算日照时数。

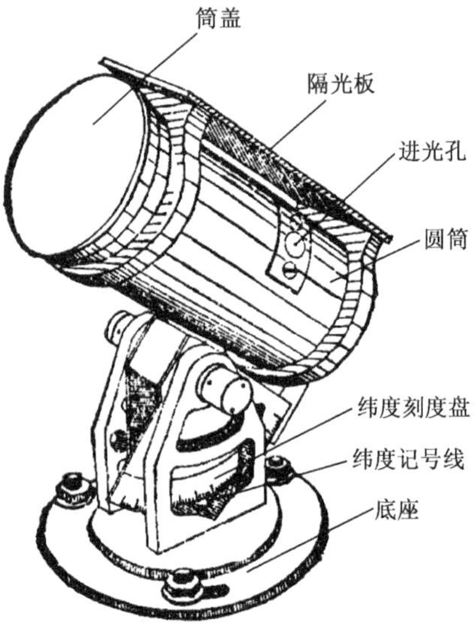

图 2.11　暗筒式日照计

2. 安装

日照计要安装在开阔的，终年从日出到日没都有阳光照射的地方。如果安装在观测场内，要先稳固地埋好一根柱子（高度以便于操作为宜），柱顶要安装一块水平而又牢固的台座（比日照计底座稍大），座面上要精确测定南北（子午）线，并做出标记。再把仪器安装在台座上，仪器底座要水平，筒口对准正北，并将日照计底座加以固定。然后，使支架上的纬度线对准当地纬度值。

如果观测场没有适宜地点，日照计可安装在平台或附近较高的建筑物上。

3. 日照纸的涂药

日照纸的涂药质量直接关系到日照记录的准确性。因此，对药剂的存放、配制，日照纸的涂刷等都应特别留心。

1）药品及药液配制

药品：赤血盐（铁氰化钾 $K_3[Fe(CN)_6]$）；枸橼酸铁铵［枸橼酸铁$(FeC_6H_5O_7)$与枸橼酸铵 $(NH_4)_3G_6H_5O_7$的复盐］，又名柠檬酸铁铵。

赤血盐是有毒药品。枸橼酸铁铵是感光吸水性较强的药品，故应防潮，在暗处收藏并妥善保管。

药液配制：赤血盐、枸橼酸铁铵分别与水的比例一般为 1∶10 和 3∶10，实际操作时应根据药的质量和气象站实际经验灵活掌握配制。

用两个容器分别配好药液。每次配量不可过多，以能涂刷 10 张日照纸的用量为宜（北方及冬季可以稍多些），以免涂了药的日照纸久存失效。

2）涂药的方法和要求

（1）混合涂药法：将已配制好的两种药液等量混在一起，搅匀，然后按要求进行涂刷。

（2）两步涂药法：先将已配制好的枸橼酸铁铵药液按要求涂在日照纸上，阴干后供逐日使用。每天换下日照纸后，再在感光迹线处用脱脂棉涂上赤血盐，便可显出蓝色的迹线。

涂刷日照纸应在暗处或夜间弱灯光（最好是红灯光）下进行。涂药前，必须先用脱脂棉把需要涂药的日照纸表面逐张擦净（去掉表面油脂，使纸吸药均匀）。

脱脂棉蘸药液涂在日照纸上，涂药应薄而均匀。涂好药的日照纸，应在暗处阴干后暗藏备用，严防感光。涂药后，用具应洗净，用过的脱脂棉也不能再使用。

暗筒式日照计日照纸所用药品质量好坏，以及涂药方法是否得当，是造成该仪器测量误差的主要原因。但只要严格按照操作规程，就能保证记录的准确性。

4. 换纸与记录整理

每日在日落后换纸，即使是全日阴雨，无日照记录，也应照常换纸，以备日后查考。上纸时，注意使纸上 10 时线对准筒口的白线，14 时线对准筒底的白线；纸上两个圆孔对准两个进光孔，压纸夹交叉处向上，将纸压紧，盖好筒盖。

换下的日照纸，应依照感光迹线的长短，在其下描画铅笔线。然后，将日照纸放入足量的清水中浸漂 3～5min 拿出（全天无日照的纸，也应浸漂）；待阴干后，再复验感光迹线与铅笔线是否一致。如果感光迹线比铅笔线长则应补上这一段铅笔线，然后按铅笔线计算各时日照时数及全天的日照时数。如果全天无日照，日照时数记为 0.0。

计算后的日照纸，应由次日白天值班员进行复验，以弥补夜间对迹线辨别不清的缺陷。

5. 检查与维护

每月应检查仪器安装情况，仪器的水平、方位、纬度等是否正确，发现问题及时纠正。日出前检查日照计的小孔，有无小虫、尘沙等堵塞或被露、霜等遮住。

二、聚焦式日照计

1. 仪器构造

聚焦式日照计又称为康培司托克式日照计，它由固定在弧形支架两端的实心玻璃球、金属槽（安装自记纸用）、纬度刻度尺和底座等构成（图 2.12）。它是利用太阳经玻璃球聚焦后烧灼日照纸（卡片）留下的焦痕来记录日照时数的。中国高纬度地区使用这种仪器。

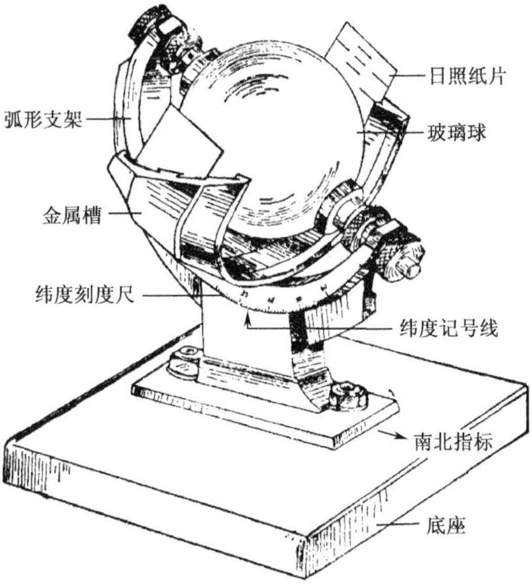

图 2.12　聚焦式日照计

金属槽内有上、中、下 3 道沟：下面一道，插夏季（4 月 16 日至 8 月 31 日）用的长弧形纸片；中间一道，插春季、秋季（3 月 1 日至 4 月 15 日、9 月 1 日至 10 月 15 日）用的直形纸片；上面一道，插冬季（10 月 16 日至翌年 2 月月底）用的短弧形纸片。放纸时，12 时的时间线应与槽内中线对齐。

2. 安装、换纸和检查维护

安装的要求同暗筒式日照计。

日落后换纸，应注意纸型与季节是否匹配，是否插错槽。

换下纸后，根据纸上的焦痕（不论烧灼程度如何，只要看得出是焦痕就算，夏季短时间的日照往往使焦痕烧得偏长而应除去），计算逐时和全日日照时数。

每日检查一次安装的方位、水平、纬度等是否正确。应经常保持玻璃球的清洁，如有灰尘可用镜头纸或软布擦净，但不能用粗布等擦拭，以免磨损玻璃球。如玻璃球上蒙有霜、雾凇等冻结物，应在日出前用软布蘸酒精擦除。有降水时，应加上防雨罩，但在降水稀疏且有日照时，应及时取掉。

日照纸的质量和天气条件对聚焦式日照计记录的影响很大。有的日照纸在太阳或蔽或露的多云天气，烧灼的焦痕往往比实际日照时数偏多。阴雨天日照纸受潮使焦痕显不出来造成记录偏小。

三、日照传感器

1. 直接辐射表观测日照时数

世界气象组织把太阳直接辐照度大于等于 120W/m^2 定为日照阈值（算为有日照）。直射表每日自动跟踪太阳输出的信号，自动测量系统把太阳直接辐照度大于等于 120W/m^2 的时间累加起来，作为每天日照时数。这些数据是从采集器中得到的。

利用直接辐射表观测日照时数与仪器的跟踪装置是否准确关系极大。用全自动跟踪装置的直接辐射表观测的日照时数最准确，可以作为日照检定标准。但普通跟踪装置的直接辐射表跟踪准确度较差，必须加强维护检查，每天上午、下午至少要调校对准一次光点，才能保证记录的准确。

2. 用总辐射和散射辐射计算日照时数

直射表比别的辐射表多一个跟踪装置，因此，出故障的机会较多，若直射表跟踪出现故障，要及时换上备份仪器。当遇到两个直射表都不能正常工作的特殊情况时，只能通过观测到的总辐射和散射辐射，以及当时的太阳高度角，计算出水平面直接辐射、垂直面直接辐射。再根据计算出的直接辐射大于等于 120W/m^2 的时间，累加计算日照时数。这种方法只是临时性措施，不能长期使用，应尽快修复直射表。

3. 双金属片日照传感器

双金属片日照传感器由置于聚丙烯圆罩下，相互均匀隔开的 6 对双金属黑化元件构成。当照射在仪器上的直接辐射大于等于某预设阈值（120W/m^2）时（每个仪器的间隙和阈值设置都在仪器下部规格标示牌上注明），被照射的那对双金属片外部黑色元件受热高于内侧背光处元件，导致正向的接触闭合形成电回路，外部和内部的不同弯折度又使它们产生自动擦除动作，形成接触闭合。接触闭合的开始时间和持续时间被采集器作为有日照时间记录下来。

当直接辐射小于预定阈值（或光线变暗）时，落在白色基板上的散射光反射到内部元件下侧，从而对内部温度进行补偿，这时触点断开，记录无日照。

这种仪器通过聚丙烯圆罩顶部的风道螺纹管端底部的网孔来通风散热。风道的外形使得在下雪时仍然能正常通风。

仪器安装的地方条件、安装要求与日照计相同。

使用时要注意保持聚丙烯圆罩的清洁。检查仪器底部网屏和间隙中是否有堵塞物，以及聚丙烯圆罩和通风道是否损坏。检查元件的黑色涂层是否褪色或剥落，线路是否断开或连接处是否腐蚀。

仪器的校准有两种方法：一种是纯技术调整，调整外部调节螺丝间隙，用隙片（厂家出厂时配备的）可以轻轻地被元件对夹紧，形成间歇设定。对元件调节要在暗处进行，并保持温度在 15℃左右。另一种是对阈值的精确调整，利用太阳光源或室内参考光源的标准进行调整。

复习思考题

1. 辐射表主要有哪些类型？
2. 如何确定直接辐射表的感应面与太阳直射光线正好垂直？
3. 日照计安装时有何要求？
4. 如果暗筒式日照计安装时不水平或南北线没对准，感光迹线会出现什么情况？
5. 叙述暗筒式日照计的涂药、换纸和记录的处理方法。

实习一　太阳辐射和日照时数的观测

一、实习目的和要求

1. 了解测量太阳辐射及日照时数常用仪器的构造和原理。
2. 掌握太阳辐射和日照时数的观测方法。

二、实习仪器

天空辐射表、直接辐射表、辐射电流表、日照计等。

三、实习内容

1. 太阳直接辐射的观测。

2. 天空总辐射、散射辐射、地面反射辐射的观测。

3. 日照时数的观测，并根据日照自记纸统计整理日照时数。

四、实习作业

1. 将上述观测记录及整理计算结果填入实习作业本上。

2. 在指定日照记录纸上统计该日的日照时数，并将结果填入实习作业本上。

3. 比较用直接辐射表与用散射辐射表测得的直接辐射的差异，并分析原因。

第三章　温度和湿度的观测

地面气象观测中测量的大气温度和湿度是离地面 1.5m 高度处空气的温度和湿度，观测仪器应安装在通风防辐射的百叶箱内，野外观测宜使用通风干湿表。气温有定时气温、日最高气温和日最低气温。配有温湿度计的气象站应做温度和湿度的连续记录。

第一节　空气温度和土壤温度的观测

一、各种液体温度表

液体温度表一般是利用水银或酒精热胀冷缩的特性来对温度进行测量的。温度表主要由感应球部、毛细管、刻度磁板和外套管等几个部分构成，如图 3.1 所示。常用的液体温度表有普通温度表、最高温度表和最低温度表。

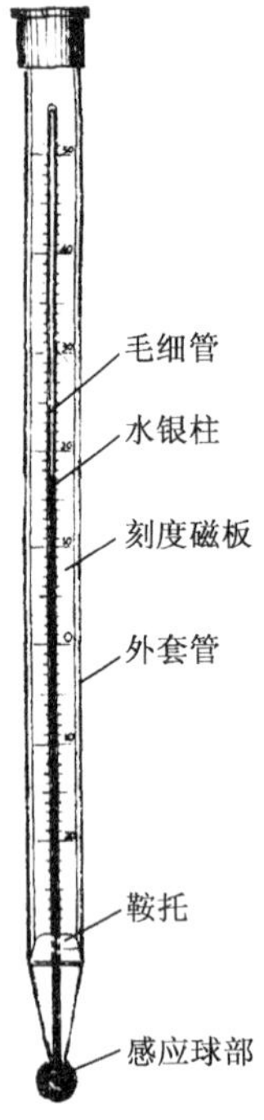

图 3.1　干球温度表

1. 普通温度表

普通温度表如水银温度表，其特点是毛细管内的水银柱长度随被测介质的温度变化而变化，用于读取观测时的温度。常用的普通温度表主要有以下几种。

1）干球温度表

干球温度表用于测量空气温度。

2）湿球温度表

在干球温度表的感应球部包裹着湿润的纱布，因而被称为湿球温度表。湿球温度表和干球温度表配合可测量空气湿度。

3）地面普通温度表

地面普通温度表用于测量裸地表面的温度。

2. 最高温度表

最高温度表用来测量一段时间内出现的最高温度。其构造与普通温度表基本相同，不同之处是在最高温度表球部内嵌有一枚玻璃针，针尖插入毛细管使这一段毛细管变得窄小成为窄道，如图 3.2 所示。升温时，球部水银体积膨胀，压力增大，迫使水银挤过窄道进入毛细管；降温时，球部水银体积收缩，毛细管中的水银应流回球部，但因水银的内聚力小于窄道处水银与管壁的摩擦力，水银柱在窄道处断裂，窄道以上毛细管中的水银无法缩回到感应部，水银柱仍停留在原处，即水银柱只会伸长，不会缩短。因此，水银柱顶端对应的读数即为过去一段时间内曾经出现过的最高温度。

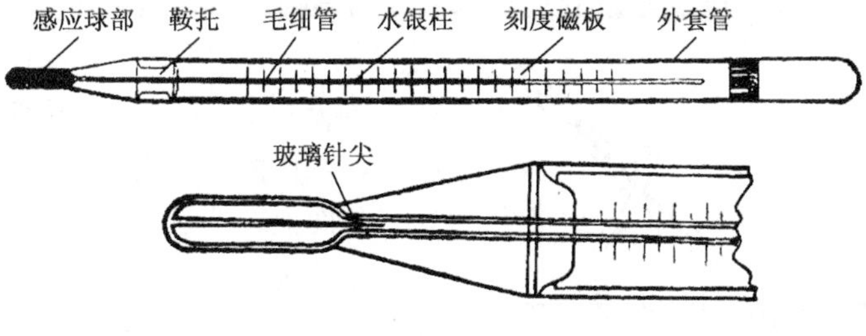

图 3.2 最高温度表

为了能观测到下一时段内的最高温度，观测完毕后需调整最高温度表，调整的方法是：用手握住表身中上部，感应部向下，刻度磁板与手甩动方向平行，手臂向前伸直，与身体约成 30°角，用力向后甩动，重复几次，直到水银柱读数接近当时的干球温度。调整后放回原处时，应先放感应部，后放表身，以免毛细管内水银上滑。

3. 最低温度表

最低温度表用来测量一段时间内出现的最低温度，以酒精作为测温液体。主要特点是在温度表毛细管的酒精柱中，有一个可以滑动的蓝色玻璃小游标，如图 3.3所示。当温度上升时，酒精体积膨胀，由于游标本身有一定的重量，膨胀的酒精可从游标的周围慢慢流过，而不能带动游标，游标停留在原处不动；但温度下降时，毛细管中的酒精向感应部收缩，当酒精柱顶端凹面与游标相接触时，酒精柱凹面的表面张力大于毛细管壁对游标的摩擦力，从而带动游标向低温方向移动，即游标只会后退而不能前进。因此，游标远离感应部一端（右端）所对应的温度读数，即为过去一段时间内曾经出现过的最低温度。

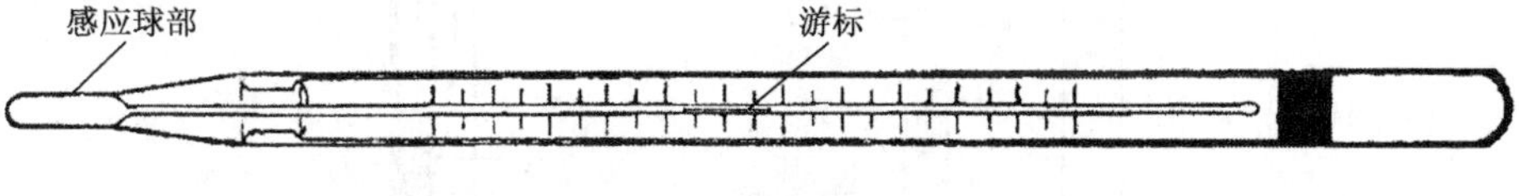

图 3.3 最低温度表

最低温度表观测完后也应调整，调整方法是：将感应球部向上抬起，表身倾斜使游标滑动到毛细管酒精柱的顶端。调整后放回原处时，应先放表身，后放感应球部，以免游标下滑。

4. 曲管地温表和直管地温表

曲管地温表用来测量浅层土壤温度，其球部呈圆柱形，靠近感应部向上端弯曲成 135°的折角，玻璃套管的地下部分用石棉等物填充，以防止套管内空气的流动，隔绝了其他土壤层热量变化对水银柱的影响。曲管地温表一套共 4 支，分别测量 5cm、10cm、15cm、20cm 深度的土壤温度。测量的深度越深，表身就越长，以使曲管地温表的刻度部分都能露在地面上，便于观测读数（图 3.4）。

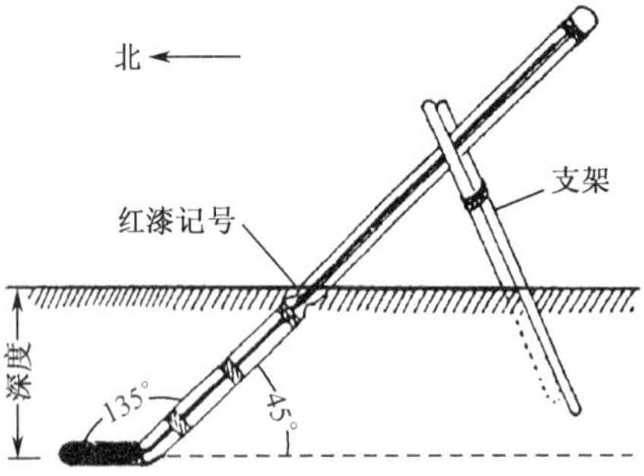

图 3.4 曲管地温表及安置示意图

直管地温表用来观测 40cm、80cm、160cm、320cm 等较深层的土壤温度。直管地温表装在带有铜底帽的管形保护框内（图 3.5），保护框中部有一个长孔，使温度表刻度部位显露，便于读数。保护框的顶端连接在一根木棒上，整个木棒和地温表又放在一个硬橡胶套管内，木棒顶端有一个金属盖，恰好盖住硬橡胶套管，金属盖内装有毡垫，可阻滞管内空气对流和管内外空气交换，以及防止降水等物落入。

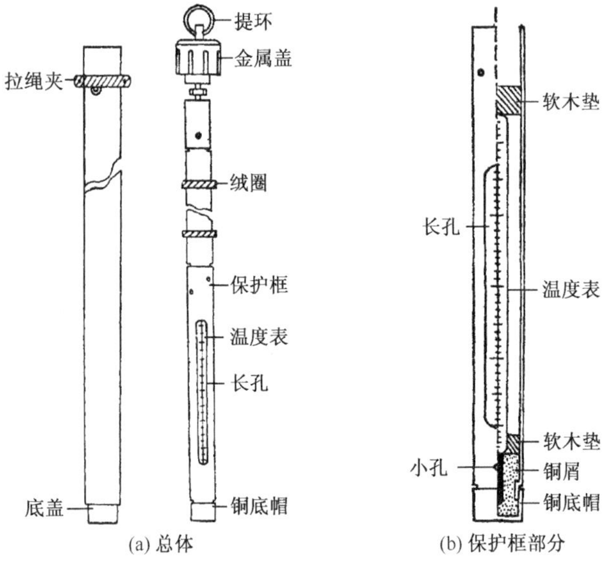

图 3.5 直管地温表

二、温度计

温度计（又称为自记温度计）是指自动记录空气温度连续变化的仪器。

自记温度计由感应部分（双金属片）、传递放大部分（杠杆）和自记部分（自记钟、纸、笔）组成，如图 3.6（a）所示。

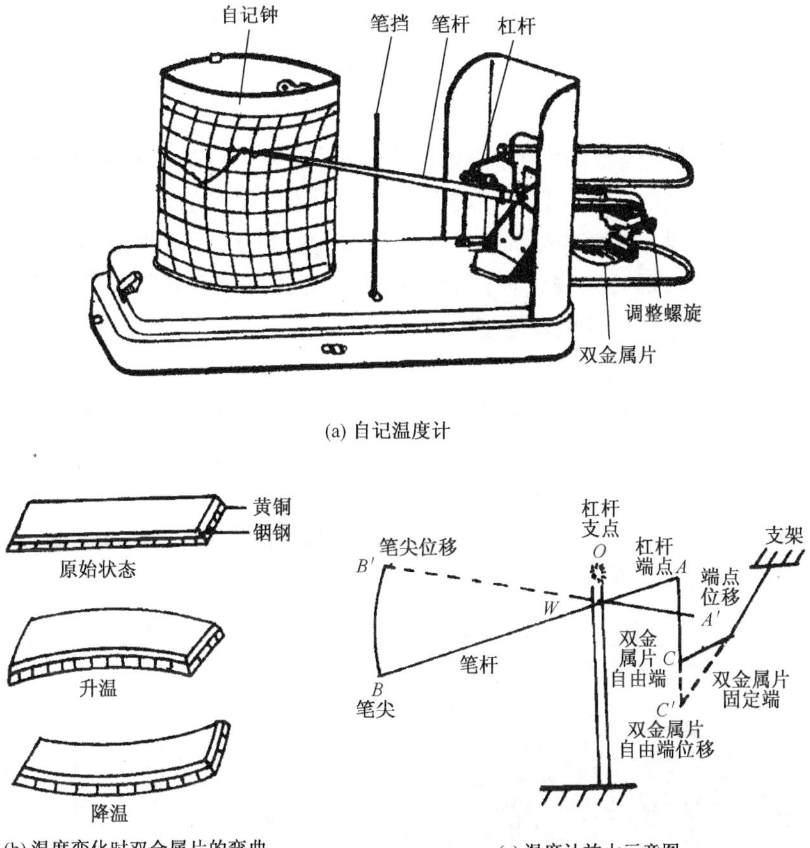

(a) 自记温度计

(b) 温度变化时双金属片的弯曲

(c) 温度计放大示意图

图 3.6 自记温度计及其工作原理

自记温度计的感应部分是一个弯曲的双金属片，它由热膨胀系数较大的黄铜片与热膨胀系数较小的铟钢片焊接而成，如图 3.6（b）所示。双金属片的一端自记固定在支架上，另一端（自由端）连接在杠杆上。当温度变化时，两种金属膨胀或收缩的程度不同，其内应力使双金属片的弯曲程度发生改变，自由端发生位移，通过所连接的杠杆装置，带动自记笔尖在自记纸上画出温度变化的曲线，如图 3.6（c）所示。

自记纸（专用坐标纸）紧贴在一个圆柱形的自记钟筒上，并用金属压纸条固定。温度自记纸上的弧形纵坐标为温度，横坐标为时间刻度线。自记钟和自记纸都有日记型和周记型两种，日记型自记纸使用期限为一天，每天在 14 时更换自记纸；周记型自记纸使用期限为一星期。

三、气象观测场测温仪器的安装、观测方法与维修

1. 仪器的安装

1）百叶箱

百叶箱是安置测量温度、湿度仪器用的防护设备，可防止太阳直接辐射和地面反射辐射对仪器的作用，保护仪器免受强风、雨、雪等的影响，并使仪器感应部分有适当的通风，能感应外界空气温度、湿度的变化。百叶箱分为大百叶箱和小百叶箱两种。大百叶箱安置自记温度计、湿度计，小百叶箱安置干湿球温度表，最高、最低温度表和毛发湿度表。

2）百叶箱内仪器的安装

在小百叶箱的底板中心安装一个温度表支架，干球温度表和湿球温度表分别垂直悬挂在支架的东、西两侧。感应球部向下，距地面 1.5m 高，如图 3.7 所示。在温度表支架的下端有两对弧形钩，分别放置最高温度表和最低温度表，感应部分向东，但注意最高温度表稍向下倾斜，高出干湿球温度表球部 3cm，最低温度表应低于最高温度表 1cm。

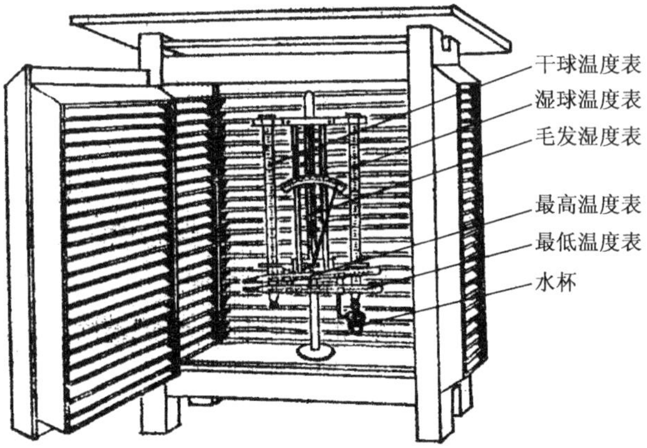

(a) 小百叶箱

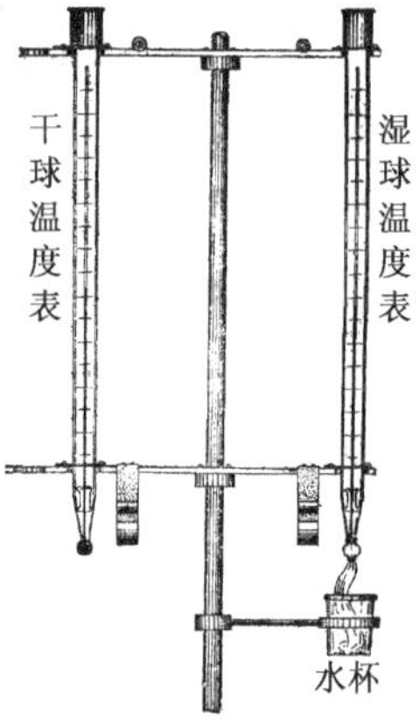

(b) 干湿球温度表

图 3.7　小百叶箱内仪器的安装及干湿球温度表

大百叶箱内，上面架子放毛发湿度计，高度以便于观测为准；下面架子放自记温度计，感应部分中心离地面 1.5m。底座保持水平。

3）地温表的安装

地面温度表（0cm 地面温度表、地面最低温度表和地面最高温度表）和曲管地温表安装在地面气象观测场内靠南侧的面积为 2m×4m 的裸地上。3 支地面温度表应水平地平行安放在地面上，从北向南依次为 0cm 地面温度表、地面最低温度表和地面最高温度表，相互间隔约 5cm，温度表感应球部朝东，球部和表身一半埋入土中，一半露出地面，如图 3.8 所示。

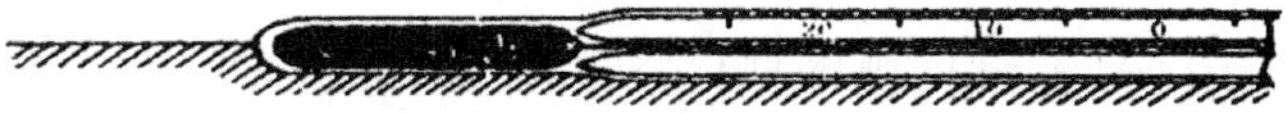

图 3.8　地面温度表安装示意图

曲管地温表安装在地面最低温度表的西边约 20cm 处，按 5cm、10cm、15cm、20cm 深度顺序由东向西排列，感应部分朝北，表间相隔约 10cm，表身与地面成 45°的夹角。具体安装方法如下。

（1）从地面最低温度表尾部开始，在地表自东向西把 10cm 处记为 O 点，自 O 点向西画 40cm 长线段 OB，以 O 为顶点，向北取与 OB 成 30°角的 OA 射线［图 3.9（a）］，OA 垂直向下挖，OB 向下向北倾斜，与地面成 45°挖至与 OA 垂直剖面相应深度相交［图 3.9（b）］。

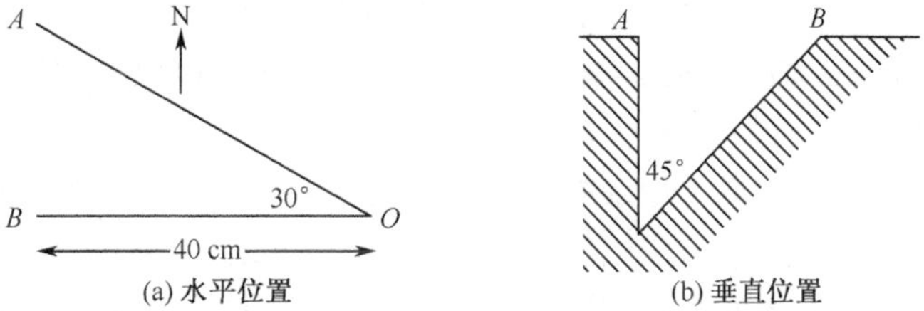

图 3.9　曲管地温表安装位置示意图

（2）用卷尺沿沟的 OB 量出各地温表的水平位置，在 OA 量取所需深度，并在该深度处做一个水平小洞穴，然后分别把曲管地温表放入沟内，使感应部嵌入北壁小洞，并检查深度是否准确，最后小心地用土将沟填平，并将露出地面的表身用叉形木（竹）架支住（图 3.4）。

直管地温表安置在观测场内南边有自然覆盖的 3m×4m 地段上，与地面最低温度表和曲管地温表成一直线，从东到西由浅入深排列，彼此间隔 50cm。

2. 观测方法

1）温度表的观测

在常规地面气象观测中，每天 02 时、08 时、14 时、20 时（北京时）进行温度观测，称为定时观测。空气和地面的最高温度、最低温度每天 20 时观测一次，读数后要对最高温度表和最低温度表进行调整。高温季节则在 08 时观测地面最低温度后，将地面最低温度表取回室内，以防爆裂，20 时观测前一刻钟将其放回原处。直管地温表观测 40cm 地温时需在每日 02 时、08 时、14 时、20 时观测。80cm、160cm、320cm 地温则只在 14 时观测一次。

小百叶箱内的观测顺序是：干球温度表、湿球温度表、毛发湿度表、最高温度表、最低温度表、调整最高温度表和最低温度表。

大百叶箱是先观测自记温度计，后观测毛发湿度计，读数后均要做时间记号。

观测温度表读数时要迅速而准确，尽量减少人为影响。读数时视线平视，先读小数，后读整数，精确到一位小数，做好记录后复读一遍，并做器差订正后才能使用。

2）温度计的观测

定时观测自记温度计时，根据笔尖在自记纸上的位置观测读数。读数后做时间记号的方法是轻轻按动一下仪器外侧右壁的计时按钮（如无计时按钮，应轻压自记笔杆在自记纸上做时间记号），使自记笔尖在自记纸上画一条垂线。

日转仪器每天换纸，周转仪器每周换纸。自记纸换纸步骤如下。

（1）做记录终止的记号（方法同定时观测做时间记号）。

（2）掀开盒盖，拔出笔挡，取下自记钟筒（不取也可以），在自记迹线终端上角记下记录终止时间。

（3）松开压纸条，取下记录纸，上好钟机发条（视自记钟的具体情况而定，切忌上得过紧），换上填写好站名、日期的新纸。上纸时，要求自记纸卷紧在钟筒上，两端的刻度线要对齐，底边紧靠钟筒突出的下缘，并注意勿使压纸条挡住有效记录的起止时间线。

（4）在自记迹线开始记录一端的上角，写上记录开始时间，按逆时针方向旋转自记钟筒（以消除大小齿轮之间的空隙），使笔尖对准记录开始的时间，拨回笔挡并做时间记号。

（5）盖好仪器的盒盖。

温度计使用中要保持仪器清洁并加强维护：笔尖及时添加墨水，但不要过满，以免墨水溢出。如果笔尖出水不顺畅或画线粗涩，应用光滑坚韧的薄纸疏通笔缝。疏通无效，更换笔尖。新笔尖先用酒精擦拭除油，再上墨水。更换笔尖要注意自记笔杆的长度必须与原来笔杆的长度等长。

如果周转型自记钟一周快慢超过 30min，或日转型自记钟一天快慢超过 10min，就要调整自记钟的快慢针。自记钟使用到一定期限（一年左右）要清洗加油。

温度计的误差比较大，读数只有进行了时间订正和记录订正后才是可用的。

(1) 时间订正。时间订正是以观测时所做的记号为依据，记号超过正点线的时差为正，不到正点线的时差为负，具体方法如下：

设本次观测时间 t_n 的时差为 τ_n，上次观测时间 t_0 的时间差为 τ_0，则这一时段内任意正点时刻 t 的时差 τ，可由下式求得

$$\tau=\tau_0+\frac{\tau_n-\tau_0}{t_n-t_0}(t-t_0)$$

各时的正确时间等于自记纸上各正点时间加上当时的时差，并将各时的正确时间用铅笔在自记纸上画出时间记号。

例如，14 时观测的时间记号在 13 时 50 分，20 时观测的时间记号是 20 时 05 分，计算 15 时、16 时、17 时、18 时、19 时在自记纸上的正确时间。计算结果见表 3.1。

表 3.1　温度计的时间订正

	观测时间						
	14:00	15:00	16:00	17:00	18:00	19:00	20:00
时间记号坐标	13:50						20:05
时差/min	−10						+5
计算时差/min		−8	−5	−3	0	3	
正确时间坐标值		14:52	15:55	16:57	18:00	19:03	

(2) 自记记录订正。记录订正是以定时观测的实测温度值（经过器差订正后的干球温度值）作为订正的依据，先读出两次正点之间各时间记号对应的温度自记读数，再求出本次观测与上次观测的器差（器差＝干球读数－自记读数）$\varepsilon_n(t_n)$、$\varepsilon_0(t_0)$，则任一时刻的器差为

$$\varepsilon=\varepsilon_0+\frac{\varepsilon_n-\varepsilon_0}{t_n-t_0}(t-t_0)$$

然后将各时的器差叠加到各时的自记读数上就得到了订正值，如表 3.2 所示。

表 3.2　温度计记录的器差订正　（单位：℃）

	观测时间						
	14:00	15:00	16:00	17:00	18:00	19:00	20:00
干球读数	23.1						18.1
自记读数	21.5	21.2	20.9	20.5	20.1	19.8	19.6
器差	1.6	1.1	0.6	0.0	−0.5	−1.0	−1.5
订正值	—	22.3	21.5	20.5	19.6	18.8	—

3) 地温观测

地温表的观测顺序是：地面 0cm 温度表，地面最高温度表，地面最低温度

表，5cm、10cm、15cm、20cm 曲管地温表，调整地面最高温度表和最低温度表，40cm、80cm、160cm、320cm 直管地温表。

观测地面温度时不能将温度表拿离地面；观测曲管地温表时，要使视线与水银柱顶端平齐，若温度表表身有露水或雨水，可用手轻轻擦掉，但不能触摸感应部位。

3. 温度表断柱的维修方法

当温度表水银（或酒精）发生断柱时，可用下述方法修理。

（1）撞击法：用手握住球部，使之处于掌心，将握住球部的手在其他较软的东西上面撞击，撞击时手握球部要稳，表身要保持垂直。另可用一只手握住表的中部并使球部朝下，然后用握表的手腕在另一个手掌上撞击。手握表松紧要适宜，撞击时应保持表身垂直。

（2）加热法：只适用于毛细管顶管空腔较大且中断部位离空腔较近的水银温度表。其方法是先盛半杯冷水，将温度表球部插入水中，缓缓加入热水，使温度逐渐上升，直至水银丝上部中断部分及气泡全部升入空腔后，轻轻震动温度表上部，气泡即可升至顶端。在操作中加热不能太快，尤其当水银丝快接近空腔时，更应缓慢。当水银充满空腔的 1/3 时，不宜再升高温度，否则会引起球部破裂。

中断排除后，应迅速甩动温度表，将气泡完全排除。处理后应放置一段时间再使用。

第二节　空气湿度观测

一、干湿球温度表

1. 干湿球温度表

干湿球温度表（简称为干湿表）由两支型号完全一样的温度表组成。一支用于测定空气温度，称为干球温度表；另一支球部包扎着气象观测专用的脱脂纱布，并将纱布一端浸在蒸馏水杯里，使纱布保持湿润状态，称为湿球温度表。两支温度表垂直悬挂在小百叶箱内的支架上，球部朝下，干球在东，湿球在西。

“干湿球法”测定空气湿度的原理是：湿球球部被纱布湿润后表面有一层水膜。空气未饱和时，湿球表面的水分不断蒸发，所消耗的潜热直接取自湿球周围的空气，使湿球温度低于空气温度（干球温度），它们的差值称为干湿球温差。干湿球温差的大小取决于湿球表面的蒸发速率，而蒸发速率又取决于空气的潮湿程度。若空气比较干燥，水分蒸发快，湿球失热多，则干湿球温差大；反之，若空气比较潮湿，则干湿球温差小。因此，可以根据干湿球温差来计算空气湿度。此外，蒸发速率还与气压、风速等有关。用干湿球法测量湿度的公式如下：

$$e = e_{sw} - AP(t - t_w)$$

式中，e 为水汽压，hPa；t 为干球温度，即气温，℃；t_w 为湿球温度，℃；P 为本站气压，hPa；A 为与通风速率和温度感应部分的形状有关的测湿系数，根据干湿表型号和通风速率来确定（表 3.3）；e_{sw} 为湿球温度下的饱和水汽压，hPa。

表 3.3　不同型号干湿表的测湿系数 A 值

干湿表型号 [通风速率/(m/s)]	$A_i \times 10^{-3}$/℃	
	湿球未结冰	湿球结冰
通风干湿表(2.5)	0.662	0.584
百叶箱通风干湿表(3.5)	0.667	0.588
百叶箱球状干湿表(0.8)	0.795	0.795
百叶箱柱状干湿表(0.4)	0.815	0.719
百叶箱球状干湿表(0.4)	0.857	0.756

只要测得 t、t_w 和 P，根据 t_w 值从饱和水汽压表中查得 e_{sw}，将它们代入上式就可算出 e 值，进一步还可计算出相对湿度 U、饱和水汽差 d 和露点温度 t_d 等湿度物理量。

2. 湿球温度表的使用（纱布包扎法、溶冰法、观测要点）

湿球温度表的观测读数方法与气温观测相同。观测时应注意给浸润纱布的水杯添满蒸馏水。纱布要保持清洁，一般每周更换一次。采用气象观测专用吸水性能良好的纱布包扎湿球球部。包扎时，将长约 10cm 的新纱布在蒸馏水中浸湿，平贴无折皱地包卷在水银球上，纱布的重叠部分不要超过球部圆周的 1/4。包好后，用纱线把高出球部上面和球部下面的纱布扎好，但不要过紧，剪掉多余的纱线。纱布放入水杯中时，要折叠平整。冬季只要气温不低于 −10℃，仍用干湿球温度表测定空气湿度。当湿球出现结冰时，为保持湿球的正常蒸发，应从室内带一杯蒸馏水对湿球纱布进行融冰，待纱布变软后，将纱布在球部以下 2～3mm 处剪掉（图 3.10），然后将水杯拿回室内以防冻裂。观测前还要进行湿球融冰。其方法是：把整个湿球浸入蒸馏水水杯内，使冰层完全融化，蒸馏水水温

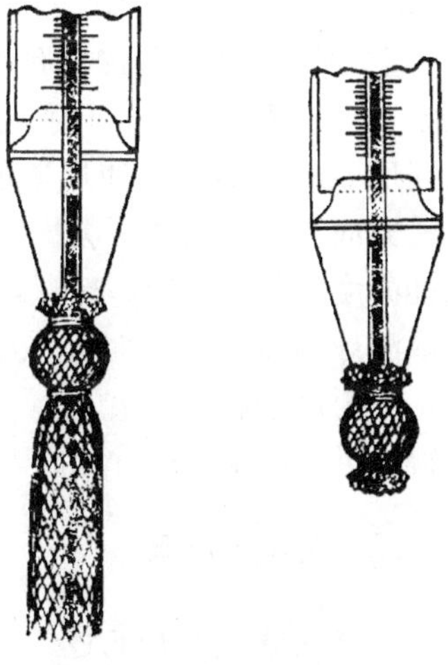

图 3.10　湿球纱布包扎和冻结时纱布剪掉的示意图

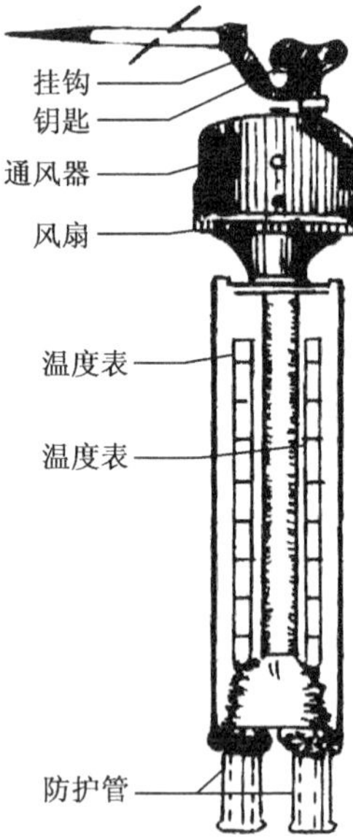

图 3.11　通风干湿表

与室温相当。当湿球的冰完全融化，移开水杯后应除去纱布头的水滴。待湿球温度读数稳定后，进行干、湿球温度的读数并做记录。读数后应检查湿球是否结冰（用铅笔侧棱试试纱布软硬）。如果已结冰，应在湿球温度读数右上角记上结冰符号“B”，待查算湿度用。

二、通风干湿表

1. 仪器构造

通风干湿表也称为阿斯曼干湿表，主要用于野外考察或自动气象站在温度或湿度采集出现故障时进行补测。通风干湿表构造如图 3.11 所示。两支型号完全一样的温度表被固定在金属架上，感应部安装在保护套管内，套管表面镀有反射力强的镍或铬，避免太阳直接辐射的影响。保护套管的两层金属之间空气流通，所以通风干湿表是野外观测空气温度、湿度的常用仪器。

2. 观测方法与要点

将仪器挂在测杆上，为使仪器感应部分与周围空气的热量交换达到平衡，使用前应暴露 10min 以上（冬季约 30min）。在观测读数前 4～5min（干燥地区 2～3min）先将湿球纱布润湿，然后给风扇上足发条，才能进行观测。

上发条时应手握仪器颈部，发条不要上得太紧。当风速大于 4m/s 时，应将挡风罩套在风扇迎风面的缝隙上，使风罩的开口部分与风扇旋转方向一致，这样不会影响风扇的正常旋转。悬挂高度视要求而定，待湿球温度读数稳定后，读取湿球温度。读数时要从下风方向去接近仪器，不要用手接触保护管，身体也不要与仪器靠得太近。记录处理方法同干湿球温度表。

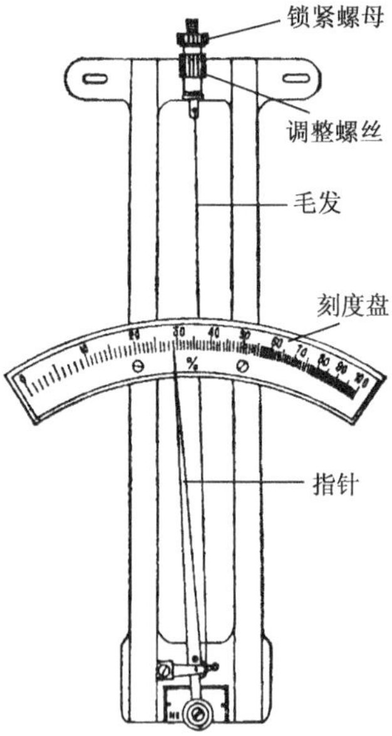

图 3.12　毛发湿度表

三、毛发湿度表

1. 毛发湿度表的构造

毛发湿度表是用脱脂人发制成的测定空气相对湿度的仪器（图 3.12）。潮湿时，脱脂人发吸附空气中的水分后会伸长，干燥时会缩短，故能用它来测量湿度。但毛发长度随空气湿度的变化是非线性的，一般相对湿度较大时，毛发的伸长量小些。故毛发湿度表的刻度盘在低值一端刻度稀疏些，高值一端刻度密集些。毛发湿度表的精度较差，当日平均温度高于－10℃时，它的读数只作参考；只有在气温为－10℃以下时它的读数经订正后才作为正式记录使用。

2. 观测记录

按当时指针指示的位置观测读数（读取百分数的整数，小数四舍五入），观测时，如果怀疑指针由于轴的摩擦或针端碰到刻度尺而被卡住，可以轻轻地敲一下毛发湿度表架，重新读数，并将仪器情况记入备注栏。

如果读数时发现指针超出刻度范围，应当用外延法读数，若为上超，按 90 到 100 的刻度尺距离外延到 110，若为下超，按 10 到 0 的刻度处距离外延到－10。估计指针相当于在延伸刻度的那一个分划线上，得出读数加“（）”记入观测表。

四、毛发湿度计

1. 仪器构造及工作原理

毛发湿度计是自动记录相对湿度连续变化的仪器。它由感应部分（脱脂人发）、传动机械（杠杆曲臂）和自记部分（自记钟、纸、笔）组成，见图 3.13。

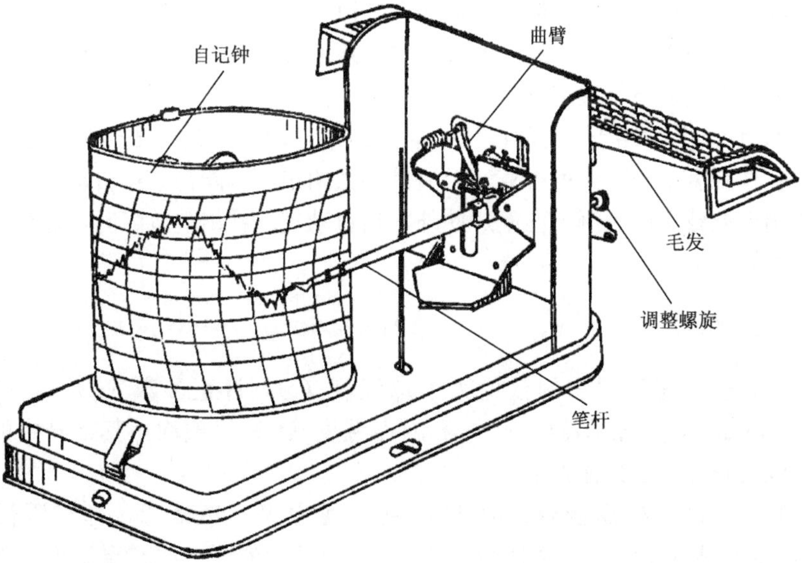

图 3.13　毛发湿度计

2. 观测记录方法

湿度计的使用同温度计。湿度计读数时取整数，当笔尖超过 100％而未超出自记纸时，用外延法估计读数并订正。若笔尖抵靠钟筒底沿时，除按外延法读数并订正外，还需在备注栏中注明。订正后值大于 100％时，记为 100％；小于 0 时，记为 0。若笔尖超出钟筒，记录为“—”，表示缺测。

第三节　湿度查算表的使用方法

一、湿度查算表

利用百叶箱干湿球温度表测定湿度（干湿表法）是中国气象台站测定空气湿度的主要方法。在观测到干湿球温度和本站气压后，就可以用湿度公式计算出 e、U 和 t_d 等湿度要素值，但实际工作中，往往直接使用根据湿度公式编好的《湿度查算表》查算各个湿度要素。

中国气象局编制的《湿度查算表（甲种本）》（2006 年），可供百叶箱通风干湿表、通风干湿表、球状和柱状干湿表（自然通风）等型号干湿表查算。此查算表主要由表 1（湿球结冰部分）、表 2（湿球未结冰部分）、表 3（湿球温度的气压订正值）、表 4（干球温度小于－20℃由相对湿度 U 反查 e、t_d）和表 5（n 值附加表）组成，外加 5 个附表。附表 1 为饱和水汽压表，附表 2 至附表 5 为不同型号干湿表的湿球温度订正值。它们分别是以各种仪器相应的干湿表系数，在一定的气压范围内编制的。不同干湿表经过各自的湿球温度订正值的订正后，就可从表 1 和表 2 查取空气湿度。

2000 年以后，中国气象台站开始推广使用自动气象站。虽然使用自动气象站测量空气湿度不需要湿度查算表，但是多数用户不可能都使用自动气象站，还必须使用干湿球温度表测定湿度。此外，当自动气象站出现故障时，还得用干湿表法来查算湿度。

二、查算方法

表 1 和表 2 每栏居中的数值为干球温度（t），订正参数（n）、湿球温度（t_w）、水汽压（e）、相对湿度（U）和露点温度（t_d）等项均用其括号中的符号列出。湿度查算方法具体如下。

（1）查表时，根据湿球结冰与否决定使用表 1 或表 2。若气压恰好为 1000hPa（本站气压的个位数四舍五入），找到相应的干、湿球温度值，即可查出 e 、U 、t_d值。

［例 3.1］　$t=-4.1$℃，$t_w=-6.6^{B}$℃，$P=1003.8$hPa

在表 1（湿球结冰部分，16 页）找出干球温度−4.1 栏，在此栏中找到 t_w＝−6.6，与它并排的 e＝2.0hPa、U＝45%、t_d＝−14.3℃。

［例 3.2］　t＝12.1℃，t_w＝8.5℃，P＝997.5hPa

在表 2（湿球未结冰部分，78 页）找出干球温度 12.1 栏，在此栏中找到 t_w＝8.5，与它并排的 e＝8.7hPa、U＝62%、t_d＝5.0℃。

（2）若气压不是 1000hPa，则必须对湿球温度进行气压订正，然后再查取空气湿度。订正方法是：先在干球温度栏中找出与 t_w 并列的订正参数 n（在首行或末行），然后用 n 值和当时的本站气压（个位数四舍五入）在表 3 中查出湿球温度订正值 Δt_w。当气压 $P<1000$hPa 时，Δt_w 为正值，应将此值加在湿球温度 t_w 上；当气压 $P>1000$hPa 时，Δt_w 为负值，应从湿球温度 t_w 中减去此值。再用干球温度 t 和经订正后的湿球温度 t'_w，从表 2（或表 1）中查取空气湿度。

［例 3.3］　t＝12.4℃，t_w＝6.5℃，P＝1018.4hPa

在表 2（湿球未结冰部分，78 页）找到干球温度 12.4 栏中，t_w＝6.5 时，n＝15，用 n 值和 P＝1020 在表 3（293 页）中查得 Δt_w＝−0.1℃，订正后的 t_w＝6.5−0.1＝6.4℃，再用 t＝12.4 和 t_w＝6.4 从表 2 查出 e＝5.6hPa、U＝39%、t_d＝−1.2℃。

［例 3.4］　t＝1.8℃，t_w＝−1.9^B℃，P＝892.7hPa

在表 1（26 页）t＝1.8 栏中，t_w＝−1.9 时，n＝11，用 n 值和 P＝890 在表 3（294 页）中查得 Δt_w＝0.2℃，订正后的 t_w＝−1.9＋0.2＝−1.7℃，再用 t＝1.8 和 t_w＝−1.7 从表 1 中查出 e＝3.2hPa、U＝47%、t_d＝−8.4℃。

（3）当空气湿度较小，气压又较低时，若在表 1（表 2）中查不到 n 值，此时需用 t、t_w 先从表 5 的 n 值附加表的湿球结冰或未结冰部分查得 n 值，已知 n、P 值从表 3 查得 Δt_w，经过湿球温变订正后，再从表 1 或表 2 中查取空气湿度。

［例 3.5］　t＝−8.6℃，t_w＝−13.1^B℃，P＝634.9hPa

在表 1（10 页）t＝−8.6 栏中查不到 t_w＝−13.1 及对应的 n 值，则用 t、t_w 值另查表 5 的湿球结冰部分（304 页），得 n＝17，再用 n 值和 P＝630 查表 3（295 页）得 Δt_w＝1.3℃，订正后的 t_w＝−13.1^B＋1.3＝−11.8^B℃。用 t＝−8.6 和 t_w＝−11.8^B 再查表 1（10 页）得 e＝0.3hPa、U＝10%、t_d＝−34.5℃。

［例 3.6］　t＝32.0℃，t_w＝11.2℃，P＝770.2hPa

在表 2（162 页）t＝32.0 栏中查不到 t_w＝11.2 及对应的 n 值，则用 t、t_w 值另查表 5 的湿球未结冰部分（316 页），得 n＝45，再用 n 值和 P＝770 查表 3（294 页）得 Δt_w＝2.1℃，订正后的 t_w＝11.2＋2.1＝13.3℃。用 t＝32.0 和 t_w＝13.3 查表 2（162 页）得 e＝2.8 hPa、U＝6%、t_d＝−10.3℃。

（4）当干球温度小于−20℃时，由表 4 用干球温度表和湿敏电容测得或经订正的毛发湿度表读数 U，查取水汽压 e 和露点温度 t_d。当干球温度大于−20℃、小于-10℃时，可由表1（湿球结冰部分）反查e和t_d，见［例3.9］。

查表4时，可能遇到两种情况：第一，表中有等于或接近于这一相对湿度的观测值；第二，观测值正好是表中相邻两个相对湿度值的中值。

在第一种情况下，可根据接近的相对湿度数值查取水汽压e和露点温度t_d，见［例3.7］；在第二种情况下，可以用两个相邻的相对湿度所对应的水汽压e和露点温度t_d再求取平均值，见［例3.8］。

［例3.7］　$t=-23.6$℃，$U=77\%$

在表4（301页）$t=-23.6$栏，有$U=75$，接近观测值77%，则取与$U=75$并列的$e=0.69$hPa，$t_d=-26.8$℃。

［例3.8］　$t=-36.2$℃，$U=65\%$

在表4（297页）$t=-36.2$栏，有$U=60$和$U=70$，观测值65%为两者的中值，则取与$U=60$和$U=70$相应的e和t_d的平均值：

$U=60$：$e=0.17$hPa，$t_d=-41.2$℃

$U=70$：$e=0.19$hPa，$t_d=-39.7$℃

则$U=65\%$时，$e=0.18$hPa，$t_d=-40.45\approx-40.5$℃

［例3.9］　$t=-16.2$℃，$U=56\%$

在表1（3页）$t=-16.2$栏中，$U=56$的横行得$e=1.0$hPa，$t_d=-22.9$℃。

（5）用其他不同型号干湿表的测定值查算湿度的方法。以所测得的干湿球温度值从表2（或表1）查得n值，再用n值和本站气压P（个位数四舍五入）查附表中相应型号干湿表的湿球温度订正值表（附表2至附表5），得订正值Δt_w，将此订正值加在t_w上，然后用干球温度和经订正的湿球温度再查表2（或表1），即得所求空气湿度。

在查附表5（0.8m/s自然通风的球状干湿表湿球温度订正值）时需注意：当湿球未结冰时，应在气压值的左部查取Δt_w值；当湿球结冰时，则在气压值的右部查取Δt_w值。

［例3.10］　用通风干湿表测得$t=20.5$℃，$t_w=14.8$℃，$P=1043.0$hPa

由表2（108页）查得$n=11$，再用n值和$P=1040$查附表2（322页）得$\Delta t_w=-0.1$，订正后的湿球温度$t_w=14.8-0.1=14.7$℃，用$t=20.5$和$t_w=14.7$再查表2（108页），得$e=12.8$hPa、$U=53\%$、$t_d=10.7$℃。

［例3.11］　用柱状干湿表（自然通风速率0.4m/s）测得$t=-2.6$℃，$t_w=-6.5^B$℃，$P=800.8$hPa

由表1（18页）查得$n=13$，用n值和$P=800$查附表4（329页）得$\Delta t_w=0.1$，订正后的湿球温度$t_w=-6.5^B+0.1=-6.4^B$℃，用$t=-2.6$和$t_w=-6.4^B$再查表2（108页），得$e=1.3$hPa、$U=26\%$、$t_d=-19.4$℃。

［例3.12］　用球状干湿表（自然通风速率0.8m/s）测得$t=8.6$℃，$t_w=$

5.2℃，P=1000.9hPa

由表 2（69 页）查得 n=9，用 n 值和 P=1000 查附表 5（332 页）气压值左部的湿球未结冰部分，得 Δt_w=−0.3，订正后的湿球温度 t_w=5.2−0.3=4.9℃，用 t=8.6 和 t_w=4.9 再查表 2（68 页），得 e=6.2hPa、U=55%、t_d=0.2℃。

三、几个问题的说明

（1）表 1、表 2 中所列相对湿度 U 的最小值，大多数为 1%，少数为2%～5%。当湿球温度 t_w 再下降 0.1℃时，根据计算，$U\leqslant 0$，未在表中列出，若查算时遇此情况，U 一律处理为 0，此时 e 取 0.0，t_d 按业务规定处理；若需要较精确的数值，可用温度公式计算求得 e 值，再以 e 从附表 1（一）纯水平液面饱和水汽压表中查取 t_d 值。

表 1、表 2 中所列相对湿度 U 的最大值，大多数为 100%，少数为 97%～99%。当湿球温度 t_w 再升高 0.1℃时，根据计算 $U>100\%$，若查算时遇此情况，U 当 100%处理，此时 e、t_d 取表列 U=100%所对应的数值；若表列最大值 $U<100\%$，则取观测所得干球温度 t 值为 t_d 值，e 可由附表 1（一）用 t_d 查得。

［例 3.13］　t=0.4℃，经 Δt_w 订正后的湿球温度 t_w=−5.6℃，查表 2（50 页）t=0.4 栏，t_w 最小值−5.5 的 U=2，则 t=0.4℃、t_w=−5.6℃时的 U 取 0，e 取 0.0。

［例 3.14］　t=−9.6℃，经 Δt_w 订正后的湿球温度 t_w=−9.2^B℃，查表 1（9 页）t=−9.6 栏，t_w 最大值−9.3 的 U=99，则 t=−9.6℃、t_w=−9.2^B℃时的 U 取 100%，t_d=t=−9.6℃，用 t_d=−9.6 值查附表 1（一）（318 页）得饱和水汽压值为 2.954，即水汽压 e=3.0hPa。

（2）在湿球温度订正值表（表 3、附表 2 至附表 5）中只列出了 n 为正值时的 Δt_w 值。当 n 为负值时，它对 Δt_w 的绝对值无影响，但符号相反，故在查算时可利用表 3、附表 2 至附表 5 以 n 的绝对值查取 Δt_w，订正值的符号相反。

［例 3.15］　用百叶箱通风干湿表测得 t=−7.6℃，t_w=−7.4^B℃，P=753.2hPa

从表 1（12 页）查得 n=−1，用 n 的绝对值 1 和 P=750 从表 3（294 页）得订正值 0.1，则 n=−1 的 Δt_w=−0.1℃。再用 t=−7.6、t_w=−7.4^B−0.1=−7.5^{B}查表 1（12 页）得 e=3.3hPa、U=95%、t_d=−8.2℃。

（3）当需要饱和差 d（hPa）时，可根据公式 $d=e_{sw}-e$ 求得。当利用湿度查算表查算饱和差时，有以下两种方法：①根据干球温度从附表 1（一）查得纯水平液面饱和水汽压 e_{sw}值，减去当时的水汽压 e 即得饱和差 d。②由当时的干球温度查表 1（或表 2），该干球温度栏 $U=100$ 所对应的 e 值即为该干球温度的饱和水汽压 e_s，用此值减去当时的水汽压 e，即得饱和差 d。

［**例 3.16**］ $t=24.3℃$，$e=7.8\text{hPa}$

①由附表 1（一）（319 页）查得 $t=24.3$ 所对应的 $e_s=30.37\approx30.4\text{hPa}$，则得 $d=30.4-7.8=22.6\text{hPa}$。

②由表 2（124 页）$t=24.3$ 栏，$U=100$ 所对应的 $e=30.4\text{hPa}$，则得 $d=30.4-7.8=22.6\text{hPa}$。

复习思考题

1. 为什么最高温度表和最低温度表能测量一段时间内的最高温度和最低温度？

2. 地面最低温度在什么时间观测？如何观测最低温度？在什么情况下要取回最低温度表？

3. 百叶箱的作用是什么？百叶箱中的仪器如何放置？

4. 温度表断柱时如何修复？

实习二　空气温度和土壤温度的观测

一、实习目的和要求

1. 了解气象常用温度表、温度计的构造原理和安装使用方法。

2. 掌握空气温度和土壤温度的观测方法和记录整理方法。

二、实习仪器

普通温度表、最高温度表、最低温度表、地面温度表、自记温度计、曲管地温表、直管地温表。

三、实习内容

1. 对照仪器，认识各种温度表（计）的用途及构造特征，并将结果写在实习作业本内。

2. 在气象观测场内进行规范的空气温度和地面温度的观测，做好记录并进行器差订正。

四、实习作业

1. 绘图说明最高温度表和最低温度表所显示的最高温度和最低温度及当时温度。

2. 根据表 1、表 2 所列数据进行自记温度计的时间订正与记录订正。

表 1　温度计的时间订正

项目	观测时间						
	8:00	9:00	10:00	11:00	12:00	13:00	14:00
时间记号坐标	8:10						13:55
时差/min							
计算时差/min							
正确时间坐标值	—						

表 2　温度计的记录订正　　（单位:℃）

	观测时间						
	8:00	9:00	10:00	11:00	12:00	13:00	14:00
干球读数	13.6						18.8
自计读数	14.4	14.8	15.4	16.2	16.9	17.7	18.3
器差							
订正值							

3. 地温的观测、比较与分析

（1）土壤温度的观测记录。

观测时间：

地面温度日较差	仪器组号	项目		地面温度			地中温度			
				0cm	最高	最低	5cm	10cm	15cm	20cm
	一	水浇地	读数							
			器差							
			订正后							
	二	沙地	读数							
			器差							
			订正后							
	三	裸地	读数							
			器差							
			订正后							
	四	遮蔽地	读数							
			器差							
			订正后							

（2）比较不同土壤类型的地表温度日较差，根据土壤热特性简述差异成因。

（3）画图比较观测的不同土壤类型的土壤温度随深度的变化特点，并分别指出属于日射型、辐射型还是过渡型？如果存在差异，请简述原因。

实习三　空气湿度的观测与查算

一、实习目的和要求

了解测定空气湿度的原理，掌握空气湿度的测定、计算和查算方法。

二、实习仪器

百叶箱干湿表、通风干湿表、毛发湿度计、毛发湿度表。

三、实习内容

1. 观测百叶箱干湿表和通风干湿表，并进行器差订正。

2. 根据所测数据分别计算水汽压、相对湿度、露点温度、饱和差等空气湿度要素。

3. 观测毛发湿度表、毛发湿度计。

4. 用湿度查算表查算空气湿度要素值。

四、实习作业

1. 将室内与室外观测记录在表 3 中，并查算观测时的湿度填入相应栏中。

表 3　百叶箱温度、湿度观测记录

观测时间：　　　　　　　　　　　　　气压 $P=$

项目	室内					气象观测场				
	干球	湿球	毛发表/%	温度计/℃	湿度计/%	干球	湿球	毛发表/%	温度计/℃	湿度计/%
读数										
器差										
订正后										
e/hPa										
U/%										
t_d/℃										

2. 根据所测数据计算各空气湿度要素值。

3. 根据《湿度查算表》查算下列空气湿度要素值。　$P=1015.8$hPa

项目	百叶箱通风干湿表(通风速率 3.5m/s)								通风干湿表(通风速率 2.5m/s)			
	干球	湿球	干球	湿球	干球	湿球	干球	湿球	干球	湿球	干球	湿球
	12.1	8.5	−5.5	−7.8	1.0	-2.3^{B}	−4.1	-6.6^{B}	23.9	15.4	18.1	10.2
e_a/hPa												
U/%												
t_d/℃												
d/hPa												

第四章　气压和风的观测

第一节　气压的观测

气压是作用在单位面积上的大气压力，即单位面积上向上延伸到大气上界的垂直空气柱的质量。单位为百帕（hPa），也曾有用毫米汞柱（mmHg）和毫巴（mb）作单位，读数记录保留1位小数。

人工观测时，定时观测要计算本站气压，编发天气报告的时次还须计算海平面气压。测定气压主要用动槽式和定槽式水银气压表。配有气压计的，应作气压连续记录，并挑选气压的日极值（最高、最低）。

自动观测时，电测气压传感器自动测定本站气压，挑选本站气压的日极值（最高、最低），并计算海平面气压。

一、水银气压表

水银气压表是利用作用在水银面上的大气压强和与其相通、顶端封闭且抽成真空的玻璃管中的水银柱对水银面产生的压强相平衡的原理制成的。气象站常用的有动槽式水银气压表和定槽式水银气压表两种。

1. 动槽式水银气压表

动槽式（又名福丁式）水银气压表由内管、外套管和水银槽3部分组成[图4.1(a)]，在水银槽的上部有一根象牙针，针尖位置即为刻度标尺的零点。每次观测必须按要求将槽内水银面调至象牙针尖的位置上。

1）安装

气压表应安装在温度少变、光线充足、既通风又无太大空气流动的气压室内。气压表应牢固、垂直地悬挂在墙壁、水泥柱或坚固的木柱上，切勿安装在热源（暖气管、火炉）、门窗和空调器旁边，以及阳光直接照射的地方。气压室内不得堆放杂物。

安装前，应将挂板牢固地固定在准备悬挂气压表的地方，再小心地从木盒（皮套）中取出气压表，槽部向上，稍稍拧紧槽底调整螺旋1～2圈，慢慢地将气压表倒转过来，使表直立，槽部在下。然后先将槽的下端插入挂板的固定环里，再把表顶悬环套入挂钩中，使气压表自然下垂后，慢慢旋紧固定环上的3个螺丝（注意不能改变气压表的自然垂直状态），将气压表固定。最后旋转槽底调整螺

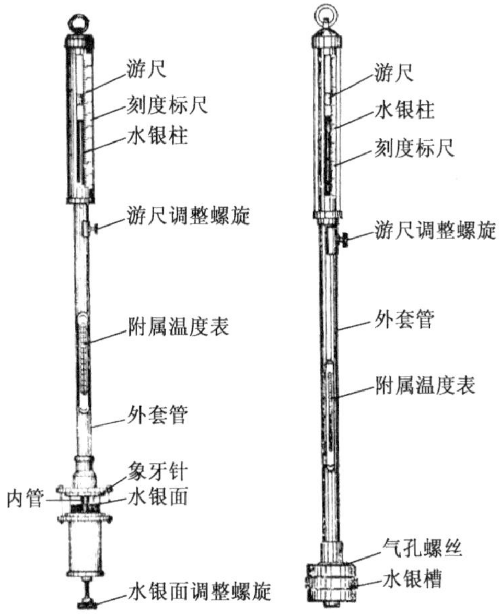

(a) 动槽式 (b) 定槽式

图 4.1 水银气压表

旋，使槽内水银面下降到象牙针尖稍下的位置。安装后要稳定 4h，才能观测使用。

2）移运

移运气压表的步骤与安装相反。先旋动槽底调整螺旋，使内管中水银柱恰达外套管窗孔的顶部为止，切勿旋转过度。然后松开固定环的螺丝，将表从挂钩上取下，两手分持表身的上部和下部，徐徐倾斜 45°左右，就可以听到水银与管顶的轻击声音（如声音清脆，则表明内管真空良好；若声音混浊，则表明内管真空不良），继续缓慢地倒转气压表，使之完全倒立，槽部在上。将气压表装入特制的木盒（皮套）内，旋松调整螺旋 1～2 圈（使水银有膨胀的余地）。在运输过程中，始终要按木盒（皮套）箭头所示的方向，使气压表槽部在上进行移运，并防止震动。

3）观测和记录

（1）观测附属温度表（简称为附温表），读数精确到 0.1℃。当温度低于附温表最低刻度时，应在紧贴气压表外套管壁旁，另挂一支有更低刻度的温度表作为附温表，进行读数。

（2）调整水银槽内水银面，使之与象牙针尖恰恰相接。调整时，旋动槽底调整螺旋，使槽内水银面自下而上地升高，动作要轻而慢，直到象牙针尖与水银面恰好相接（水银面上既无小涡，也无空隙）为止。如果出现了小涡，则必须重新进行调整，直至达到要求为止。

(3) 调整游尺与读数。先使游尺稍高于水银柱顶，并使视线与游尺环的前后下缘在同一水平线上，再慢慢下降游尺，直到游尺环的前后下缘与水银柱凸面顶点刚刚相切。此时，通过游尺下缘零线所对标尺的刻度即可读出整数。再从游尺刻度线上找出一根与标尺上某一刻度相吻合的刻度线，则游尺上这根刻度线的数字就是小数读数。

(4) 读数复验后，降下水银面。旋转槽底调整螺旋，使水银面离开象牙针尖2～3mm。

观测时如光线不足，可用手电筒或加遮光罩的电灯（15～40W）照明。采光时，灯光要从气压表侧后方照亮气压表挂板上的白磁板，而不能直接照在水银柱顶或象牙针上，以免影响调整的正确性。

4）维护

(1) 应经常保持气压表的清洁。

(2) 动槽式水银气压表槽内水银面产生氧化物时，应及时清除。对有过滤板装置的气压表，可以慢慢旋松槽底调整螺旋，使水银面缓缓下降到过滤板之下（动作要轻缓，使水银面刚好流入板下为止，切忌再向下降，以免内管逸入空气），然后再逐渐旋紧槽底调整螺旋，使水银面升高至象牙针附近。用此方法重复几次，直到水银面洁净为止。无过滤板装置的气压表，若水银面严重氧化时，应报请上级业务主管部门处理。

(3) 气压表必须垂直悬挂，应定期用铅垂线在相互成直角的两个方向上检查校正。

(4) 气压表水银柱凸面突然变平并不再恢复，或其示值显著不正常时，应报请上级业务主管部门处理。

2. 定槽式水银气压表

定槽式（又名寇乌式）水银气压表的构造与动槽式水银气压表大体相同，也分为内管、外套管、水银槽3个部分［图4.1(b)］。所不同的是刻度尺零点位置不固定，槽部无水银面调整装置。因此采用补偿标尺刻度的办法，以解决零点位置的变动。

1）安装

安装要求同动槽式水银气压表，安装步骤也基本相同。不同点是当气压表倒转挂好后，要拧松水银槽部上的气孔螺丝，表身应处在自然垂直状态，槽部不必固定。

2）移运

先将气孔螺丝拧紧，从挂钩上取下气压表，将气压表绕自身轴线缓缓旋转，同时徐徐倒转使槽部在上，装入木盒（皮套）内。运输过程中的要求同动槽式水银气压表。

3）观测和记录

（1）观测附温表。

（2）用手指轻击表身（轻击部位以刻度标尺下部，附温表上部之间为宜）。

（3）调整游尺与水银柱顶相切。

（4）读数并记录。

4）维护

定槽式水银气压表的水银是定量的，所以要特别防止漏失水银。其余同动槽式水银气压表维护中的（1）、（3）、（4）条。

3. 计算本站气压

使用水银气压表的台站，按下面公式计算本站气压：

$$P_h = (P + C) \times \frac{g_{\varphi,h}}{g_{\mathrm{n}}} \times \frac{1 + \lambda t}{1 + \mu t}$$

式中，P_h 为本站气压，hPa；P 为水银气压表读数，hPa；C 为器差订正值，hPa；$g_{\varphi,h}$为测站重力加速度，m/s^2；g_{n} 为标准状态下的标准重力加速度，g_{n}＝9.80665m/s^2；μ 为水银膨胀系数，μ＝0.0001818/℃；λ 为铜尺膨胀系数，λ＝0.0000184/℃；t 为经器差订正后的水银气压表附温表读数,℃。

$$g_{\varphi,h} = g_{\varphi,0} - 0.000003086h + 0.00000118(h - h')$$

式中，$g_{\varphi,0}$为纬度 φ 处的平均海平面重力加速度，m/s^2；h 为海拔，m；h'为以站点为圆心，在半径为 150km 范围内的平均海拔，m。

$$g_{\varphi,0} = 9.80620 \times [1 - 0.0026442 \times \cos 2\varphi + 0.0000058 \times (\cos 2\varphi)^2]$$

在周围地形较平坦的台站，设 $h = h'$；在周围地形差异大的台站，重力加速度应采用实测值。人工查算本站气压的台站，为了日常工作方便，可制作专用的气压订正简表，此表须经上级业务主管部门审核批准后方可使用。

二、气压计

气压计是自动、连续记录气压变化的仪器。它由感应部分（金属弹性膜盒组）、传递放大部分（两组杠杆）和自记部分（自记钟、笔、纸）组成（图 4.2）。由于准确度所限，其记录必须与水银气压表测得的本站气压值比较，进行差值订正，方可使用。

1）安装

气压计应稳固地安放在水银气压表附近的台架上，仪器底座要求水平，距地

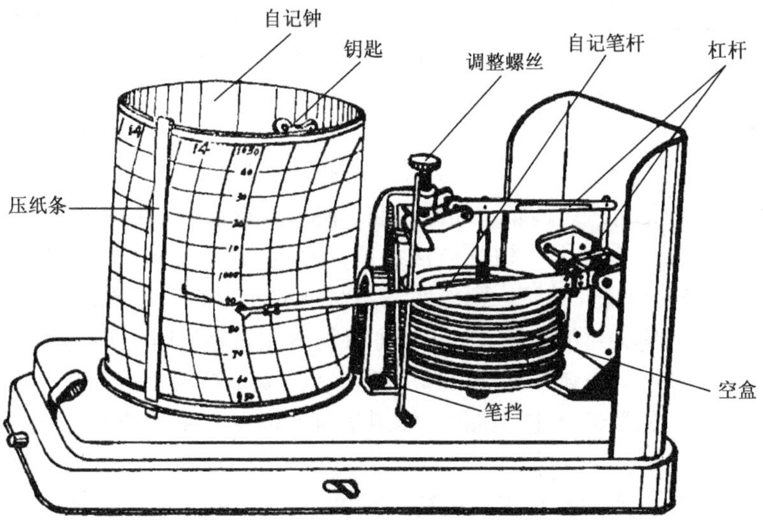

图 4.2 空盒气压计

高度以便于观测为宜。

2）观测和记录

02 时、08 时、14 时、20 时 4 次（一般气象站 08 时、14 时、20 时 3 次）定时观测时，在水银气压表观测结束后，便读气压计，将读数记入观测簿相应栏中，并做时间记号。做时间记号的方法同温度计。

3）更换自记纸

自记纸换纸方法和步骤同温度计自记纸。

4）自记记录的订正

(1) 在换下的自记纸上，将定时观测的实测值和自记读数分别填在相应的时间线上。气压（温度、相对湿度相同）自记记录以时间记号作为正点。

(2) 日最高值、最低值的挑选和订正。

①从自记迹线中找出一天（20 时至翌日 20 时）中最高（最低）处，标一个箭头，读出自记数值并进行订正。订正方法：根据自记迹线最高（最低）点两边相邻的定时观测记录所计算的仪器差，用内插法求出各正点的器差值，然后取该最高（最低）点靠近的那个正点的器差值进行订正（如恰在两正点中间，则用后一正点的器差值），即得该日最高（最低）值。

在基准站，极值应采用邻近正点（24 次定时）的实测值进行器差订正，当极值出现在两正点中间时，采用后一正点的器差订正值。

②按上述订正后的最高（最低）值如果比同日定时观测实测值还低（高）时，则直接挑选该次定时实测值作为最高（最低）值。

③仪器因摩擦等原因，自记迹线在做时间记号后，笔尖未能回到原来位置，当记号前后两处读数≥0.3hPa（温度≥0.3℃，相对湿度≥3%）时，称为跳跃式变化。在订正极值时，该时器差应按跳跃前后的读数分别计算。

5）维护

（1）仪器维护与温度计使用过程中的维护方法相同。

（2）当发现记录迹线出现“间断”或“阶梯”现象时，应及时检查自记笔尖对自记纸的压力是否适当。检查方法：把仪器向自记笔杆的一面倾斜到30°～40°，如果笔尖稍稍离开钟筒，则说明笔尖对纸的压力是适宜的；如果笔尖不离开钟筒，则说明笔尖对纸的压力过大；如果稍有倾斜笔尖即离开钟筒，则说明笔尖压力过小。此时，应调节笔杆根部的螺丝或改变笔杆架子的倾斜度进行调整，直到适合为止。如果经上述调整仍不能纠正时，则应清洗、调整各个轴承和连接部分。

（3）注意自记值与实测值的比较，误差超过1.5hPa时应调整仪器的笔位。如果自记纸上标定的坐标示值不恰当，应按本站出现的气压范围适当修改坐标示值。

6）自记纸的整理保存

（1）每月应将气压自记纸（其他仪器的自记纸同）按日序排列，装订成册（一律装订在左端），外加封面。

（2）在封面上写明气象站名称、地点、记录项目，以及记录起止的年、月、日、时。

（3）每年按月序排列，用纸包扎并注明气象站名称、地点、记录项目，以及起止年、月、日。

（4）妥善保管，勿使其潮湿、虫蛀、污损。

第二节　风的观测

空气运动产生的气流称为风。它是由许多在时空上随机变化的小尺度脉动叠加在大尺度规则气流上的一种三维矢量。

地面气象观测中测量的风是二维矢量（水平运动），用风向和风速表示。

风向是指风的来向，最多风向是指在规定时间段内出现频数最多的风向。人工观测中风向用16方位法表示，自动观测中风向以度（°）为单位。

风速是指单位时间内空气移动的水平距离。风速以米/秒（m/s）为单位，取1位小数。最大风速是指在某个时段内出现的10min平均最大风速值。极大风速（阵风）是指某个时段内出现的最大瞬时风速值。瞬时风速是指3s的平均风速。

风的平均量是指在规定时间段的风速或风向的平均值，有 3s、1min、2min 和 10min 的平均值。人工观测时，测量平均风速和最多风向。配有自记仪器的要做风向、风速的连续记录并进行整理。自动观测时，测量平均风速、平均风向、最大风速、极大风速。

测量风的仪器主要有 EL 型电接风向风速计、轻便风向风速表和热球微风仪等。

当没有测定风向、风速的仪器，或虽有仪器但因故障而不能使用时，可按照《农业气象学》或《地面气象观测规范》附录 0～12 级风力等级表的标准目测风向和风力。

一、EL 型电接风向风速计

1. 结构

EL 型电接风向风速计是由感应器、指示器、记录器组成的有线遥测仪器。

感应器由风向和风速两部分组成［图 4.3(a)］。风向部分由风标、风向方位块、导电环、接触簧片等组成；风速部分由风杯、风力发电机、涡轮机等组成。指示器由电源、风向指示盘、风速指示盘等组成［图 4.3(b)］。

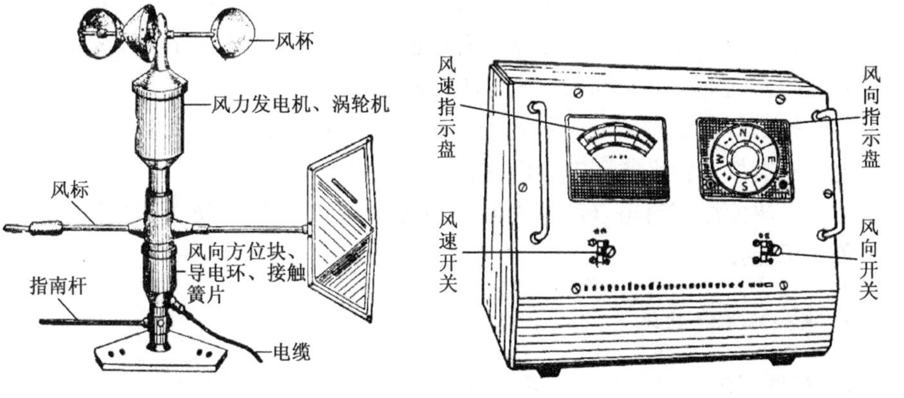

(a) 感应部分　(b) 指示器

图 4.3　EL 型电接风向风速计

记录器由 8 个风向电磁铁、1 个风速电磁铁、自记钟、自记笔、笔挡、充放电线路等部分组成（图 4.4）。

2. 安装

(1) 安装前应进行运转试验，如果运转正常，才可进行安装。

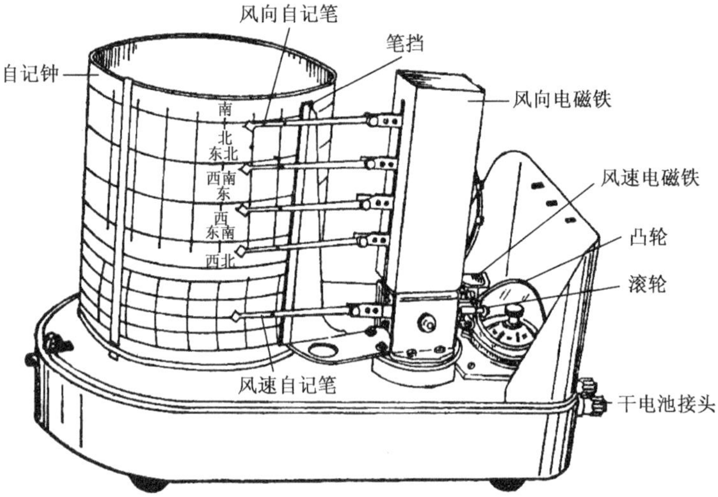

图 4.4　EL 型风向风速计记录器

(2) 感应器应安装在牢固的高杆或塔架上，并附设避雷装置。风速感应器（风杯中心）距离地面高度 10～12m；若安装在平台上，风速感应器（风杯中心）距平台面（平台有围墙者，为距围墙顶）6～8m，且距地面高度不得低于 10m。

(3) 感应器中轴应垂直，方位指南杆指向正南。为检查校正方位，应在高杆或塔架正南方向的地面上固定一个小木桩做标志。

(4) 指示器、记录器应平稳地安放在值班室内桌面上，用电缆和感应器连接；电缆不能架空，必须走电缆沟（管）。

(5) 电源使用交流电（220V）或干电池（12V）。如果使用干电池，应注意正、负极不能接错。

3. 观测记录和换纸

1）观测记录

打开指示器的风向、风速开关，观测 2min 风速指针摆动的平均位置，读取整数，小数位补零，记入观测簿相应栏中。风速小的时候，把风速开关拨在“20”挡，读 0～20m/s 标尺刻度；风速大时，应把风速开关拨在“40”挡，读 0～40m/s 标尺刻度。观测风向指示灯，读取 2min 的最多风向，用 16 方位对应的英文字母记录。静风时，风速记为 0.0，风向记为 C；平均风速超过 40.0m/s，则记为＞40.0，作日合计、日平均时，按 40.0 统计。

因电接风向风速计故障，或冻结现象严重而不能正常工作时，可用轻便风向风速表进行观测，并在备注栏注明。

2）自记纸的更换

自记纸更换的方法步骤基本同气压计。不同点是：

（1）笔尖在自记纸上做时间记号是采用下压风速自记笔杆的方法；

（2）换纸后不必用逆时针法对时。

对准时间后必须将钟筒上的压紧螺帽拧紧。

4. 自记纸的整理

1）时间差订正

以实际时间为准，根据换下自记纸上的时间记号，求出自记钟在24h内的计时误差，按变差分配到每个小时，再用铅笔在自记迹线上做出各正点的时间记号。

当自记钟在24h内的计时误差≤20min时，不必进行时间差订正。但要尽量找出造成误差的原因，并加以消除。

2）各时风速

计算正点前10min内的风速，按迹线通过自记纸上平分格线的格数（1格相当于1.0m/s）计算。例如，通过5格记5.0，$3\frac{1}{3}$记3.3，$3\frac{2}{3}$记3.7。风速划平线时记为0.0，同时风向记为C。

风速自记部分是按空气行程200m电接1次，风速自记笔相应跳动1次来记录的。如果10min内跳动1次，风速便为0.3m/s（200m/600s）；如果10min内笔尖跳动两次，风速便为0.7m/s（400m/600s）。因此，风速的小数位只能是0、3和7。

因风速记录机构失调而造成风速笔尖跳动1次就上升或下降一格，或跳动3次上升或下降两格等现象时，应根据风速笔尖在10min内跳动的实际次数（不是格数）来计算风速。例如，某正点前10min内风速笔尖跳动4次，但通过的水平分格线是4格，则该时风速应是1.3m/s，而不能计算为4.0m/s。

3）各时风向

从各正点前10min内的5次风向记录中挑取出现次数最多的风向作为该时的风向。如果最多风向有两个出现次数相同，应舍去最左面的1次划线，而在其余4次划线中挑取；如果仍有两个风向相同，再舍去左面的1次划线，按右面的3次划线挑取。如果5次划线均为不同方向，则以最右面的1次划线的方向作为该时记录。

正点前10min内，风向记录中断或不正常（如风向笔尖漏跳），如果属下列情况，可视为对正点记录无影响。

（1）风向漏跳两次，在未漏跳的3次划线中，方向是相同的；风向漏跳1

次，其余的 4 次或其中 3 次划线为同一方向的。

（2）风向漏跳 1 次，在其余的 4 次划线中，前面的两次方向不同，后面的两次为同一方向的；或剩余 4 次划线中，第 3 次、第 4 次为同一方向，其余为不同方向的。

（3）部分风向笔尖迹线虽有中断，但从实有的 5 次划线中挑取的最多风向为 NNE、ENE、ESE、SSE、SSW、WSW、WNW、NNW 之一的。

（4）风向记录有中断、连跳等情况发生时，从实有记录中，参照上述方法可以判定对正点记录无影响的。

4）日最大风速

从每日（20 时至翌日 20 时）风速记录中迹线较陡的几处线段上分别截取 10min 线段的风速进行比较，选出最大值作为该日 10min 最大风速，并挑取相应的风向，注明该时段的终止时间。

当日最大风速出现两次或以上相同时，可任挑其中 1 次的风向和终止时间。

挑取日最大风速，可跨日、跨月、跨年挑取，但只能上跨，不能下跨。例如，4 日 19：51 到 5 日 20：01 的风速是在 5 日任意 10min 内挑出的最大风速，则 5 日最大风速取这 10min 的风速及风向，时间记为 20：01。

5. 维护

（1）因感应器与指示器是配套检定的，所以在撤换仪器时两者应同时成套撤换。

（2）电源（串联的干电池）电压如果已低于 8.5V（测量电压时，要切断交流电源，打开风向扳键开关），就不能保证仪器正常工作，应全部调换成新电池。干电池和整流电源并联使用时，要经常检查干电池。如果锌壳发软或有微量糊状物冒出，应立即更换以免腐蚀仪器。如果经常发生这种情况，可能是电源电压太高或短路造成的，应检查原因。由于电源电压太高造成的，应更换电源变压器的输出抽头。若仍不见效，就不宜将干电池和整流电源并联使用。

（3）如果风向划线后笔尖复位超越基线过多，可能造成判断错误，应向里调节笔杆上的压力调整螺钉，以加大笔尖压力。如果划线后回不到基线上，有起伏，就应调节螺钉减小笔尖压力。

（4）风向方位块应每年清洁一次。如果发现风向指示灯泡严重闪烁，或时明时暗时灭，应及时检查感应器内风向接触簧片的压力和清洁方位块表面。

（5）更换风向灯泡时，应从八灯盘后面拧下正中的一个大螺钉，再把装灯泡的底板连同后半个胶木壳一起拔出来。换好灯泡后，重新放回时，应注意使前后两个胶木壳的色点对准，否则灯泡相应的方位就会错乱。

调换风向指示灯泡时，要用同样规格（6～8V，0.15A）的灯泡，切不可使用超过 0.15A 的灯泡。

(6) 5 个笔尖不在同一条时间线上时，应首先调好风速笔尖在笔杆上的位置，然后将风向笔尖沿笔杆移动与风速笔尖对齐。移动、清洗或调换笔尖时，均应注意勿使笔杆变形；感到难以拨动时，可先将笔杆拆下来，再细心处理。

(7) 自记钟的走时有较大误差时，应调整快慢针。若偏慢较多，应检查套在钟轴上的双片大齿轮上下齿轮有无相对转动一个角度，钟机内的 2.5min 自动开关对双凸轮的压力是否过大，并加以调节。若无效，应进行检修。

二、轻便风向风速表

轻便风向风速表又称为三杯轻便风向风速表，是测量风向和 1min 内平均风速的仪器，它用于野外考察或气象站仪器损坏时的备份。

仪器由风向部分（包括风向标、方位盘、制动小套）、风速部分（包括十字护架、风杯、风速表主机体）和手柄 3 部分组成（图 4.5）。

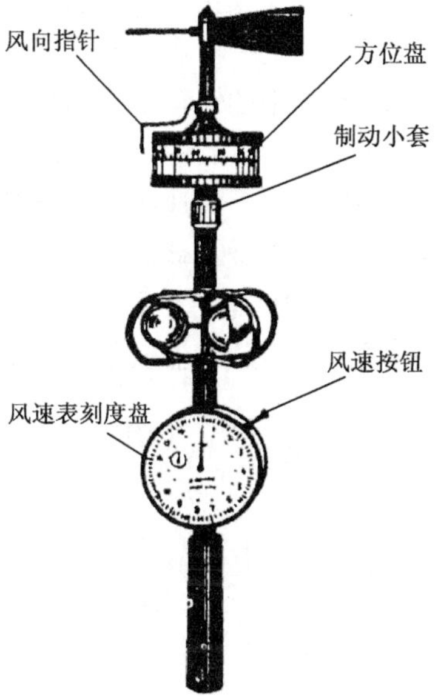

图 4.5　轻便风向风速表

1. 观测和记录

(1) 观测时应将仪器带至空旷处，由观测者手持仪器，高出头部并保持垂直，风速表刻度盘与当时风向平行；然后，将方位盘的制动小套向右转一个角度，使方位盘按地磁子午线的方向稳定下来，注视风向标约 2min，记录其摆动范围的中间位置。

(2) 在观测风向时，待风杯转动约 30s 后，按下风速按钮，启动仪器，又待指针自动停转后，读出风速示值（m/s）；将此值从该仪器订正曲线上查出实际风速，取 1 位小数。

(3) 观测完毕，将方位盘制动小套向左转一个角度，固定好方位盘。

2. 维护

(1) 保持仪器清洁、干燥。若仪器被雨、雪打湿，使用后须用软布擦拭干净。

(2) 仪器应避免碰撞和震动。非观测时间，仪器要放在盒内，切勿用手摸风杯。

(3) 平时不要随便按风速按钮，在计时机构运转过程中也不得再按该按钮。

(4) 轴承和螺帽不得随意松动。

(5) 仪器使用 120h 后，须重新检定。

三、热球微风仪

热球微风仪可测量 0.05m/s 以上的风速，对测定风速<1m/s 的微风较为适宜。在农业小气候观测中，主要用于观测瞬时风速，适合在农田作物层或温室、大棚内等有微小气流且气流速率稳定的环境中进行风速测量。

1. 构造及工作原理

热球微风仪主要是由感应部分和电流表两部分组成的(图 4.6)。热球微风仪的感应部分是一段固定在支架上的、直径为 0.6～0.8mm 的玻璃球。球内绕有加热玻璃球用的镍铬线圈和热电偶的热端点，热电偶的冷端连接在支架上，直接暴露在气流中。当一定大小的电流加热线圈后，玻璃球温度升高，升高的程度与气流速率有关。流速小时升温高，流速大时升温低。温度的高低用玻璃球与支架之间的温差表示，该温差由热电偶测量得到。热电偶测量的温差电动势经过换算变成 m/s 的风速单位并标在刻度盘上，以便直接读出风速（指示风速）的大小，用指示风速可从仪器所附的检定曲线上查出实际风速。

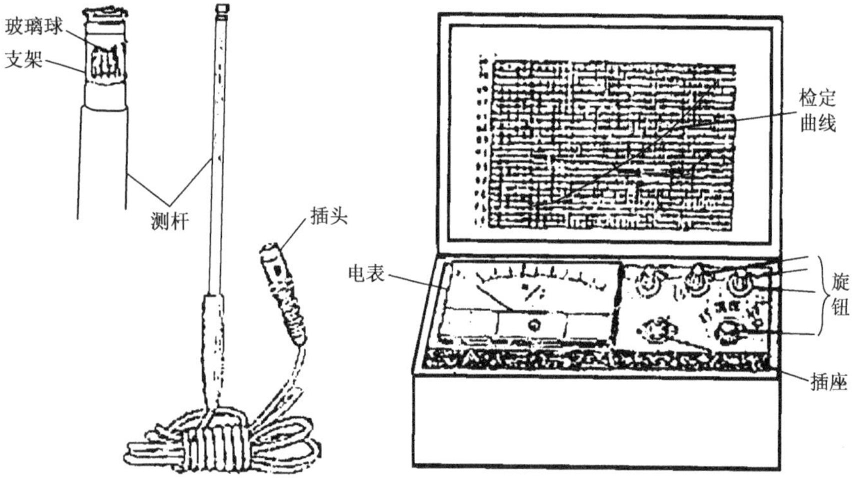

图 4.6　热球微风仪

2. 仪器的安装

该仪器无论是手持或固定在支架上，安装方法大致相同。

（1）将仪表电池盒打开，装入 4 节 1 号电池，注意正、负极，不能接错。

（2）将仪表水平安稳放置。

（3）将敏感器测杆垂直安置好，并使内柱可以顺利地在外套上上下滑动，以便露出热球，热球支架座上的红色标志点应处在迎风面上。

（4）将敏感器的导线插头插在仪表上的插座内（仪表转换开关处于断位）。

3. 仪器的使用

（1）转换开关置“断位”，检查电流表指针是否指零，如有偏移，可调节电流表上的零点调节螺丝，使电流表指针回零。

（2）将转换开关置“满度”调节；满度调节，使电表指针指在满刻度。

（3）转换开关置“零位”，可顺序使用“零位粗调”和“零位细调”，使电表指针回零。

（4）轻轻拉动测杆顶端的螺丝，使热球伸出（人要在下风向，远离敏感器）；从电表上读出风速值，一般每隔 10s 读取一个数据，若连续读取 30 个数据，取其平均值，即为 5min 的平均风速。根据仪器校正曲线把测得的平均风速订正为实际风速。

（5）如果需重复多次测量，大约在 10min 后必须将热球压回套杆，重新调满，调零后再继续测量。

（6）观测完后，将转换开关置“断位”。

复习思考题

1. 对比测量气压的 3 种仪器的特点、主要区别和作用。
2. 3 种气压仪器在使用方法和维护上有什么不同？
3. EL 型电接风向风速计的构造及工作原理是什么？
4. 轻便风向风速表的方位盘制动小套有什么作用？使用风速按钮时要注意什么？
5. 热球微风仪在观测中应怎样操作才能得到正确的观测值？

实习四　气压和风的观测

一、实习目的

1. 了解测定气压、风的仪器构造、测量原理、使用和维护方法。
2. 掌握动槽式气压表的观测方法。
3. 掌握 EL 型电接风向风速计的风向、风速自记纸的整理方法。
4. 掌握轻便风向风速表和热球微风仪的观测方法。

二、实习仪器

动槽式水银气压表、空盒气压表、气压计；EL 型电接风向风速计、轻便风向风速表、热球微风仪。

三、实习内容

1. 用各种气压测定仪器测定所在地的气压。
2. 用 EL 型电接风向风速计观测风向、风速；整理指定的风向、风速自记纸。

3. 练习轻便风向风速表、热球微风仪的观测方法。

四、实习报告

1. 将观测记录整理后填入实习作业本上。
2. 从指定的风向、风速自记纸中统计风向、风速。
3. 填写风的观测记录（表 4、表 5）。

表 4　轻便风向风速表观测记录

项目	位置一		位置二		位置三	
	风速	风向	风速	风向	风速	风向
一次 ①						
二次 ②						
平均风速						
校正风速		—		—		—

表 5　热球微风仪观测记录

观测地点：　　　　　　　　观测时间：

重复次数	1	2	3	4	5	6	7	8	9	10	11
读数											
重复次数	12	13	14	15	16	17	18	19	20	21	22
读数											
重复次数	23	24	25	26	27	28	29	30	平均风速		校正风速
读数											

第五章　降水、蒸发和云的观测

第一节　降水的观测

降水是指从天空降落到地面上的液态或固态（经融化后）水。降水观测内容包括降水量和降水强度。降水量是指某一时段内未经蒸发、渗透、流失的降水，在水平面上积累的深度，以毫米（mm）为单位，保留1位小数。降水强度是指单位时间的降水量，通常测定5min、10min和1h内的最大降水量。

气象站观测每分钟、每小时、每日的降水量。常用测量降水的仪器有雨量器、翻斗式雨量计、虹吸式雨量计和双阀容栅式雨量传感器等。

一、雨量器

1. 构造

雨量器是观测降水量的仪器，它由雨量筒和量杯组成（图5.1）。雨量筒用来盛降水物，它包括盛水器、储水瓶和储水筒。中国采用直径为20cm正圆形盛水器，其口缘镶有内直外斜刀刃形的铜圈，以防雨滴溅失和筒口变形。盛水器有两种：一种是带漏斗的盛雨器，另一种是不带漏斗的盛雪器。储水筒内放储水瓶，以收集降水量。量杯为一个特制的有刻度的专用量杯，其口径和刻度与雨量筒口径成一定比例关系，量杯有100分度，每1分度等于雨量筒内水深0.1mm。

2. 安装

气象站雨量器安装在观测场内固定的架子上。器口保持水平，距地面高70cm。冬季积雪较深的地区应备有一个器口距地面1.0～1.2m的备份架子。当雪深超过30cm时，应把仪器移至备份架子上进行观测。

单纯测量降水的站点不宜选择在斜坡或建筑物顶部，应尽量选在避风地方。不要太靠近障碍物，最好将雨量器安在低矮灌木丛间的空旷地方。

3. 观测和记录

（1）每天08时、20时分别量取前12h的降水量。观测液体降水时要换取储水瓶，将水倒入量杯，要倒净。将量杯保持垂直，观测者的视线与水面齐平，以水凹面为准，读得刻度数即为降水量，记入相应栏内。

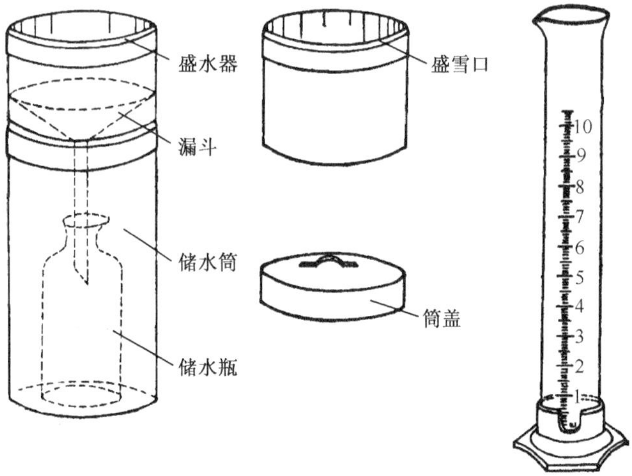

(a) 雨量筒　　(b) 量杯

图 5.1　雨量筒及量杯

降水量大时，应分数次量取，求其总和。

(2) 冬季降雪时，须将盛水器取下，换上盛雪口，取走储水器，直接用盛雪口和储水筒接收降水。观测时，将已有固体降水的储水筒用备份的储水筒换下，盖上筒盖后取回室内，待固体降水融化后，用量杯量取。也可将固体降水连同储水筒专用的台秤称量，称量后应把储水筒的重量扣除。

(3) 20 时降水量观测一般提前几分钟进行，在观测时和观测之前无降水，而其后至 20 时正点之间（包括延续至次日）有降水；或观测时和观测前有降水，但降水恰在 20 时正点或正点之前终止。如果遇以上两种情况时，应于 20 时正点补测一次降水量，并记入当日 20 时降水量定时栏，使天气现象与降水量的记录相配合。

(4) 特殊情况处理。①在炎热干燥的日子，为防止蒸发，降水停止后要及时进行观测。②在降水较大时，应视降水情况增加人工观测次数，以免降水溢出雨量筒，造成记录失真。③无降水时，降水量栏空白不填。不足 0.05mm 的降水量记为 0.0。纯雾、露、霜、冰针、雾凇、吹雪的量按无降水处理，但吹雪量必须量取，供计算蒸发量用。出现雪暴时，应观测其降水量。

4. 维护

(1) 经常保持雨量器清洁，每次巡视仪器时，注意清除盛水器、储水瓶内的昆虫、尘土、树叶等杂物。

(2) 定期检查雨量器的高度、水平，发现不符合要求时应及时纠正；如果储水筒有漏水现象，应及时修理或撤换。

（3）盛水器的刀刃口要保持正圆，避免碰撞变形。

二、翻斗式雨量计

以双翻斗雨量计为例进行介绍。双翻斗雨量计由双翻斗雨量传感器与记录器连接组成。

1. 工作过程

双翻斗雨量传感器装在室外，主要由盛水器（直径为 20cm）、上翻斗、汇集漏斗、计量翻斗、计数翻斗和干簧管等组成［图 5.2(a)］。记录器［图 5.2(b)］在室内，两者用导线连接，用来遥测并连续采集液体降水量。

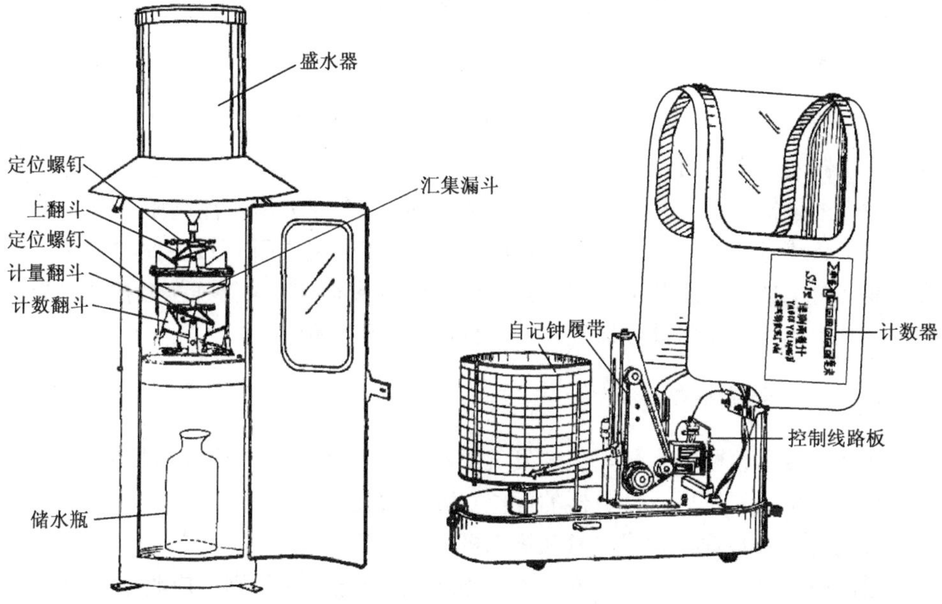

(a) 双翻斗雨量传感器　　　　(b) 记录器

图 5.2　翻斗式雨量计

盛水器收集的降水通过漏斗进入上翻斗，当雨水积到一定量时，由于水本身重力作用使上翻斗翻转，水进入汇集漏斗。降水从汇集漏斗的节流管注入计量翻斗时，就把不同强度的自然降水调节为比较均匀的降水强度，以减少由于降水强度不同所造成的测量误差。当计量翻斗承受的降水量为 0.1mm 时（也有的为 0.5mm 或 1mm 翻斗），计量翻斗把降水倾倒到计数翻斗，使计数翻斗翻转一次。计数翻斗在翻转时与它相关的磁钢对干簧管扫描一次。干簧管因磁化而瞬间闭合一次。这样，降水量每次达到 0.1mm 时就送出去一个开关信号，采集器就自动采集存储 0.1mm 降水量。

2. 安装与检查

先将盛水器储水筒安在观测场内，底盘用 3 个螺钉固定在混凝土底座或木桩上，要求安装牢固、器口保持水平。感应器安在储水筒内，注意当上翻斗处于水平位置时，漏斗进水口应对准其中间隔板。最后将电缆线与室内仪器连接，电缆线不能架空，必须走电缆沟（管）。

安装完毕，将清水徐徐注入感应器漏斗，随时观察计数翻斗翻动过程、有无不发信号或多发信号现象，检查室内仪器上是否采集到数据。最后注入定量水（60～70mm），如果无不发信号或多发信号的现象，且室内仪器的数据与注入水量相符合，说明仪器正常，否则必须检修调节。

3. 记录器

记录器由计数器、记录笔、自记钟、控制线路板等构成，如图 5.2（b）所示。记录器安在室内台架上。

检查记录器：插上控制线路板，将阻尼油（30 号机油）注满阻尼管，接上电源（交流或直流 12V），用短导线在信号输入端断续进行短接。此时记录、计数应能同时工作。然后装上自记纸，用导线将传感器与记录器连接，把计量与计数翻斗倾于同一侧，将计数器复“0”，自记笔调到零位。

4. 观测和记录整理

从计数器上读取降水量，供编发气象报告和服务使用，读数后按回零按钮，将计数器复位。复位后，计数器的五位 0 数必须在一条直线上。

自记记录供整理各时降水量及挑选极值用。

遇固态降水，凡随降随化的，仍照常读数和记录。否则，应将盛水器口加盖，仪器停止使用（在观测簿备注栏注明），待有液体降水时再恢复记录。

自记纸的更换如下所述。

（1）1 日内有降水（自记迹线上升≥0.1mm）必须换纸。换纸时有降水，在记录迹线终止和开始的一端均用铅笔画一条短垂线，作为时间记号；换纸时无降水，在新自记纸换上前拧动笔位调整旋钮，把笔尖调至“0”线上。

（2）换纸时遇强降雨，若自记纸尚有一部分可继续记录，则可等雨停或雨势转小后再换纸。如果估计短时间内雨不会停也不会转小，则可拨开笔尖，转动钟筒，在原自记纸的开始端（此处须无降水记录，或有降水但自记迹线不致重叠）对准时间，重新记录。待雨停或转小后，立即换纸。换下的自记纸应注明情况，分别在两天的迹线上标明日期，以免混淆。

(3) 1日内无降水时，可不换纸。每天在规定的换纸时间，先做时间记号，再拨开自记笔，旋转钟筒，重新对准时间；放回自记笔，拧动笔位调整旋钮（或按微调按钮），使自记笔上升约1mm的格数，以免每日迹线重叠。无降水时，一张自记纸可连续使用8～10天。

仅因有雾、露、霜量使自记迹线上升≥0.1mm时则不必换纸，但应在自记纸背面备注。

换纸的其他要求同气压计。

自记纸的整理：

(1) 时间差订正：凡24h内自记钟计时误差达1min或以上时，自记纸均须做时间差订正。订正方法同风的自记纸整理。

(2) 按上升迹线计算出两个正点记号之间水平分格线实际上升的格数，即为该时降水量。如果换纸时有降水，致使换纸时间内的降水量未记录上，这一部分量应作为换纸所在时段里的降水量。没有上升迹线的各时段空白。

(3) 降雹时按自记迹线读取各时降水量，但应在自记纸背面注明降雹起止时间（夜间不守班的气象站，夜间降雹可只注明情况）。

5. 调整与维护

新仪器（包括冬季停用后重新使用或调换新翻斗）工作1个月后的第一次大雨应做精度对比，即将自身排水量与计数、记录值进行比较。如果发现差值超过±4%时，应首先检查记录器工作是否正常、计数与记录值是否相符、干簧管有无漏发或多发信号现象等。如果确是由于仪器的基点位置不正确所造成时，应做基点调整。

调整方法：旋动计量翻斗的两个定位螺钉。将一个定位螺钉旋动一圈，其差值改变量为3%左右；如果两个定位螺钉都往外或往里旋动一圈，其差值改变量为6%左右。

如果差值$\left(\frac{\text{排水量}-\text{计数值}}{\text{排水量}}\times 100\%\right)$为$-2\%$时，可将其中的一个定位螺钉往外旋动2/3圈。如果差值为$+6\%$时，可将两个定位螺钉都往里旋动一圈。

为使调节位置准确，在松开定位螺帽前，需在定位螺钉上做位置记号。调节好后，需拧紧定位螺帽。

每一次降水过程将计数值与自身排水总量比较，如果多次发现10mm以上降水量的差值超过4%，则应及时进行检查。必要时应调节基点位置。

仪器每月至少定期检查一次，清除过滤网上的尘沙、小虫等以免堵塞管道，特别要注意保持节流管的畅通。无雨或少雨的季节，可将盛水器口加盖，但注意在降水前及时打开。翻斗内壁禁止用手或其他物体抹试，以免沾上油污。

如果用干电池供电，必须定期检查电压。如果电压低于10V，应更换全部电池，以保证仪器正常工作。

结冰期长的地区，在初冰前将感应器的盛水器口加盖，并拔掉电源，不必收回室内。

其他同雨量器。

三、虹吸式雨量计

1. 构造原理

虹吸式雨量计是用来连续记录液体降水的自记仪器，它由盛水器（通常口径为20cm）、浮子室、自记钟和虹吸管等组成（图5.3）。

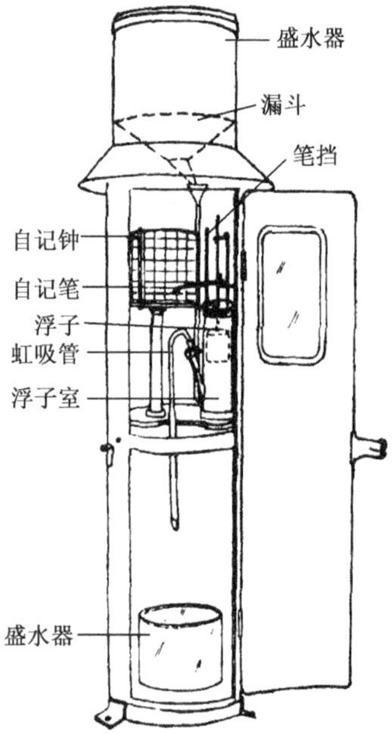

图5.3　虹吸式雨量计

有降水时，降水从盛水器经漏斗进水管引入浮子室。浮子室是一个圆形容器，内装浮子，浮子上固定有直杆与自记笔连接。浮子室外连虹吸管。降水使浮子上升，带动自记笔在钟筒自记纸上画出记录曲线。当自记笔笔尖升到自记纸刻度的上端（一般为10mm）时，浮子室内的水恰好上升到虹吸管顶端。虹吸管开始迅速排水，使自记笔尖回到刻度“0”线，又重新开始记录。自记曲线的坡度可以表示降水强度。由于虹吸过程中落入雨量计的降水也随之一起排出，因此要求虹吸排水时间尽量快，以减少测量误差。

2. 安装与检查

仪器安装的地方和要求与翻斗式遥测雨量计相同。

内部机件的安装：首先将浮子室安装好，使进水管刚好在盛水器漏斗的下端；再用螺钉将浮子室固定在座板上；将装好自记纸的钟筒套入钟轴；最后把虹吸管插入浮子室的侧管内，用连接螺帽固定。虹吸管下部放入盛水器。

开始使用前必须按顺序进行调整检查。

(1) 调整零点，往盛水器里倒水，直到虹吸管排水为止。待排水完毕，自记笔若不停止在自记纸零线上，就要拧松笔杆固定螺钉，把笔尖调至零线再固定好。

(2) 将 10mm 清水缓缓注入盛水器，注意自记笔尖移动是否灵活；如果摩擦太大，要检查浮子顶端的直杆能否自由移动，自记笔右端的导轮或导向卡口是否能顺着支柱自由滑动。

(3) 继续将水注入盛水器，检查虹吸管位置是否正确。一般可先将虹吸管位置调高一些，待 10mm 水加完，自记笔尖停留在自记纸 10mm 刻度线时，拧松固定虹吸管的连接螺帽，将虹吸管轻轻往下插，直到虹吸作用恰好开始为止，再固定好连接螺帽。此后，重复注水和调节几次，务必使虹吸作用开始时自记笔尖指在 10mm 处，排水完毕时笔尖指在零线上。

3. 观测和记录

1) 自记纸的更换

(1) 无降水时，自记纸可连续使用 8～10 天，用加注 1.0mm 水量的办法来抬高笔位，以免每日迹线重叠。

(2) 有降水（自记迹线上升大于等于 0.1mm）时必须换纸。自记记录开始和终止的两端须做时间记号，可轻抬自记笔根部，使笔尖在自记纸上画一条短垂线；若记录开始或终止时有降水，则应用铅笔做时间记号。

(3) 当自记纸上有降水记录，但换纸时无降水，则在换纸前应做人工虹吸（给盛水器注水，产生虹吸），使笔尖回到自记纸“0”线位置。若换纸时正在降水，则不做人工虹吸。

(4) 其他同双翻斗雨量计。

2) 自记纸的整理

(1) 在降水微小的时候，自记迹线上升缓慢，只有降水累积量达到 0.05mm 或以上的那个小时，才计算降水量。其余不足 0.05mm 的各时栏空白。

(2) 其他同双翻斗雨量计。

4. 维护

(1) 在雨季，每月应将盛水器内的自然排水进行 1 次或 2 次测量，并将结果记在自记纸背面，以备使用资料时参考。如果有较大误差且非自然虹吸所造成，则应设法找出原因，进行调整或修理。

(2) 虹吸管与浮子室侧管连接处应紧密衔接，虹吸管内壁和浮子室内不得黏附油污，以防漏水或漏气而影响正常虹吸。浮子直杆与浮子室顶盖上的直柱应保持清洁，无锈蚀；两者应保持平行，以减小摩擦，避免产生不正常记录。

在初结冰前，应把浮子室内的水排尽；冰冻期长的地区，应将内部机件拆回室内保管。

四、双阀容栅式雨量传感器

双阀容栅式雨量传感器也是用来自动测量降水量的仪器，主要由盛水器、储水室、浮子与感应极板，以及信号处理电路等组成（图 5.4）。

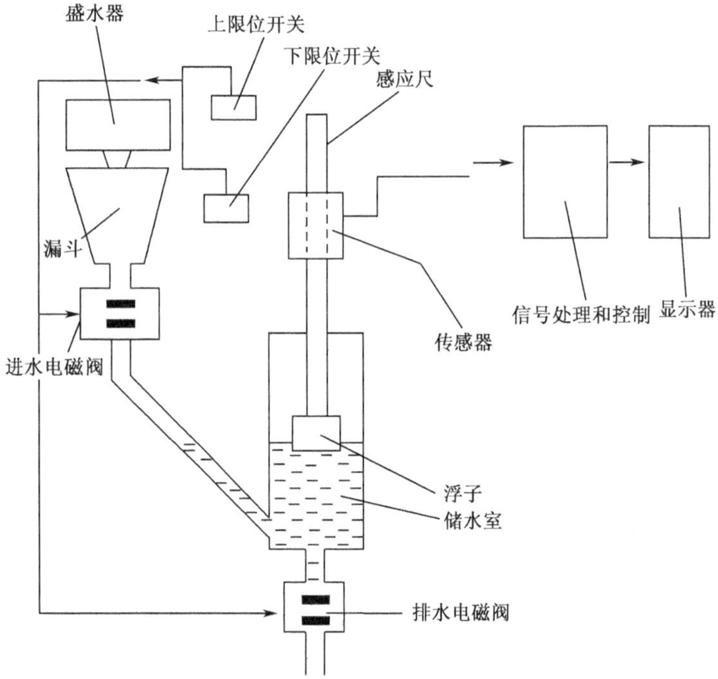

图 5.4 双阀容栅式雨量传感器的结构示意图

它是利用降水量储水室内浮子随雨量上升带动感应极板，使容栅移位传感器产生的电容量变化，经转换为位移计量的原理测得降水量的。

安装要求参照翻斗式遥测雨量计。安装后用电缆与室内仪器连接。使用时要注意维护仪器清洁，定期清洗过滤网和储水室。

第二节 雪深和雪压

雪深是从积雪表面到地面的垂直深度，以厘米（cm）为单位，取整数；雪压是单位面积上的积雪质量，以克/平方厘米（g/cm^2）为单位，取 1 位小数。

当气象站四周视野地面被雪（包括米雪、霰、冰粒）覆盖超过一半时要观测雪深；在规定的日期当雪深达到或超过 5cm 时要观测雪压。

测定雪深用量雪尺或普通米尺；测定雪压用体积量雪器或称为雪器。

一、观测地段

雪深、雪压的观测地段，应选择在观测场附近平坦、开阔的地方。入冬前，应将选定的地段平整好，清除杂草，并做上标志。

二、雪深观测

气象站一般用量雪尺（或普通米尺）来测量雪深。量雪尺是木制的有厘米刻度的直尺。

（1）符合观测雪深的日期，每天 08 时在观测地点将量雪尺垂直插入雪中到地表为止（勿插入土中），依据雪面所遮掩尺上的刻度线，读取雪深的厘米整数，小数四舍五入。使用普通米尺时，若尺的零线不在尺端，雪深值应注意加上 0cm 线至尺端的距离。

（2）每次观测须做 3 次测量，记入观测簿相应栏中，并求其平均值。3 次测量的地点，彼此相距应在 10m 以上（丘陵、山地气象站因地形所限，距离可适当缩短），并做出标记，以免下次在原地重复测量。

（3）平均雪深不足 0.5cm 记为 0；若 08 时未达到测定雪深的标准，之后因降雪而达到测定标准时，则应在 14 时或 20 时补测一次；记在当日雪深栏，并在观测簿备注栏注明。

（4）若气象站四周积雪面积过半，但观测地段因某种原因而无积雪，则应在就近有积雪的地方，选择较有代表性的地点测量雪深（雪压同）。如果因吹雪或其他原因使观测地段的积雪高低不平时，应尽量选择比较平坦的雪面来测定。

丘陵、山地的气象站四周积雪达到记录积雪标准，但由于地形影响，测站附近已无积雪存在时，雪深不测量（雪压同），但应在观测簿备注栏注明。

三、雪压观测

1. 体积量雪器

1）体积量雪器的构成

体积量雪器是测量雪压用的一种仪器［图 5.5(a)］。由金属筒（内截面积为 $100cm^2$）、小铲、带盖的金属容器和量杯组成。

2）观测和记录

（1）每月 5 日、10 日、15 日、20 日、25 日和月末最后 1 天，若雪深已达到 5cm 或以上时，在雪深观测（或补测）后，应在观测雪深的地点附近进行雪压观测。

如果在规定的观测日期，雪深不足 5cm（或无积雪），而在随后的其他日期里，雪深达 5cm 或以上，以及前一天雪深观测后，因降雪使雪深一日间又增加 5cm 或以上时，须在该日雪深观测后补测雪压。

（2）观测雪压取 3 个样本，并取其平均值，作为该次雪压值。为避免下次在原地重复取样，应在取过样本的地点做出标记。

（3）雪压的测定和计算：观测前 30min，把量雪器拿到室外。取样前，应把量雪器清理干净。取样时，拿住把手，将量雪器垂直插入雪中，直到地面。然后拨开量雪器一方的雪，把小铲沿量雪器口插入，连同量雪器一起拿到容器上，再抽出小铲，使雪样落入容器内，加盖拿回室内。等雪融化后，用量杯测定其容量。

取样时，要注意清除样本中夹入的泥土、杂草。所取样本不应包括雪下地面上的水层和冰层，但应包括积雪上或积雪层中的冰层，有此情况时应在观测簿备注栏中注明。

当雪深超过取样的量雪器金属筒高度时，应分几次取样。在取上层雪样时，注意不要破坏下层雪样。

3）维护

每次观测后，必须将仪器擦净，并防止金属筒的刀刃口变形、变钝。

2. 称雪器

称雪器是指由带盖的圆筒、秤和小铲等组成的一种测量雪压的仪器［图 5.5(b)］。

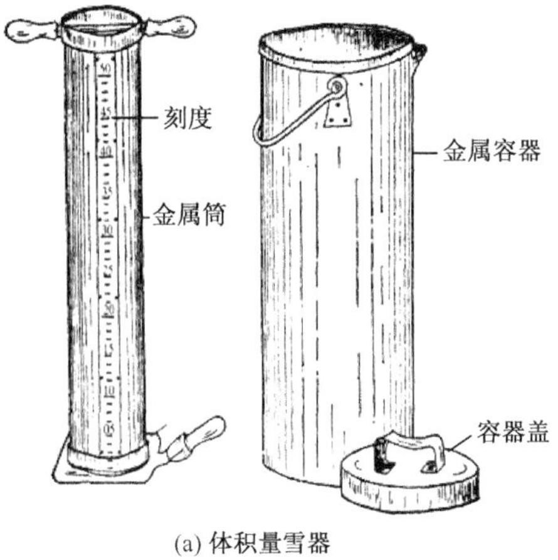

(a) 体积量雪器

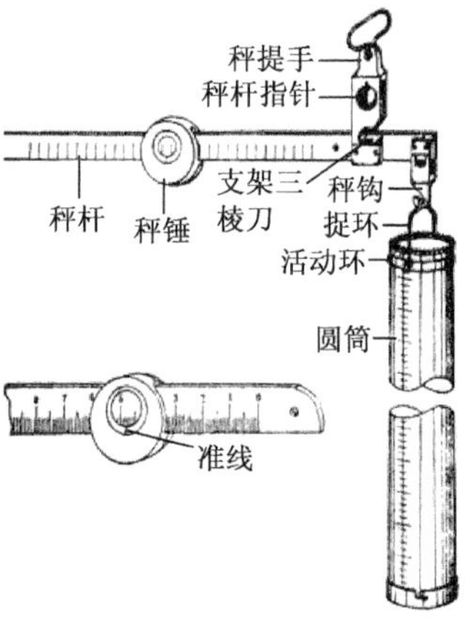

(b) 称雪器

图 5.5　体积量雪器和称雪器

（1）观测和记录同体积量雪器。

（2）雪压的测定和计算。

观测前半小时，把称雪器拿到室外。每次取样前应先清洁称雪器，检查秤的零点，把带盖的空圆筒挂在秤钩上，使秤锤上的刻线与秤杆上的零线吻合。这时秤杆应当水平，平衡标志是秤杆上的指针应与提手正中缺口相合。如果秤的零点不准时，须移动秤锤位置，使它平衡，并把秤锤的新位置作为零点。

取样时，将圆筒（锯齿形的一端）向下垂直插入雪中，直到地面。然后拨开圆筒一边的雪，把小铲插到圆筒底沿下面，连同圆筒一起拿起，再将筒翻转，擦净沾在筒外的雪，把筒挂在秤钩上，移动秤锤，直到秤杆水平为止，读出秤锤准线对应于秤杆上的刻度数，保留 1 位小数。

取样操作过程中的注意事项与体积量雪器同。

（3）维护。观测后必须将仪器擦净，秤杆上的两个三棱刀要经常保持清洁，涂油防锈。注意维护锯齿圈，防止变形。

第三节　蒸　　发

气象站测定的蒸发量为水面（含结冰时）蒸发量，是指一定口径的蒸发器中，在一定时间间隔内因蒸发而失去的水层深度，以毫米（mm）为单位，取 1 位小数。

测量蒸发量的仪器有 E-601B 型蒸发器和小型蒸发器。

一、E-601B 型蒸发器

1. 仪器的构造

E-601B 型蒸发器由蒸发桶、水圈、溢流桶和测针等组成（图 5.6）。

（1）蒸发桶由白色玻璃钢制作，是一个器口面积为 $3000cm^2$，有圆锥底的圆柱形桶，器口正圆，口缘为内直外斜的刀刃形。器口向下 6.5cm 壁上设置测针座，座上装有水面指示针，用以指示蒸发桶中的水面高度。在桶壁上开有溢流孔，孔的外侧装有溢流嘴，用胶管与溢流桶相连通，以承接因降水较大时从蒸发桶内溢出的水量。

（2）水圈是安装在蒸发桶外围的用玻璃钢制成的环套。用以减少太阳辐射及溅水对蒸发的影响。它由 4 个相同的弧形水槽组成。水圈安装时，口缘高度低于桶口 5～6cm。每个水槽的壁上开有排水孔。水圈内的水面应与蒸发桶内的水面接近。

（3）溢流桶是承接因降水较大时而由蒸发桶溢出的水量的圆柱形盛水器，可用镀锌铁皮或其他不吸水的材料组成。桶的横截面以 $300cm^2$ 为宜，溢流桶应放置在带盖的套箱内。

(4) 测针是专用于测量蒸发器内水面高度的部件，应用螺旋测微器的原理制成［图 5.6(b)］。读数精确到 0.1mm。测针插杆的杆径与蒸发器上测针座插孔的孔径相吻合。使用时将测针的插杆插在蒸发桶中的测针座上，使针尖上下移动，对准水面。测针针尖外围还设有静水器，上下调节静水器位置，使底部没入水中。

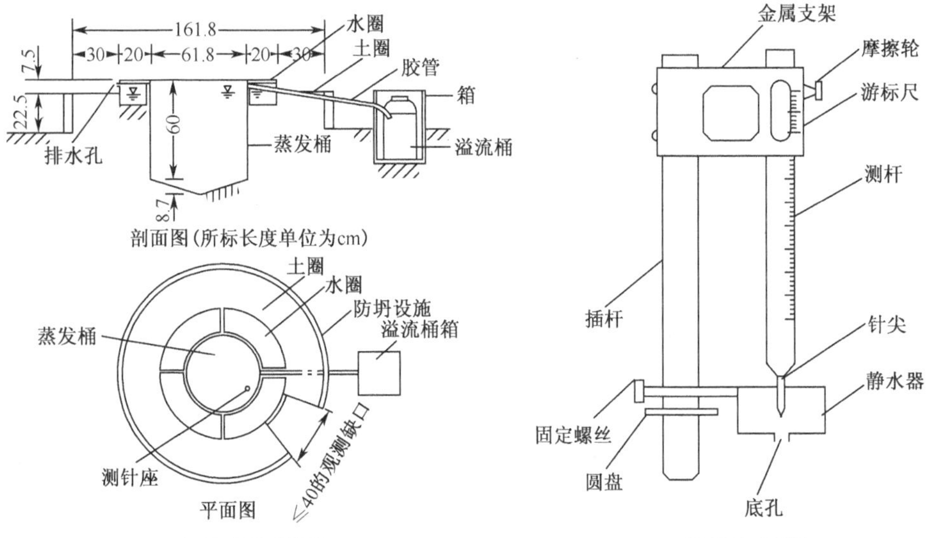

(a) E-601B蒸发器　　(b) 测针示意图

图 5.6　E-601B 型蒸发观测仪器

2. 安装

E-601B 型蒸发器安装在观测场内，具体埋设按图 5.6 (a) 尺寸进行。

安装时，力求少挖动原土。蒸发桶放入坑内，必须使器口离地面 30cm，并保持水平。桶外壁与坑壁之间的空隙应用原土填回捣实。水圈与蒸发桶必须密合。水圈与地面之间应取与坑中土壤相接近的土料填筑土圈，其高度应低于蒸发桶口缘约 7.5cm。在土圈外围还应有防塌设施，可用预制弧形混凝土块拼成，或水泥砌成外围。

3. 观测和记录

每日 20 时进行观测。观测时先调整使测针针尖与水面恰好相接［图 5.6 (b)］，然后从游标尺上读出水面高度。读数方法：通过游尺零线所对标尺的刻度即可读出整数；再从游尺刻度线上找出一根与标尺上某一刻度线相吻合的刻度线，游尺上这根刻度线的数字就是小数读数。

如果由于调整过度，使针尖伸入到水面以下，此时必须将针尖退出水面，重新调好后再开始读数。

蒸发量＝前一日水面高度＋降水量（以雨量器观测值为准）－测量时水面高度。

观测后检查蒸发桶内的水面高度，如果水面低于水面指示针 1cm 时应加水；高于 1cm 时，应汲水使水面高度合适。

每次水面调整后，应测量水面高度值，记入观测簿次日蒸发量的“原量”栏，作为次日观测器内水面高度的起算点。如果因降水导致蒸发器内有水流入溢流桶时，应测出其量（使用量尺或 $3000cm^2$ 器口面积的专用量杯；如果使用其他量杯或台秤，则须换算成相当于 $3000cm^2$ 器口面积的量值），并从蒸发量中减去此值。

为使计算蒸发量准确和方便起见，在多雨地区的气象站或多雨季节应增设一个蒸发专用的雨量器。该雨量器只在蒸发量观测的同时进行观测。干燥天气和降水较大时按本章第一节降水观测特殊情况规定处理。

有强降水时，通常采取如下措施对 E-601B 型蒸发器进行观测。

（1）降大到暴雨前，先从蒸发器中取出一定水量，以免降水时从溢流桶溢出，计算日蒸发量时要将这部分水量扣除掉。

（2）预计可能降大到暴雨时，将蒸发桶和专用雨量筒同时盖住（这时蒸发量按“0.0”计算），待雨停或转小后，把蒸发桶和专用雨量筒盖同时打开，继续进行观测。

冬季结冰期很短或偶尔结冰的地区，结冰时可停止观测，各该日蒸发量栏记“B”；待某日结冰融化后，测出停测以来的蒸发总量，记在该日蒸发量栏内。但不得跨月、跨年。当月末或年末蒸发器内结有冰盖时，应沿着器壁将冰盖敲离，使之呈自由漂浮状后，仍按非结冰期的要求，测定自由水面高度。

冬季结冰期较长的地区应停止观测，整个结冰期改用小型蒸发器观测冰面蒸发，但应将 E-601B 型蒸发器内的水排净，以免冻坏。

4. 维护

蒸发器用水的要求：应尽可能用代表当地自然水体（江、河、湖）的水。在取自然水有困难的地区也可使用饮用水（井水、自来水）。器内水要保持清洁，水面无漂浮物，水中无小虫及悬浮污物，无青苔，水色无显著改变。一般每月换一次水。蒸发器换水时应清洗蒸发桶，换入水的温度应与原有水的温度接近。

每年在汛期前后（长期稳定封冻的地区，在开始使用前和停止使用后）应各检查一次蒸发器的渗漏等情况。如果发现问题，应进行处理。

定期检查蒸发器的安装情况，如果发现高度不准、不水平等，要及时予以纠正。

二、小型蒸发器

小型蒸发器为口径 20cm，高约 10cm 的金属圆盆，口缘镶有内直外斜的刀刃形铜圈，器旁有一个倒水小嘴（图 5.7）。为防止鸟兽饮水，器口附有一个上端向外张开成喇叭状的金属丝网圈。

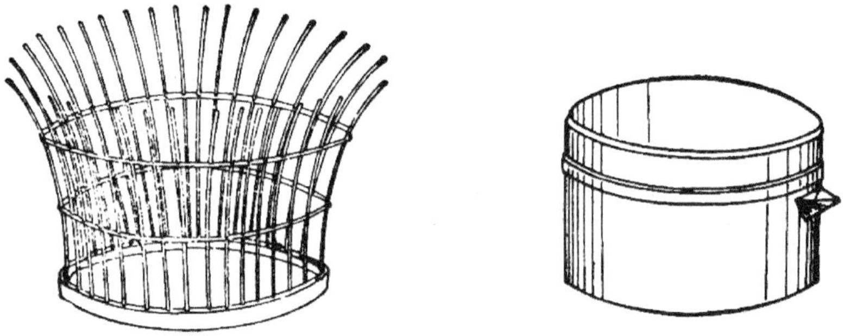

图 5.7　小型蒸发器（左）及蒸发罩（右）

1. 安装

在观测场内的安装地点竖一个圆柱，柱顶安一个圈架，将蒸发器安放其中。蒸发器口缘保持水平，距地面高度为 70cm。冬季积雪较深地区的安装同雨量器。

2. 观测和记录

每日 20 时进行观测，测量前一天 20 时注入的 20mm 清水（今日原量）经 24h 蒸发剩余的水量，记入观测簿余量栏。然后倒掉余量，重新量取 20mm（干燥地区和干燥季节须量取 30mm）清水注入蒸发器内，并记入次日原量栏。

蒸发量计算式如下：蒸发量＝原量＋降水量－余量

有降水时，应取下金属丝网圈；有强降水时，应注意从器内取出一定的水量，也可采用加盖方法，以防水溢出。取出的水量及时记入观测簿备注栏，并加在该日的“余量”中。

因降水或其他原因，致使蒸发量为负值时，记为 0.0。蒸发器中的水量全部蒸发完时，按加入的原量值记录，并加“＞”，如＞20.0。

如果在观测当时正遇降水，在取走蒸发器时，应同时取走专用雨量筒中的储水瓶；放回蒸发器时，也同时放回储水瓶。量取的降水量记入观测簿蒸发量栏中的“降水量”栏内。

没有 E-601B 型蒸发器的气象站，全年使用小型蒸发器进行观测；有 E-601B 型蒸发器且冬季结冰期较长的气象站，停止 E-601B 型观测时，用小型蒸发器进行冰面蒸发量观测，用称量法测量。两种仪器替换时间应选在结冰开始和化冰季节的月末 20 时观测后进行。E-601B 型和小型蒸发器测得的蒸发量分别记在“大型”与“小型”栏内。

如果结冰期有风沙，在观测时，应先将冰面上积存的尘沙清扫出去，然后称重。称重后须用水再将冻着在冰面上的尘沙洗去，再补足 20mm 水量。

3. 维护

每天观测后均应清洗蒸发器，并换用干净水。冬季结冰期间可 10 天换一次水。

应定期检查蒸发器是否水平，有无漏水现象，并及时纠正。

第四节　云的观测

云是悬浮在大气中的小水滴、过冷水滴、冰晶或它们的混合物组成的可见聚合体；有时也包含一些较大的雨滴、冰粒和雪晶。其底部不接触地面。

云的观测主要包括判定云状、估计云量、测定云高和选定云码。云的观测应尽量选择在能看到全部天空及地平线的开阔地点或平台进行，应注意它的连续演变。观测时如果阳光较强，须戴黑色（或暗色）眼镜。

一、云状

1. 云状分类

按云的外形特征、结构特点和云底高度，将云分为 3 族，10 属，29 类（见《地面气象观测规范》和《农业气象学》教材）。

2. 云状特征

(1) 积云（Cu）。垂直向上发展的、顶部呈圆弧形或圆弧形重叠凸起，而底部几乎是水平的云块。云体边界分明。

如果积云和太阳处在相反的位置上，云的中部比隆起的边缘要明亮；反之，如果处在同一侧，云的中部显得黝黑但边缘带着鲜明的金黄色；如果光从旁边照映着积云，云体明暗就特别明显。

积云是由气块上升、水汽凝结而成的。

①淡积云（Cu hum）。扁平的积云，垂直发展不盛，水平宽度大于垂直厚度。在阳光下呈白色，厚的云块中部有淡影，晴天常见。

②碎积云（Fc）。破碎的不规则的积云块（片），个体不大，形状多变。

③浓积云（Cu cong）。浓厚的积云，顶部呈重叠的圆弧形凸起，很像花椰菜；垂直发展旺盛时，个体臃肿、高耸，在阳光下边缘白而明亮。有时可产生阵性降水。

（2）积雨云（Cb）。云体浓厚庞大，垂直发展极盛，远看很像耸立的高山。云顶由冰晶组成，有白色毛丝般光泽的丝缕结构，常呈铁砧状或马鬃状。云底阴暗混乱，起伏明显，有时呈悬球状结构。

积雨云常产生雷暴、阵雨（雪），或有雨（雪）幡下垂。有时产生飑或降冰雹。云底偶有龙卷产生。

①秃积雨云（Cb calv）。浓积云发展到鬃积雨云的过渡阶段，花椰菜形的轮廓渐渐变得模糊，顶部开始冻结，形成白色毛丝般的冰晶结构。

秃积雨云存在的时间一般比较短。

②鬃积雨云（Cb cap）。积雨云发展的成熟阶段，云顶有明显的白色毛丝般的冰晶结构，多呈马鬃状或砧状。

（3）层积云（Sc）。团块、薄片或条形云组成的云群或云层，常成行、成群或波状排列。云块个体都相当大，其视宽度角多数大于5°（相当于一臂距离处三指的视宽度）。云层有时满布全天，有时分布稀疏，常呈灰色、灰白色，常有若干部分比较阴暗。

层积云有时可降雨、雪，通常量较小。

层积云除直接生成外，也可由高积云、层云、雨层云演变而来，或由积云、积雨云扩展或平衍而成。

①透光层积云（Sc tra）。云层厚度变化很大，云块之间有明显的缝隙；即使无缝隙，大部分云块边缘也比较明亮。

②蔽光层积云（Sc op）。阴暗的大条形云轴或团块组成的连续云层，无缝隙，云层底部有明显的起伏。有时不一定满布全天。

③积云性层积云（Sc cug）。由积云、积雨云因上面有稳定气层而扩展或云顶下塌平衍而成的层积云。多呈灰色条状，顶部常有积云特征。

在傍晚，积云性层积云有时也可以不经过积云阶段直接形成。

④堡状层积云（Sc cast）。垂直发展的积云形的云块，并列在一线上，有一个共同的底边，顶部凸起明显，远处看去好像城堡。

⑤荚状层积云（Sc lent）。中间厚、边缘薄，形似豆荚、梭子状的云条。个体分明，分离散处。

（4）层云（St）。低而均匀的云层，像雾，但不接地，呈灰色或灰白色。

层云除直接生成外，也可由雾层缓慢抬升或由层积云演变而来。可降毛毛雨或米雪。

碎层云（Fs）。不规则的松散碎片，形状多变，呈灰色或灰白色。由层云分裂或由雾抬升而成。山地的碎层云早晚也可直接生成。

（5）雨层云（Ns）。厚而均匀的降水云层，完全遮蔽日、月，呈暗灰色，布满全天，常有连续性降水。

雨层云多数由高层云变成，有时也可由蔽光高积云、蔽光层积云演变而成。

碎雨云（Fn）。低而破碎的云，灰色或暗灰色。不断滋生，形状多变，移动快。最初是各自孤立分离的，后来可逐渐并合。常出现在降水时或降水前后的降水云层之下。

（6）高层云（As）。带有条纹或纤缕结构的云幕，有时较均匀，灰白色或灰色，有时微带蓝色。云层较薄的部分可以看到昏暗不清的日、月轮廓，看上去好像隔了一层毛玻璃。厚的高层云，则底部比较阴暗，看不到日、月。由于云层厚度不一，各部分明暗程度也就不同，但是云底没有显著的起伏。

高层云可降连续或间歇性的雨、雪。若有少数雨（雪）幡下垂时，云底的条纹结构仍可分辨。

高层云常由卷层云变厚或雨层云变薄而成。有时也可由蔽光高积云演变而成。在中国南方有时积雨云上部或中部延展，也能形成高层云，但持续时间不长。

①透光高层云（As tra）。较薄而均匀的云层，呈灰白色。透过云层，日、月轮廓模糊，好像隔了一层毛玻璃，地面物体没有影子。

②蔽光高层云（As op）。云层较厚，且厚度变化较大。厚的部分隔着云层看不见日月；薄的部分比较明亮一些，还可以看出纤缕结构。呈灰色，有时微带蓝色。

（7）高积云（Ac）。高积云的云块较小，轮廓分明，常呈扁圆形、瓦块状、鱼鳞片，或水波状的密集云条。成群、成行、成波状排列。大多数云块的视宽度角为$1^\circ \sim 5^\circ$。有时可出现在两个或几个高度上。薄的云块呈白色，厚的云块呈暗灰色。在薄的高积云上常有环绕日月的虹彩，或颜色为外红内蓝的华环。

高积云都可与高层云、层积云、卷积云相互演变。

①透光高积云（Ac tra）。云块的颜色从洁白到深灰都有，厚度变化也大，就是同一云层，各部分也可能有些差别。云层中个体明显，一般排列相当规则，但是各部分透明度是不同的。云缝中可见青天，即使没有云缝，云层薄的部分也比较明亮。

②蔽光高积云（Ac op）。连续的高积云层，至少大部分云层都没有什么间隙，云块深暗而不规则。因为云层厚，个体密集，几乎完全不透光，但是云底云

块个体依然可以分辨。

③荚状高积云（Ac lent）。高积云分散在天空，成椭圆形或豆荚状，轮廓分明，云块不断地变化着。

④积云性高积云（Ac cug）。这种高积云由积雨云、浓积云延展而成。在初生成的阶段，类似蔽光高积云。

⑤絮状高积云（Ac flo）。类似小块积云的团簇，没有底边，个体破碎如棉絮团，多呈白色。

⑥堡状高积云（Ac cast）。垂直发展的积云形的云块，远看并列在一条线上，有共同的水平的底边，顶部凸起明显，好像城堡。云块比堡状层积云小。

（8）卷云（Ci）。具有丝缕状结构，柔丝般光泽，分离散乱的云。云体通常白色无暗影，呈丝条状、羽毛状、马尾状、钩状、团簇状、片状、砧状等。

卷云见晕的机会比较少，即使出现，晕也不完整。中国北方和西部高原地区，冬季卷云有时会下零星的雪。

日出之前，日落以后，在阳光反射下，卷云常呈鲜明的黄色或橙色。

中国北方和西部高原地区的严寒季节，有时会遇见一种不高的云，外形似层积云，但却具有丝缕结构、柔丝般光泽的特征，有时还有晕，此应记为卷云。如果无卷云特征，则应记为层积云。

①毛卷云（Ci fil）。纤细分散的云，呈丝条、羽毛、马尾状。有时即使聚合成较长并具一定宽度的丝条，但整个丝缕结构和柔丝般的光泽仍十分明显。

②密卷云（Ci dens）。较厚的、成片的卷云，中部有时有暗影，但边缘部分卷云的特征仍很明显。

③伪卷云（Ci not）。由鬃积雨云顶部脱离母体而成。云体较大而厚密，有时似砧状。

④钩卷云（Ci unc）。形状好像逗点符号，云丝向上的一头有小簇或小钩。

（9）卷层云（Cs）。白色透明的云幕，日、月透过云幕时轮廓分明，地物有影，常有晕环。有时云的组织薄得几乎看不出来，只使天空呈乳白色；有时丝缕结构隐约可辨，好像乱丝一般。中国北方和西部高原地区，冬季卷层云可以有少量降雪。

厚的卷层云易与薄的高层云相混。如果日、月轮廓分明，地物有影或有晕，或有丝缕结构为卷层云；如果只辨日、月位置，地物无影，也无晕，为高层云。

①毛卷层云（Cs fil）。白色丝缕结构明显，云体厚薄不很均匀的卷层云。

②薄幕卷层云（Cs nebu）。均匀的云幕，有时薄得几乎看不见，只因有晕，才证明其存在；云幕较厚时，也看不出什么明显的结构，只是日、月轮廓仍清楚可见，有晕，地物有影。

（10）卷积云（Cc）。似鳞片或球状细小云块组成的云片或云层，常排列成行或成群，很像轻风吹过水面所引起的小波纹。白色无暗影，有柔丝般光泽。

卷积云可由卷云、卷层云演变而成。有时高积云也可演变为卷积云。

整层高积云的边缘有时有小的高积云块，形态和卷积云颇相似，但不要误认为是卷积云。只有符合下列条件中的一个或以上的，才能算做卷积云。

①与卷云或卷层云之间有明显的联系。

②从卷云或卷层云演变而成。

③确有卷云的柔丝光泽和丝缕状特点。

3. 云状的判定与记录

云状的判定，主要根据天空中云的外形特征、结构、色泽、排列、高度及伴见的天气现象，参照《云图》，经过认真细致的分析对比判定是哪种云。判定云状要特别注意云的连续演变过程。

云状记录按“云状分类表”中 29 类云的简写字母记载。多种云状出现时，云量多的云状记在前面；云量相同时，记录先后次序自定；无云时，云状栏空白。

二、云量

云量是指云遮蔽天空视野的成数。估计云量的地点应尽可能看见全部天空，当天空部分被障碍物（如山、房屋等）所遮蔽时，云量应从未被遮蔽的天空部分中估计；如果一部分天空被降水所遮蔽，这部分天空应作为被产生降水的云所遮蔽来看待。

云量观测包括总云量、低云量。总云量是指观测时天空被所有的云遮蔽的总成数，低云量是指天空被低云族的云所遮蔽的成数，均记为整数。

1. 总云量的记录

全天无云，总云量记为 0；天空完全为云所遮蔽，记为 10；天空完全为云所遮蔽，但只要从云隙中可见青天，则记为 10^{-}；云占全天空的 1/10，总云量记为 1；云占全天空的 2/10，总云量记为 2，其余依次类推。

天空有少许云，其量不到天空的十分之零点五时，总云量记为 0。

2. 低云量的记录

低云量的记录方法与总云量同。

三、云高

云高是指云底距测站的垂直距离，以米（m）为单位，记录取整数，并在云高数值前加记云状，云状只记 10 个云属和 Fc、Fs、Fn 3 个云类。有条件的测站云高应尽量实测；无条件实测时，只在发报观测时进行估测。实测云高在数值右上角记“S”，估测云高不记任何符号。

1. 实测云高

1）云幕球测云高

云幕球测定云高，是指用已知升速的氢气球，观测其从施放到进入云底的时间，乘以气球升速（m/min）求得

$$云底高度=气球升速\times（分钟数+秒数/60）$$

气球入云时间是指气球开始模糊的时间，而不是气球消失的时间。

2）激光测云仪测云高

仪器由发射望远镜、接收望远镜和电子门组成。当激光通过发射望远镜发射激光的同时由参考脉冲使电子门打开，于是计数电路就对时标脉冲计数。激光脉冲遇到云层被云滴散射，其中后向散射部分被接收望远镜接收后，通过光电转换系统指令电子门关闭，计数停止。计数电路记下从电子门开放到关闭的时间间隔，即为激光在测云仪和被测目标物之间往返一次所经过的时间。

2. 估测云高

（1）目测云高：根据云状来估测云高，首先必须正确判定云状，同时可根据云体结构，云块大小、亮度、颜色、移动速率等情况，结合本地常见的云高范围进行估测。

根据观测经验，目力估测云高有较大误差。所以有条件的气象站，应经常对比目测云高与实测结果，总结和积累经验，提高目测水平。

（2）利用已知目标物高度估测云高：当测站附近有山、高的建筑物、塔架等高大目标物时，可以利用这些物体的高度估测云高。首先应了解或测定目标物顶部和其他明显部位的高度，当云底接触目标物或掩蔽其一部分时，可根据已知高度估测云高。

四、夜间及特殊情况下云的观测和记录

1. 夜间云的观测和记录

傍晚时，应注意云的状况和演变趋势，为夜间观测打下基础。

观测前应先到黑暗处停留一段时间，待眼睛适应环境后再进行观测。

观测时，可根据视觉，结合星光的疏密、清晰程度，云体的颜色、移动速率以及伴见的天气现象和实测云高，参照傍晚时云的状况判别云状，估计云量。

2. 天空状况不明时云状、云量的记录

（1）因雪暴、雾使天空的云量、云状无法辨明时，总云量、低云量记为 10，云状栏记录该现象符号。因吹雪、雾、轻雾使天空的云量、云状不能完全辨明时，总云量、低云量记为 10，云状栏记录该现象符号和可见的云状。虽有吹雪、雾、轻雾现象，但天空的云量、云状可完全辨明时，则按正常情况记录。

（2）因烟幕、霾、浮尘、沙尘暴、扬沙等视程障碍现象使天空云量、云状全部或部分不明时，总云量、低云量记为“—”，云状栏记录该现象符号或同时记录可辨明部分的云状；若透过这些天气现象能完全辨明云量、云状时，则按正常情况记录。

3. 高山站云的观测和记录

（1）当云底高度高于测站时，按正常情况观测记录。

（2）观测时遇有云顶低于测站的云，应在观测簿纪要栏尽可能记录其云状、云量及利用已知高度的物体确定其云顶距离测站水平线下的高度。此时应对这些云的上部表面加以简单描述，如表面是平的还是波状的、有无耸立的积状云自云层上部表面凸起等。在估计云顶低于测站的云量时，成层的云层为山所刺穿的部分也应当成为云所遮掩来考虑。在记录云顶低于测站的高度时，应在记录前加“—”号。

（3）观测时遇到云底低于测站，而云顶高于测站的云，应在观测簿纪要栏记录其云状、云量，云底高度记为＜0。

云笼罩测站时，按雾记录，若云雾移出测站时，应按云记录。

复习思考题

1. 雨量器、雨量计器口放置不水平是否影响降水量测定的准确性？为什么？
2. 降水量记载栏中，降水量记为 0.1、0.0 和空白不记有何意义？
3. 雨量自记纸的更换有什么规定？如何换纸？有降水时如何处理？
4. E-601B 型蒸发器和小型蒸发器测得的蒸发量哪个值大，为什么？
5. 两种蒸发器测得的蒸发量代表陆面蒸发量还是水面蒸发量？

实习五　降水、蒸发和云的观测

一、实习目的

1. 了解观测降水与蒸发仪器的基本原理和使用方法。
2. 掌握降水与蒸发的观测方法。
3. 掌握云的分类，了解不同类型云状的基本特征和对天气现象的指示意义。

二、实习仪器

雨量器、虹吸式雨量计、翻斗式雨量计、蒸发器、量雪尺、称雪器等。

三、实习内容

1. 练习用降水仪器观测降水量，练习更换虹吸式雨量计自记纸。

2. 蒸发量的实时观测。

3. 用多媒体课件进行云模拟的观测。

四、实习作业

1. 将相应的观测记录填写在实习作业本上。

2. 写出当时天空的云状、云量并简述其特征。

第六章　现代气象观测

近年来，各个业务部门对气象资料的需求完全突破了原先气象台站业务的内容。科学研究和业务需求远非设置人工观测台站以及增加原台站的观测项目所能满足的，人们希望不仅获取更多的数据，而且设置随时可以实时显示气象条件的观测系统。因此，地面气象站网的观测、资料传输和储存的自动化已经提到日程上。

第一节　自动气象观测

自动气象站系统主要包括测量仪器、数据采集和资料储存，以及数据传输 3 个功能块。保障部分包括电源和避雷措施。

自动气象站是由电子设备或计算机控制的自动进行气象观测和资料收集传输的气象站，可以连续自动测量风向、风速、温度、湿度、气压、蒸发、雨量、辐射、地温（地表温度、浅层地温、深层地温）等。自动气象站网通过综合遥测设备，对气象保障服务范围内的气象要素进行连续监测，经计算机处理后，生成统一格式并建立相应的数据库子系统，通过通信传输系统（有线、无线）将数据资料传入数据库子系统，供各用户使用。

自动气象站有两种形式。

(1) 有线遥测自动气象站：仪器的感应部分与接收处理部分相隔几十米到几千米，其间用有线通信电路传输。这种自动站早期用于实时查询气象资料，现在逐渐取代气象站主要观测工作。观测资料实现了实时传输，增加了气象监测的时空密度。

(2) 无线遥测气象站（又称为无人气象站）：包括测量系统、程序控制和编码发射系统，以及电源 3 部分。无人气象站通常能连续工作一年左右，每天定时观测 4～24 次。可在 1000km 之外的控制中心指令或接收它拍发的电报，也可利用卫星收集和转发它拍发的资料。无人气象站通常安置在沙漠、高山等人烟稀少的地区，用于填补地面气象观测网的空白处。

一、自动气象站的结构及工作原理

1. 系统结构

自动气象站由硬件和系统软件组成。硬件包括传感器、数据采集器、资料储存、数据传输系统和计算机等。系统软件有采集软件和地面测报业务软件。为了实现组网和远程监控，还须配置远程监控软件，将自动气象站与中心站联系形成自动气象观测系统（图 6.1）。

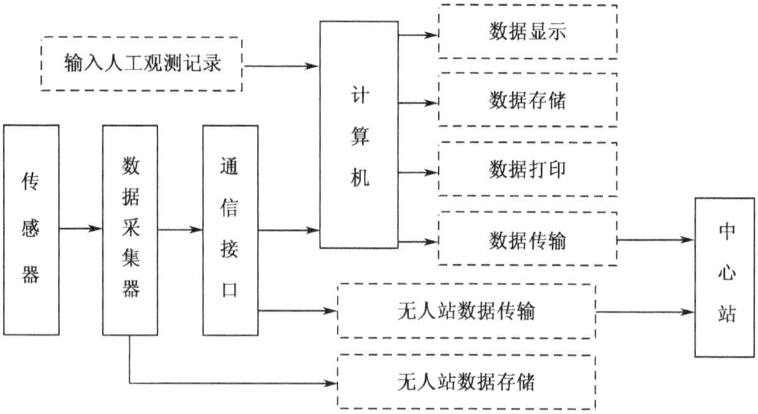

图 6.1　自动气象观测系统框图

目前使用的自动气象站主要采用集散式和总线式两种体系结构。集散式是通过以 CPU 为核心的采集器集中采集和处理分散配置的各个传感器信号；总线式是通过总线挂接各种功能模块（板）来采集和处理分散配置的各个传感器信号。

2. 工作原理

随着气象要素值的变化，自动气象站各传感器的感应元件输出的电量产生变化，这种变化量被 CPU 实时控制的数据采集器所采集，经过线性化和定量化处理，实现工程量到要素量的转换，再对数据进行筛选，得出各个气象要素值，并按一定的格式存储在采集器中。

在配有计算机的自动气象站，实时将气象要素值显示在计算机屏幕上，并按规定的格式存储在计算机的硬盘上。在定时观测时刻，还将气象要素值存入规定格式的定时数据文件中。根据业务需要实现各种气象报告的编发，形成各种气象记录报表和气象数据文件。

通过对自动站运行状态数据的分析，实现自动的远程监控。

3. 主要功能

（1）自动采集气压、温度、湿度、风向、风速、雨量、蒸发量、日照、辐射、地温等气象要素。

（2）通过计算机输入人工观测数据。

（3）自动计算海平面气压、水汽压、相对湿度、露点温度以及所需的各种统计量。

（4）编发各类气象报告。

（5）按《地面气象观测规范》的数据文件和记录簿表格式形成观测数据文件。

（6）编制各类气象报表。

（7）实现通讯组网和运行状态的远程监控。

二、硬件

自动气象站有多种类型，其结构基本相同，主要由传感器、采集器、系统电源、通信接口及外围设备（计算机、打印机）等组成。

1. 测量仪器

对于常规气象观测最基本的温度、气压、风、湿度和降水等要素的测量仪器及元件在前面各要素观测的章节中已有介绍，但是作为自动气象站数据采集系统的元件，要求可以实现电信号的转换，因此，自动气象站首先要求选择能进行电测量的各要素观测仪器和元件。

传感器是指能感受被测气象要素的变化并按一定的规律转换成可用输出信号的器件或装置，通常由敏感元件和转换器组成。

对传感器的选择要考虑以下 3 点：首先，满足对仪器关键性能的要求，保持资料的精度和代表性；其次，保持某种信号输出形式易于被数据采集系统所接受；最后，保证元件易于相互更换。自动气象站常用的传感器有以下几种。

1）辐射传感器和日照传感器

详见第二章第一节和第二节。

2）温度传感器

（1）铂电阻气温传感器。铂电阻气温传感器是根据铂电阻的电阻值随温度变化而变化的原理来测定温度的，铂电阻的电阻值有随温度升高而呈现非线性增大的特性。铂电阻丝烧制在细小的玻璃棒或磁板上，外面有金属保护管。铂电阻在 0℃时的电阻为 100Ω，以 0℃作为基点温度，通过标定，可求出在不同温度的电阻值。

气温传感器用支架安装在百叶箱或防辐射罩内，感应元件的中心部分离地面高度 1.50m。传感器的连接电缆要连接、固定牢靠。

安装自动站传感器的百叶箱不能用水洗，只能用湿布擦拭或毛刷刷拭。百叶箱内的温度、湿度传感器也不得移出箱外。

(2) 铂电阻地温传感器。铂电阻地温传感器的测量原理与铂电阻气温传感器相同，可测量地面温度、浅层地温、深层地温和草面、雪面温度等。下面简要介绍铂电阻地面温度传感器和浅层温度传感器的安装、使用及维护。

自动观测系统中的地面温度和浅层地温的观测地段设在原安装地面温度表和曲管地温表东侧的裸地内，地表应疏松、平整、无草，并与观测场地相平。

铂电阻地温传感器一半埋入土中，一半露出地面。埋入土中的部分必须与土壤密贴，不可留有空隙，露出地面的部分应保持干净。与地面温度传感器连接的电缆掩埋入浅土层中。地面下 5cm、10cm、15cm、20cm 地温传感器按图 6.2 穿入相应的板条孔中，感应头朝南。板条全长 250mm、宽 30mm、厚 5mm。板条用木料或硬塑料等不易导热的材料制成。

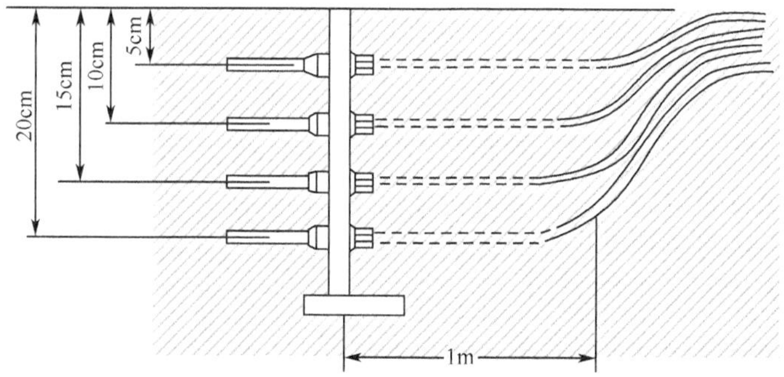

图 6.2　浅层地温传感器安装示意图

浅层地温传感器的安装如图 6.2 所示。与各浅层地温传感器连接的电缆应有 1m 左右的长度埋入大致相应的土中，然后引入地沟内。

在观测和使用中要注意做到以下 3 点：①保持安放地面温度传感器和浅层地温传感器的裸地地面疏松、平整、无草，雨后及时耙松板结的地表土。②查看地面温度传感器和浅层地温传感器的埋设情况，保持地面温度传感器一半埋在土内，一半露出地面，擦拭黏附在上面的雨露和杂物，浅层地温安装支架的零标志线要与地面齐平。③铂电阻地面温度传感器被积雪埋住时仍按正常观测，但需在观测簿备注栏注明。

3）空气湿度传感器

(1) 遥测通风干湿球传感器。通风干湿球传感器中的干球和湿球感应元件是性能相同的两支铂电阻。结构如图 6.3 所示。传感器上部装有储水箱，可自动上水；电阻温度表水平放置，并于气流方向垂直，有利于热交换。湿球温度表的感应部分套有纱布套，水分从两端湿润纱布，使湿球的湿润更加均匀，与气流接触面增大，通风器定时通风，风速大于 3.5m/s。遥测通风干湿球传感器安装在百

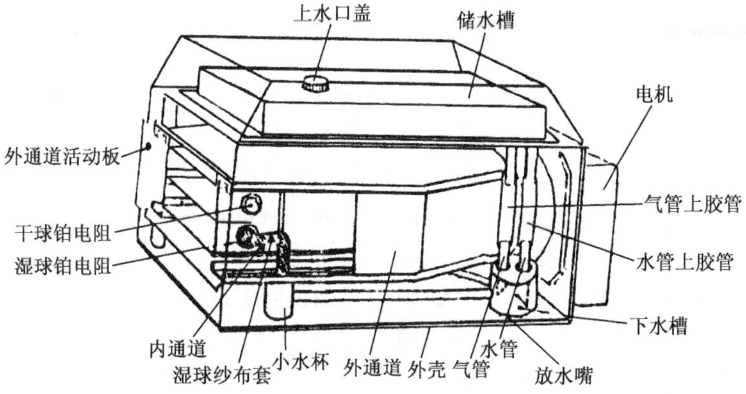

图 6.3　通风干湿球传感器结构图

叶箱内，干球的中心线距地面 1.50m。

(2) 湿敏电容湿度传感器。湿敏电容湿度传感器是用有机高分子膜做介质的一种小型电容器（图 6.4)。湿敏电容器的上电极是一层多孔金膜，能透过水汽；下电极为一对刀状或梳状电极，引线由下电极引出；基板是玻璃。整个感应器由两个小电容器串联组成。

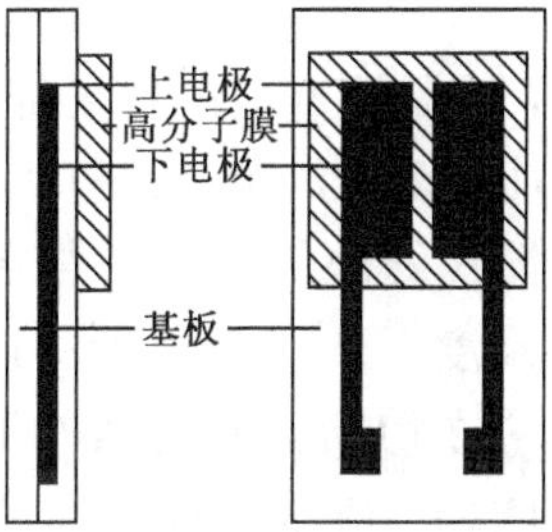

图 6.4　湿敏电容湿度传感器

传感器置于大气中，当大气中的水汽透过上电极进入介电层，介电层吸收水汽后，介电系数发生变化，导致电容器电容量发生变化。电容量的变化与相对湿度成正比。

在某些自动气象站中，铂电阻温度传感器可与湿敏电容湿度传感器制作成为一体。

湿敏电容湿度传感器应安装在百叶箱内，传感器的中心点离地面 1.50m。

湿敏电容湿度传感器的头部有保护滤纸，防止感应元件被尘埃污染。每月应拆开传感器头部网罩，若污染严重应更换新的滤纸。禁止用手触摸湿敏电容，以免影响正常感应。

使用湿敏电容湿度传感器的最大问题是：在高湿条件下使用过久，会导致元件吸水过量，当大气中含水量下降时，元件对低湿反应显现瘫痪效应。中国的自动气象站规定：在高温、高湿条件下使用干湿球温度传感器，而在候平均气温降到 5℃以下时改换为湿敏电容湿度传感器。

4）气压传感器

气压传感器又称为电测气压传感器。电测气压传感器的测定原理是将大气压力的变化转换成电信号的变化，再经过电子测量电路对电信号进行测量和处理而自动获得气压值。常用的电测气压传感器有振筒式气压传感器和膜盒式电容气压传感器。

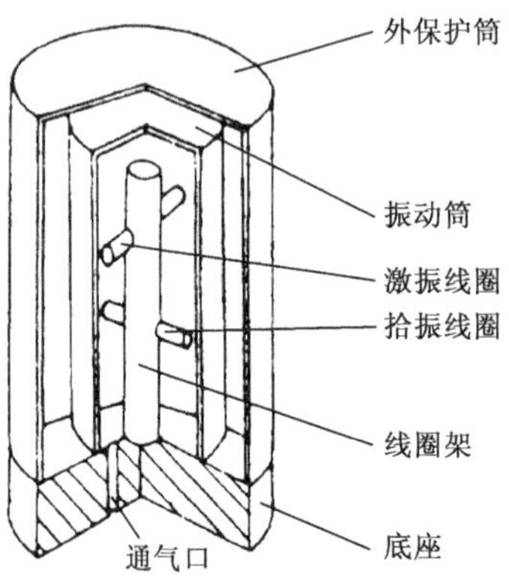

图 6.5　振筒式气压传感器结构

（1）振筒式气压传感器。该传感器由两个一端密封的同轴圆筒组成。内筒为振动筒，外筒为保护筒。两个筒的一端固定在公共基座上，另一端为自由端。线圈架安装在基座上，位于筒的中央，如图 6.5 所示。线圈架上相互垂直地装有两个线圈，其中激振线圈用于激励内筒振动，拾振线圈用来检测内筒的振动频率。两筒之间的空间被抽成真空，作为绝对压力标准。内筒与被测气体相通，于是筒壁被作用在筒内表面的压力张紧，这一张力使筒的固有频率随压力的增加而增加，测出其频率即可算出本站气压。

振筒式气压传感器安装在采集器内。其感应部位与台站水银气压表的感应部位高度一致，如果无法调整到一致，则要重新测定海拔。安装或更换传感器时应在切断电源的条件下进行。气压传感器应避免阳光的直接照射和风的直接吹拂。应定期检查通气孔，及时更换干燥剂。

（2）膜盒式电容气压传感器。膜盒式电容气压传感器的感应元件为真空膜盒。当大气压力产生变化时，使真空膜盒（包括金属膜盒和单晶硅膜盒）的弹性膜片产生形变而引起其电容量的改变。通过测得的电容量来计算本站气压。

膜盒式电容气压传感器安装在采集器内，其高度要求与振筒式气压传感器相同。安装或更换传感器时应在切断电源的情况下进行。安装好的传感器要保持静压气孔口畅通，以便正确感应外界大气压力。应定期检查气孔口。

水银气压表虽有很高的精度，但无法将它更改为电测量装置。现在接入自动气象站的测压元件所能达到的精度虽低于水银气压表，但尚能满足业务的需求，故必须采取比较谨慎的措施，保证测量结果的稳定性。需定期将电测元件与水银气压表进行对比。

5）风向传感器

（1）风向感应器为单翼风标［图 6.6（a）］。当风标转动时，带动格雷码盘（常用 7 位，分辨率为 2.8°），按照码盘切槽的设计，码盘每转动 2.8°，光电管组就会产生新的 7 位并行格雷码输出。

（2）风杯风速传感器。风速传感器采用三杯式感应器，风杯由碳纤维增强塑料制成［图 6.6(b)］。

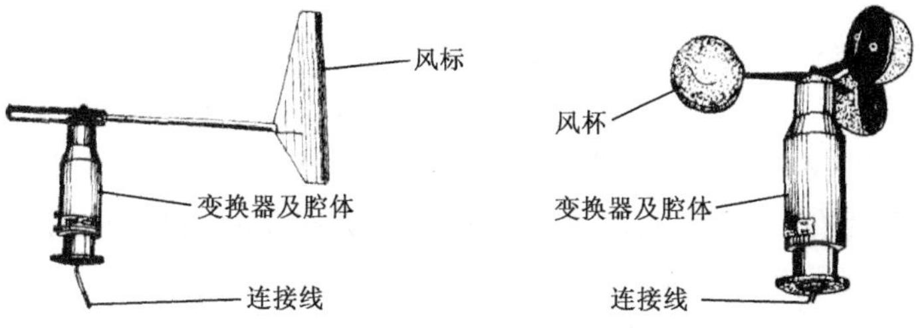

(a) 单翼风向传感器　　(b) 风杯风速传感器

图 6.6　风向和风速传感器

当风杯转动时，带动同轴的多齿截光盘转动，使下面的光敏三极管有时接收到上面发光二极管发射的光线而导通，有时接收不到上面发光二极管发射的光线而截止。这样就能得到与风杯转速成正比的脉冲信号，该脉冲信号由计数器计数，经换算后就能得出实际风速值。

安装时首先把两个传感器用法兰盘分别固定在长 1～1.5m 的风传感器安装横臂的两端，传感器的电气连接线接入接线盒，然后再将横臂安装在风塔（杆）上。保持中轴垂直，横臂水平，风向标的方位要对准正北。

传感器的信号电缆要捆扎在风杆上，不使电缆悬空挂着。风杆顶端要安装避雷针，避雷针用紫铜线做下引线，顺风杆下来接到避雷针接地桩上。

要经常观察风杯和风向标转动是否灵活、平稳。发现异常时换用备份传感器。每年定期维护一次风传感器，清洗风传感器轴承；检查、校准风向标指北方位。

风向风速仪器的制作工艺以满足仪器的一致性为标准。风速仪转速和风速的关系应该保持同一型号有同一检定曲线值。目前的风速计输出均为方波脉冲类型，保持严格的方波以及脉冲上下限电压值的准确性是十分必要的，否则将会导致数据采集线路对脉冲记数产生误读、误判。一些性能优异的数据采集板在频率输入口端还另外附加上自己的施密特整形电路。

6）翻斗式雨量传感器和双阀容栅式雨量传感器

详见第五章第一节。

业务系统的雨量计几乎全部采用翻斗式雨量计，因而在数据采集板上专门设置了一个输入口，专为输入此类不定时的触发信号。该输入口带有信号整形、状态翻转、唤醒值守（由于其他通道均设为定时采样），以及计时和储存功能。

7）蒸发传感器

蒸发传感器由超声波传感器和不锈钢圆筒组成。根据超声波测距原理，选用高精度超声波探头，对 E-601B 型蒸发器内水面高度变化进行检测，转换成电信号输出。并配置温度校正部分，以保证在使用温度范围内的测量精度。它的测量范围为 0～100mm，分辨率为 0.1mm，测量准确度为±1.5%（0～50℃）。

传感器安装在 E-601B 型蒸发桶内的专用三脚支架上。用 3 个水平调整螺钉将不锈钢筒的底座调整水平，拧紧固定螺钉。应保持不锈钢圆筒最高水位刻度线稍高于蒸发桶溢孔。桶内注水，使水面接近不锈钢筒的最高水位刻度线处。保持水面位于最高和最低刻度线之间。传感器用电缆与采集器相连。

定期检查清洁传感器，进行仪器维护，发现故障时及时修复。

冬季结冰时该仪器不观测，应将传感器取下，妥善保管；解冻后再重新安装使用。冬季结薄冰的台站停用传感器，只在 20 时用测针进行补测。

传感器能够自动测量蒸发桶内水面高度的连续变化，采集器自动计算出每小时和 1 天（20 时至翌日 20 时）的蒸发量（采集器自动把同一时间内的降水量减去）。因降水使时、日蒸发量出现负值时，该时、日蒸发量按 0.0 处理。

2. 数据采集器

数据采集器是自动气象站的核心，其主要功能是数据采样、数据处理、数据存储及数据传输。其主要技术性能为：

（1）数据采样速率及算法按《地面气象观测规范》规定执行；

（2）采集器的电源能保证采集器至少 7 天正常工作，数据存储器至少能存储 3 天的每分钟气压、气温、相对湿度、1min 平均风向和风速、降水量和气象要素相应项目的每小时正点观测数据，能在计算机中形成规定的数据文件（详见《地面气象观测规范》数据文件和记录簿表格式），能直接从数据采集器的显示器上读取所需的数据。

三、系统软件

自动气象站的系统软件包括采集软件和业务软件。为了实现组网和远程监控，还须配置远程监控软件。

采集软件由厂家提供，写在采集器中。必须遵守《地面气象观测规范》及其他气象技术规定。其主要功能有：

（1）接受和响应业务软件对参数的设置及系统时钟的调整（时钟也可在采集器上直接调整，但必须保证采集器和计算机时钟一致）；

（2）实时和定时采集各传感器的输出信号，经计算、处理形成各气象要素值；

（3）存储、显示和传输各气象要素值；

（4）大风报警；

（5）运行状态监控。

业务软件根据地面气象业务的需要编制，由国务院气象主管机构颁发。其主要功能包括参数设置、实时数据显示、定时数据存储、编发气象报告、数据维护、数据审核和报表编制，按照《地面气象观测规范》的数据文件和记录簿表格式形成统一的数据文件等。

四、自动气象站的安装

1. 基本要求

（1）温度、湿度、风向、风速、雨量、蒸发、辐射、地温、日照、气压传感器均按《地面气象观测规范》的要求安装在观测场规定的位置上。

（2）安装前应认真阅读仪器技术手册，按照要求进行安装。不同型号的自动气象站的数据采集器安装地点不同，可安装在观测场内或观测值班室内。

（3）计算机、打印机及其电源（蓄电池、UPS 电源）等设备均安放在观测值班室内。

（4）传感器和数据采集器用专用电缆连接。

（5）各传感器的安装高度应符合《地面气象观测规范》要求。

2. 避雷装置

观测场需要安装避雷针。风向、风速传感器应在避雷针的有效保护范围内，整个自动气象站设备的机壳应连接到接地装置上，室内部分的接地线也要接到专门为自动气象站设备做的接地装置上，连接传感器电缆线的转接盒也要有接地装置。

第二节　现代农业气象观测

随着现代科学技术的发展，农业气象观测手段也有了很大的改进，除常规气象观测仪器外，还广泛应用遥感、遥测技术，如用遥感手段监测作物长势和旱情等。在农业小气候观测方面也有长足的进步，如用量子传感器测定光合有效辐射、用红外测温仪测定地表及植被冠层的平均温度、用光合作用分析系统测量与光合作用相关的环境要素等。同时还采取农田小气候自动综合观测仪进行农田小气候观测。下面简要介绍部分仪器。

一、便携式农田小气候自动观测系统

这里所说的农田小气候自动观测系统，是指采用一体化设计，大屏幕液晶图

形显示，可采集风、温度、湿度、光照、雨量、气压、土壤水分、土壤温度、叶面温度、叶面湿度等气象参数，并可自动生成气象报告和趋势分析的便携式小型自动气象观测站（图 6.7），可方便地进行农田小气候观测（图 6.8）。

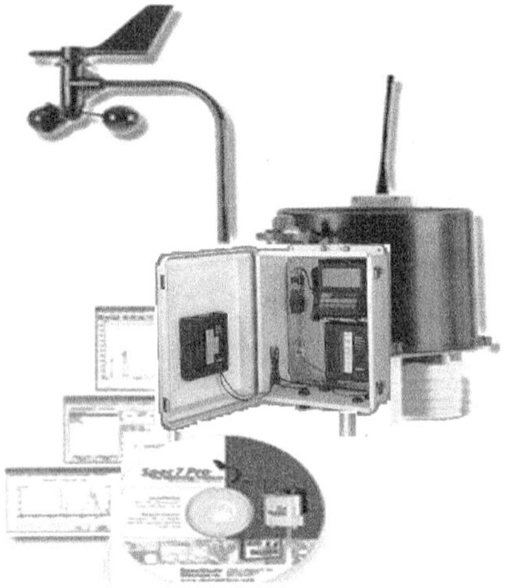

图 6.7　便携式小型自动气象观测站

图 6.8　农田自动气象站的安置

便携式小型自动气象观测站主要由世界气象组织认可的各种高精度传感器和数据采集器组成，与 PC 机连接方便，具有功耗低、精度高、体积小、重量轻、携带和安装方便等特点。

便携式小型自动气象观测站内置了一个可以安全储存资料的数据库，数采器 LCD 实时显示，图形软件显示，数据可按用户设定的时间间隔（1min、10min、15min、30min、60min 或 120min）稳定保存，直至用户把数据转移到计算机上。每个型号的自动气象站都设有一定的数据存储空间，Watchdog 设定 30min 间隔时，可以连续使用 65 天，并保存该时间段内所有的数据资料。用于监测风速、风向、空气温度和湿度、雨量及辐射，并可计算出 ET_0、露点温度。

二、光量子仪

植物光合作用的强弱与所吸收的光量子数有关，因此可通过测量光量子数量了解植物光合作用的强弱。农业气象中，对短波辐射不仅是测量辐照度的大小，更有效的是测量光合有效辐射波段内的光量子数。光量子仪测量的是单位时间内单位面积上获得的光合有效辐射，单位为 $\mu mol/(m^2 \cdot s)$。

光量子仪由探测器和显示系统组成（图 6.9）。

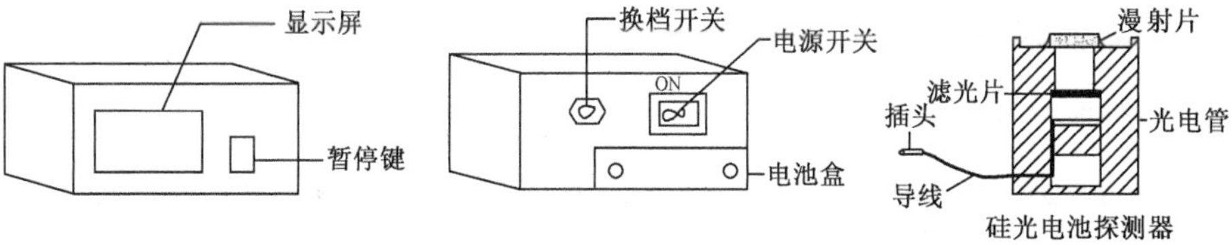

图 6.9　光量子仪示意图

探测器的感光元件是硅光电池，在光辐射条件下，辐射通量密度（辐照度）与产生的电流成正比。经过检定，获得输出电压与光量子通量密度线性对应，将输出电压转至仪器的显示系统，即可测得光合有效辐射的光量子数。

为了使探测器对光的敏感曲线与植物的光谱吸收曲线配合好，探测器硅光电池上的滤光片系统采用多层拼叠，使可见光完全透射，同时滤掉波长短于 0.4μm 和长于 0.7μm 的辐射光谱。

美国 LI-COR 公司选用一种灵敏的蓝色硅光电管作为感应元件。太阳辐射通过漫射片进入，滤去小于 0.4μm 的辐射，然后经过干涉滤光片滤去 0.7μm 以上的辐射，再经过多层滤光片对各个波段的太阳辐射实施一定比例的衰减。图 6.10中的实线为仪器的辐射响应，虚线为理论计算要求的响应曲线。通过各种方式的估算和实验可知，该仪器能保证误差范围为±5%。

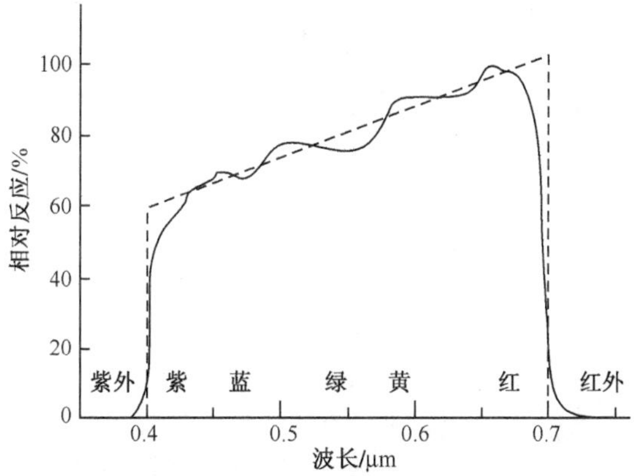

图 6.10　光量子仪的辐射响应曲线

用光量子仪进行光合有效辐射的观测，其观测步骤如下：

(1) 将光量子仪的探测器水平放在待测位置，接上电源；

(2) 按光合有效辐射的强弱，选择量程；

(3) 打开电源开关观测，每隔 10s 读数 1 次，连续读数 3 次，记录；

(4) 观测完毕，关闭开关，取下插头。

三、红外测温仪

1. 结构和原理

红外测温的方式可分为全场分析和逐点分析两种。全场分析是用红外成像镜头把物体的温度分布图像成像在传感器阵列上，全场分布探测系统称为热成像仪。逐点分析则是把物体一个局部区域的热辐射聚焦在单个探测器上，逐点分析系统常称为红外测温仪。

红外测温仪主要由光学系统、光电探测器、信号放大器及信号处理、显示输出等部分组成。

普朗克第二定律描述黑体辐射的光谱分布规律，揭示了辐射波长及黑体温度的依赖关系。对于非黑体而言，其发射率都小于 1.0，发射的辐射量也比黑体要少。如果知道材料的发射率（表 6.1），就知道了任何物体的红外辐射特性。

表 6.1　辐射测温中有关材料的发射率

材料与状态		温度/℃	发射率（1μm 附近）	发射率（8～14μm）
水泥及混凝土		0～100	0.6～0.7	0.95
木材		0～100		0.8～0.9
陶瓷		0～100	0.3～0.5	0.85～0.95
水(深 50mm 以上)		0～100		0.95
雪		−10		0.85
冰		−10		0.98
涂墙泥		0～100		0.9
沙		0～100		0.9
人的皮肤		32		0.98
土壤	干燥的	20		0.92
	含水的	20		0.95
织物		0～100		0.75～0.9
石膏		0～100		0.8～0.95
砖(普通红砖)		20	0.8	0.93
聚乙烯膜(0.03mm)				0.2～0.3
玻璃		0～800		0.94
石英玻璃				0.9～0.93
塑料(红外反射率 0.2～0.4,许多材料在红外区有吸收带、透明区，发射率宜慎用)		0～100		0.7～0.9

单色红外测温是针对不同测温范围选择典型波长区段，其温度是由该波长区

段内的辐射能量确定的。实际物体在波长 λ_1 至 λ_2 波段所发出的辐射能波长为

$$E=\varepsilon\int_{\lambda_1}^{\lambda_2}\frac{2\pi hc^2}{\lambda^5 e^{\left(\frac{hc}{\lambda kT}-1\right)}}d\lambda$$

式中，λ_1、λ_2 为波长，m；h 为普朗克常数，$h=6.6261\times10^{-34}$ J · s；c 为真空中的光速，$c=3\times10^8$ m/s；k 为玻尔兹曼常数，$k=1.3806\times10^{-23}$ J/K。

绿色植物在“大气天窗”（8～14μm）的热辐射率较高（达 0.9～0.97），空气中的 CO_2 和水汽也几乎不吸收该波段的辐射，因而此单色红外测温仪被选择在农业气象观测中使用。

2. 仪器性能指标及使用方法

1）确定测温范围

测温范围是测温仪最重要的一个性能指标。每种型号的测温仪都有自己特定的测温范围。因此，用户对被测对象的温度范围一定要考虑准确、周全，既不要过窄，也不要过宽。

2）确定波长范围

目标物体的发射率和表面特性决定了测温仪的光谱相应波长。工业高温炉中，测量金属材料的最佳波长是近红外线，可选用 0.8～1.0μm 的波长。其他高温区可选用 1.6μm、2.2μm 和 3.9μm。农业土壤、动物和植物测温选用的波段为8～14μm。

3）确定目标尺寸

对于单色测温仪，在进行测温时，被测目标面积应充满测温仪视场。建议被测目标尺寸超过测温仪视场大小的 50%为好。如果目标尺寸小于测温仪视场，背景辐射能量就会进入测温仪，干扰测温读数，造成误差。相反，如果目标大于测温仪的视场，测温仪就不会受到测量区域外面的背景影响。

4）确定距离系数（光学分辨率）

距离系数（K）即光学分辨率，其值为测温仪探头到目标之间的距离 L 与被测目标直径 D 之比（图 6.11）。如果由于客观原因红外测温仪要远离目标使用，而又要测量小目标，就应选择高光学分辨率的红外测温仪来保证测温的准确性。反之，则选择低光学分辨率的红外测温仪。光学分辨率越高，仪器成本越高。

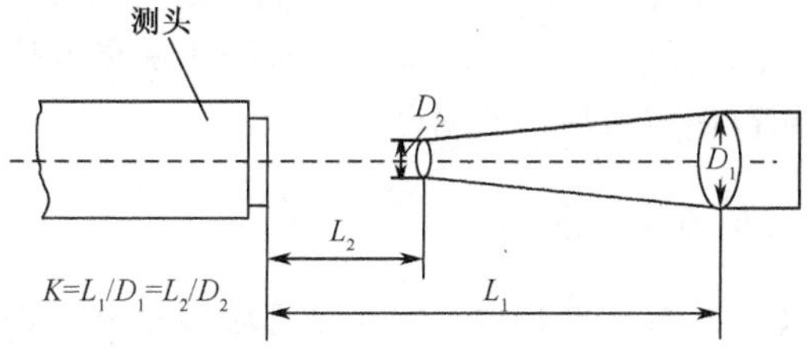

图 6.11　距离系数示意图

在实际应用中，有些人忽略测温仪的光学分辨率，不管被测目标的大小，打开测温仪对准目标就测，导致测量误差很大。

5）确定响应时间

响应时间表示红外测温仪对被测温度变化的反应速率，定义为到达最后读数的95％能量所需要时间，它与光电探测器、信号处理电路及显示系统的时间常数有关。如果目标的运动速率很快或测量快速加热的目标时，要选用快速响应红外测温仪，否则达不到足够的信号响应，会降低测量精度。然而，并不是所有应用都要求选用快速响应红外测温仪。对于热过程存在热惯性的或静止的目标，可以放宽对测温仪的响应时间的要求。

6）环境条件考虑

测温仪所处的环境条件对测量结果有很大影响，应考虑并适当解决，否则会影响测温精度甚至引起仪器损坏。若被测目标有较亮的背景光（特别是受太阳光或强灯直射），测量的准确性会受到影响，因此可用物遮挡直射目标的强光以消除背景光干扰。在环境温度高，存在灰尘、烟雾和蒸汽的条件下，可选用厂商提供的保护套、水冷却、空气冷却系统、空气吹扫器等附件。这些附件可有效地解决环境影响并保护测温仪，实现准确测温。在确定附件时，应尽可能要求标准化服务，以降低安装成本。

3. 红外测温仪的优缺点

优点主要有：①不需要接触到被测温度场的内部或表面，因此，不会干扰被测温度场的状态，测温仪本身也不受温度场的损伤。②这种非接触测温的测温仪并不需要处在较高或较低的温度场中，而是工作在正常的温度或测温仪允许的条件下，可以测量零下几十度到3000℃以上的较广温度范围。③只要接收到目标的红外辐射即可在短时间内测定温度，因而测温速率快。④红外测温不会与接触式测温一样破坏物体本身温度分布，因此测量精度高。⑤仪器灵敏度较高，只要物体温度的微小变化引起辐射能量改变的就都可测出。⑥可进行微小温度场的温度测量和温度分布测量，以及运动物体或转动物体的温度测量。⑦使用安全且使用寿命长。

缺点包括：①易受环境因素的影响（环境温度、空气中的灰尘等）。②对光亮或抛光的金属表面的测温读数影响较大。③只限于测量物体外部温度，不方便测量物体内部温度和存在障碍物时的温度。

4. 红外测温仪的使用注意事项

使用红外测温仪要注意以下几点：①必须准确确定被测物体的发射率。②避免周围环境高温物体的影响。③对于透明材料，环境温度应低于被测物体温度。

④测温仪要垂直对准被测物体表面，在任何情况下，角度都不能超过 30°。⑤不能应用于光亮的或抛光的金属表面的测温，不能透过玻璃进行测温。⑥正确选择距离系数，目标直径必须充满测温仪视场。⑦如果红外测温仪突然处于环境温度差为 20℃或更高的情况下，测量数据将不准确，需待温度平衡后再取其测量的温度值。

四、热敏电阻温度计

热敏电阻是一种电阻值随温度变化而敏感变化的温度传感器。热敏电阻根据温度系数分为正温度系数热敏电阻和负温度系数热敏电阻。正温度系数（positive temperature coefficient，PTC）热敏电阻在超过一定的温度时，它的电阻值随着温度的升高呈阶跃性的增大。隔离变压器线路保护——自恢复保险丝就是高分子正温度系数热敏电阻的具体应用。负温度系数（negative temperature coefficient，NTC）热敏电阻的阻值随着温度的升高而减小。农业气象仪器中的半导体温度计就是利用负温度系数热敏电阻的这种特性，这种传感器主要是以锰、钴、镍和铜等金属氧化物为主要材料，采用陶瓷工艺制造而成的。这些金属氧化物材料在导电方式上完全类似于锗、硅等半导体材料，所以都具有半导体性质。

负温度系数热敏电阻不同于普通的电阻，具有负的电阻温度特性。图 6.12 为热敏电阻的特性曲线。热敏电阻的阻值-温度特性曲线是一条指数曲线，非线性较大，因此在使用时要进行线性化处理。线性化处理虽然能够改善热敏电阻的特性曲线，但是比较复杂。为此，在要求不高的一般应用中，常做出在一定的温度范围内温度与阻值呈线性关系的假定，以简化计算。使用热敏电阻是为了感知温度，给热敏电阻通以恒定的电流，电阻两端就可测到一个电压，然后通过下面的公式可求得温度：

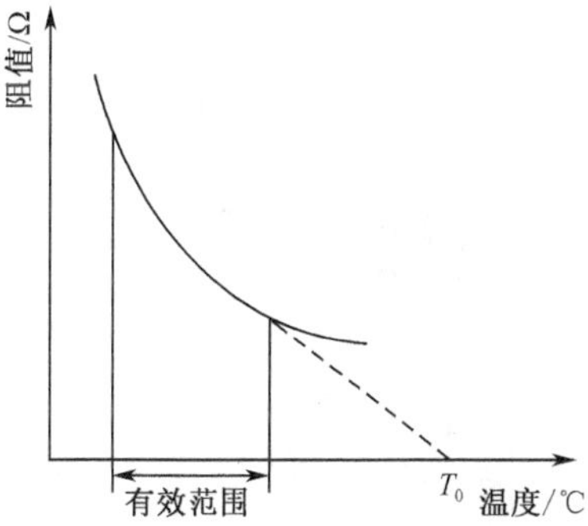

图 6.12　热敏电阻温度特性

$$T=T_0-KV_T \tag{6.1}$$

式中，T 为被测温度；T_0 为与热敏电阻特性有关的温度参数；K 为与热敏电阻特性有关的系数；V_T 为热敏电阻两端的电压。这样就把电阻随温度的变化关系转化为电压随温度变化的关系了。

根据式（6.1），如果能测得热敏电阻两端的电压，再知道参数 T_0 和 K，则可以计算出热敏电阻的环境温度，即被测温度。数字式电阻温度计的主要工作，就是把热敏电阻两端电压值经过 A/D 转换成数字量送到单片机中，然后通过软件方法计算出温度值，再进行显示、打印等处理。

在所有的低温传感器中，热敏电阻因为对温度变化敏感性强而具有特别的重要性，约占全部低温热敏元件总量的 40%以上，是低温传感器的主流，国际上其产值在各类温度计中排第 3 位。

中国的热敏电阻目前阻值精度一般为±5%，响应时间十几秒。从总体上来看，近年来国外热敏电阻的发展情况与当前的电子元器件发展方向一样，正朝着高精度、高可靠、长寿命、小、薄、片式化等方向发展。日本拥有雄厚的实力，产量约占世界产量的 1/2；其次为美国，约占 1/4。日本在开发研制新材料、电极、烧结、控制粉体粒度、添加剂掺杂、芯片制备等方面拥有精湛的工艺技术。日本的精密负温度系数热敏电阻尺寸只有 0.6mm×0.6mm，阻值却为 1～1000kΩ，阻值精度±1%，响应时间 2～15s。日本还在以往单片式负温度系数热敏电阻的基础上采用先进工艺，开发出多层热敏电阻，具有较高的灵敏度和可靠性。美国已生产出最小直径为 0.05mm、引线直径为 0.02mm 的珠状热敏电阻，响应时间约为 1s，最低测量温度为 4.2K。

图 6.13 是目前市场上一种插入式热敏电阻温度计，其前端是不锈钢管式封装探针，探针内部的前端设置有机芯，采用高精度半导体温度传感器芯片，使温度传感器的测量范围可以达到−55～85℃，基本可以满足气温和土壤温度测量的需要。不锈钢针管探头的设计目的：一是使探头更容易插入土内，适于野外生态考察；二是可防止探头老化生锈影响采集数据的精度，并且可埋入土壤中，适合长期数据采集的需要。

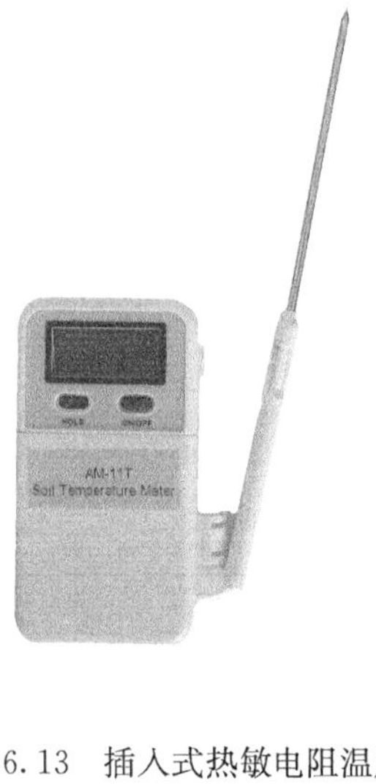

图 6.13　插入式热敏电阻温度计

复习思考题

1. 自动气象站测量各气象要素的传感器与常规仪器有何显著差异？
2. 简述自动气象站在观测中存在的优缺点。
3. 运用红外测温仪测量植物体表温度时，要注意哪些问题？
4. 比较红外测温仪、热敏电阻温度计和玻璃温度表的适用范围。

实习六　现代气象仪器采集农田气象数据与常规观测的比较

一、实习目的

1. 了解和掌握农田自动气象站的构造、测量原理和使用方法。

2. 掌握红外测温仪和热敏电阻温度计的构造原理和使用方法。

3. 了解现代气象仪器和常规传统仪器的应用范围。

二、实习仪器

1. 农田自动气象站。

2. 红外测温仪、热敏电阻温度计。

3. 通风干湿表、普通地面温度表和曲管地温表。

三、实习内容

1. 自动气象站在农田的安装和数据采集。

2. 现代气象和农业气象仪器与传统仪器应用范围和性能的比较。

3. 比较用红外测温仪与地面温度表和通风干湿表测量的地面温度及气温的差异，分析产生差异的原因，并简述仪器使用中应注意的问题。

第七章　农业气象观测

第一节　农业气象观测的种类

一、作物观测

1. 观测的目的和要求

作物观测是农业气象观测的重要组成部分。通过作物的观测，鉴定农业气象条件对作物生长发育、产量形成和品质的影响，为农业气象情报、预报，以及作物的气候评价等提供依据，为高产、优质、高效农业服务。

根据国家和省、自治区、直辖市为农业服务的需要，选择气候、土壤、作物及生产水平有代表性的站组成农业气象基本观测网，常规的农业气象观测在农业气象基本观测站进行。为当地农业生产服务和科研需要所进行的观测，各地可自行确定观测内容和观测方法。

观测必须遵循平行观测的原则，采取点面结合的方法。农业气象观测应由专人负责，并保持相对稳定。观测人员要严格执行观测规范和有关技术规定，严禁推测、伪造和涂改记录；不得缺测、漏测、迟测和擅自中断、停止观测；记录字迹要工整。

2. 观测地段的选择

观测地段是定期进行作物生育状况观测的主要基点。为增强观测的代表性，应在所在的县内增加观测调查点。

观测地段必须具有代表性。代表当地一般地形、地势、气候、土壤、产量水平及主要耕作制度，地段要保持相对稳定。为使观测资料具有连续性，可根据当地的耕作制度选定若干观测地段并进行编号，每年规定观测的作物在这些地段上进行。

观测地段面积一般为 $1hm^2$，不小于 $0.1hm^2$。确有困难可选择在同一种作物成片种植的较小地块上。

地段距离林缘、建筑物、道路（公路和铁路）、水塘等应在 20m 以上，应远离河流、水库等大型水体，尽量减少小气候的影响（秧田、苗床和农林间作不受此限，但应在地段说明中说明）。

作物大田生育状况调查地点，要选择能反映全县观测作物生长状况和产量水平的不同类型的田块，也可与农业部门苗情调查点结合。农业气象灾害和病虫害的调查应在能反映不同受灾程度的田块上进行，不限于观测的作物种类和品种。

选择观测地段应与土地使用单位或个人取得联系，明确要求。生育状况调查点也应相对稳定，调查结果才便于比较。虽然调查多采用目测，对作物损坏不大，也应对土地使用单位和个人说明情况。

观测地段按田块形状分成相等的 4 个区，作为 4 个重复，按顺序编号，各项观测在 4 个区内进行。为便于观测工作的进行，要绘制观测地段分区和各类观测点的分布示意图。观测地段综合平面示意图是一项重要的观测技术档案，包括该站所有作物地段总的分布情况，并标明地段分布和与周围景物的距离。示意图内容有：①所有观测地段的位置、编号；②气象站的位置；③观测场和观测地段的环境条件，如村庄、树林、果园、山坡、河流、渠道、湖泊、水库及铁路、公路和田间大道的位置；④其他建筑物和障碍物。

对所选定的观测地段还需要逐一编制地段情况说明。内容包括：①地段编号；②地段土地使用单位名称或个人姓名；③地段所在地的地形（山地、丘陵、平原、盆地）、地势（坡地的坡向、坡度等）及面积（hm^2）；④地段距气候观测场的直线距离、方位和海拔差；⑤地段环境条件，如房屋、树林、水体、道路等的方位和距离；⑥地段的种植制度及前茬作物，包括熟制、轮作作物和前茬名称；⑦地段灌溉条件，包括有无灌溉条件、保证程度及水源和灌溉设施；⑧地段地下水位深度，记为“$>2m$”或“$\leqslant 2m$”；⑨地段土壤状况，包括土壤质地（砂土、壤土、黏土、砂壤土等）、土壤酸碱度（酸、中、碱）和肥力（上、中、下）情况；⑩地段的产量分 5 级记载，约高于当地近几年平均产量的 20％为上、高于平均产量 10％～20％为中上、相当于平均产量为中、低于平均产量 10％～20％为中下、低于平均产量 20％为下。

观测地段综合平面示意图和地段情况说明，按照台站基本档案的有关规定存档。观测地段如重新选定，应编制相应的地段资料。

3. 发育期观测

作物发育期的观测是根据作物外部形态变化，记载作物从播种到成熟的整个生育过程中发育期出现的日期（表 7.1），以了解发育速率和进程，分析各时期与气象条件的关系，鉴定农作物生长发育的农业气象条件。

具体观测标准和方法参见《农业气象观测规范》作物分册。

表 7.1 观测的部分作物发育期

作物	发育期
稻类	播种、出苗*、三叶、移栽、返青*、分蘖、拔节、孕穗、抽穗、乳熟*、成熟*
麦类	播种、出苗*、三叶、分蘖、越冬开始*、返青*、起身*、拔节、孕穗、抽穗、开花、乳熟*、成熟*
玉米	播种、出苗*、三叶、七叶、拔节、抽雄、开花、吐丝、乳熟*、成熟*
高粱	播种、出苗*、三叶、七叶、拔节、抽穗、开花、乳熟*、成熟*
谷子	播种、出苗*、三叶、分蘖、拔节、抽穗、乳熟*、成熟*
甘薯	移栽、成活*、蔓伸长、薯块形成*、可收*
大豆	播种、出苗*、三真叶、分枝、开花、结荚、鼓粒*、成熟*
油菜	播种、出苗*、五真叶、移栽、成活*、现蕾、抽薹、开花、绿熟*、成熟*
甜菜	播种、出苗*、三对真叶、块根膨大、工艺成熟

注：表中播种、移栽期记载该项农事活动的日期。

*为目测项目，不需统计进入发育期的百分率；观测作物未进行移栽，移栽、成活期不记载；如果进行两次移栽或表中未规定进行移栽而移栽的作物，均应记载移栽和成活期；发育期按出现先后顺序记载，若同时出现两个发育期，按表中所列发育期顺序记载

4. 生长状况

农业气象条件对作物生长发育和产量的影响，在生育过程中具体表现在生长状况和产量形成上。生长状况观测的目的在于鉴定气象条件对作物生长的影响和提供产量预报资料。生长状况测定内容包括生长高度、密度、产量因素、生长状况评定、大田生育状况观测调查。

5. 生长量

生长量的测定是在间隔一定时间（或发育期），剪取一定数量具有代表性的植株，测定其单位土地面积上的叶面积和植株干物质质量。作物产量是单位面积土地上生物产量中的经济产量部分。测定生长期间叶面积和所积累的干物质质量的动态变化，作为分析产量变异的因子，将生理因果关系作为研究因素，比单纯根据产量因素有更大的优越性，但由于该项测定比较复杂，需要一定条件，进行该项观测的站由上级业务主管部门确定。

6. 产量结构分析

产量结构分析是对构成产量各因素之间的相互组合进行分析测定，以便综合分析鉴定全生育期中农业气象条件对作物生长发育及产量形成影响的利弊程度。具体观测方法及要求参见《农业气象观测规范》作物分册。

7. 根分布

根系是植物重要的器官之一，它的发育状况对地上部分的生长发育和产量形成具有极其重要的影响；作物根系的特征参数是农田水分数值模拟、土壤干旱预测和节水灌溉技术的必要条件；同时，植被群落的根深及分布已成为区域尺度和全球尺度的土壤-植被-大气系统能量和物质传输模型中的基本参数。

二、果树观测

1. 观测的目的和任务

果树生长发育受环境条件的影响，其中气象要素是重要条件之一。一般果树为多年生木本植物，它的物候现象既反映近期，也反映过去一段时间的气象条件对它的影响。对果树的生育状况与气象要素进行平行观测，可鉴定其生长发育、产量形成、品质优劣与气象条件的关系，为开展果树气象情报、预报服务和试验研究提供资料，为果树引种、布局、果园基地建设和发展果品生产提供科学依据。

2. 观测的基本要求

为了使果树气象观测资料具有代表性、连续性和准确性，果树气象观测必须遵循生育状况与气象要素平行观测的原则，气象台站的基本气候观测一般可作为平行观测的气象观测部分，因此果树观测地段与大气候观测场的气候条件应保持基本一致。采取点面结合的观测方法，除按照规定在观测地段内对选定的植株进行观测外，还应在果树生长发育的关键时期和自然灾害出现时，对大面积果园进行重点调查，并写出调查报告。此外，观测地段和观测植株应具有代表性，一旦失去代表性必须重新选定。

3. 观测地段和植株的选择

1）观测地段

观测地段应设在对当地的地形、地势、土壤、栽培管理和生产水平具有代表性的果园中或粮果间作地上，山地果园地段选择应考虑地形和坡向的代表性。地段不宜选在果园的边缘，为尽量减少小气候条件差异，个体密度较小的树种，地段的面积最好不少于观测植株所占面积的 10 倍；个体密度较大的树种，应为 50～100 倍，一般根据地段形状划分为 4 个相等的观测区。由于科研需要而进行的观测，地段的设置应根据科研目的而定。观测地段一经选定，就要保持稳定，一般不要轻易变动。

2）观测植株

在各个观测区选择品种相同、树龄相近、结果性能稳定、生长状况基本一致的植株（不选最好或最劣的植株）5 株，作为物候和生长状况观测植株，雌雄异株的树种其中应包括 1 株雄株。被选作观测的果树种类和品种应是当地种植面积较大、经济效益较高、普遍推广的优良品种。一般零散种植的果树不宜选作为观测植株，无大面积栽培的树种，如有必要，也可选定 3～5 株进行观测。草本果类的种植形式类似于大田作物，观测地段的选择可参照《农业气象观测规范》作物分册的要求。观测植株每区选定 10 株。

一般果树物候期观测不选定观测枝。因树体大、种植少或科研的需要，可在观测植株树冠的东、南、西、北不同方位各选一个生长健壮、无病虫害、枝形中等的枝作为观测枝。所选的观测枝在树冠上所处的疏密度应基本一致。近地面 25cm 以下的树枝不可选作观测枝。

3）观测地段和观测植株说明

当上述各项均已确定后，应及时做出观测区、观测植株或观测枝的固定标志；并对有关项目做文字说明，记入观测记录簿内。

观测地段包括果园名称、所属单位（农户）、位置（与气象站之间的距离，方位和海拔差）、面积、地形、地势、土壤、水源和灌溉设施、周围环境（山体、林带、河、湖、道路、建筑物等）、果园内共生植物、果园的生产管理水平（上、中、下）等，并绘制观测环境平面图。

观测植株包括品种名称、树龄、树势（旺、中、弱）、树形（椭圆形、圆形、塔形、不规则形等）、定植时间、每公顷株数（木本果树）。此外，要对观测区、观测植株和观测枝按观测行进路线进行编号，便于观测记载。

三、林木观测

1. 观测的目的和任务

林木观测在林地和防护林带及苗圃中进行，以用材林木、经济林木为主要对象。林木观测的目的在于：研究外界环境与林木生长、发育之间的关系和林木生长的气候潜力，为林木区划、林业资源利用和育林、护林、林木生长及病虫害防治提供科学依据，为林业资源保护、森林火险预报提供有关情报。

林木气象观测需进行平行观测，即在进行林木物候、生长状况观测的同时，进行气象条件的观测。在林地不设置小气候观测的情况下，以当地气象台站的大气候观测为平行观测的气象观测资料。

2. 观测地段和观测植株的选择

1）观测地段的选择

观测地段必须具有代表性。要选择能代表当地气候条件、土壤、树种、生长状况的苗圃，面积在 0.1hm^2 以上，同时地段应距离河流、水库、道路、建筑物及其他障碍物 50m 以上。

2）观测小区和植株的选择

（1）观测小区选在观测地段中有代表性的地方，根据地形划分 4 个重复，每个小区最好相距 10m 以上。

（2）在每个观测小区内连续选取有代表性的植株 10 株，共 40 株，用作物候期和生长状况观测。

3）观测地段的记载

（1）地段所属单位的名称及地段所在地块的位置。

（2）地段的地形、地势、形状和面积。

（3）大气候观测的位置与地段的距离。

（4）地段的环境条件，如房屋、树林、果园、河流、湖泊、水库和道路等的方位及距离。

（5）地段的前茬。

（6）有无灌溉条件，包括水源和灌溉设备。

（7）土壤的种类（名称）、性质（酸碱度）和肥力情况。

3. 用材林木观测标准地和标准木的选择

1）标准地的选择原则

（1）主要环境条件（气候、土壤、地形、地质、生物、水分）和树种、林分等具有广泛的代表性。

（2）不能跨越两个林分，要避开道路、小河、防火道、林缘。

（3）标准地的形状应为正方形或长方形，林木在 200 株以上。

2）观测标准地的记载

观测标准地的记载内容有林地所属单位，标准地地形、地势，距观测场距离、位置环境、林分等。

林分是林地内部特征大致相同，而又与相邻的森林有明显差别的林地块。观测前应对林分进行记载，内容有以下几项。

（1）树种组成：主要树种名称，大致所占比例（树种名称需通过林业部门鉴定）。

（2）林龄：林分或有林小班的平均年龄，按龄级记载。生长缓慢的树种，实生林 20 年为一个龄级，速生林 5～10 年为一个龄级，毛竹 2 年为一个龄级。在同一个龄级为同龄林，超过一个龄级为异龄林。同龄林以平均龄级记载，异龄林分别记载主要树种的平均龄级。

（3）密度：标准地确定后，调查记载标准地的林木密度和优势树种密度，以株/hm^2 为单位。

（4）林分起源：天然林、人工林。不论是天然林还是人工林都分为实生林（种子发芽生长）或萌芽林（树桩、残根或地下茎萌发而成）。

（5）林相：又称为森林外形，是指林分中乔木和树冠构成的层相，包括单层林（一层林）和复层林（二层林以上，各层的界限一般以超过树高的20%来划分）。森林的林木品质和生长状况的大致评价分为优、中、差，根据树木的价值和生长是否旺盛确定。

3）标准木选择

（1）以构成林分的优势树种为观测对象。

（2）在标准地内确定相应的4个点，各选有代表性的优势树种5株（雌雄异株的树种各取5株）为标准木，做出标志。

（3）物候期和生长状况等所有的观测都在标准地所确定的标准木上进行。

（4）标准木的物候观测可选择较低位主枝的芽叶、花和果等部位。叶发育迟早相差不明显时，可观测较低位主枝的芽、叶、花和果。直接观测有困难时，也可用望远镜观测。

4. 经济林木观测地段和观测植株的选择

1）观测地段的选择

（1）经济林木的观测地段应选在生产林地上，能代表当地地形、地势、气候、土壤等自然条件和栽培水平，面积在0.2hm^2 以上。

（2）观测地段确定后，按照地形划分4个区，作为4个重复，若在梯田或坡地上，长边应与坡向一致。

2）观测植株的选择

（1）观测的经济林木应为当地面积大，普遍推广或有发展前途的品种或品系（需经林业部门鉴定）。

（2）每个观测区各选有代表性的林木10株作为观测植株。茶叶选2m^2的茶蓬面积，每轮茶在芽膨大前在各小区确定10个顶芽并做标记。物候期观测在这些植株上进行，因某种原因使植株失去代表性时，应重新选择。

3）观测地段的记载

观测地段的记载同苗木观测地段，增加林龄、密度、林相（见用材林木标准地的记载）。

5. 物候期的观测方法

物候期的观测在选定的观测植株（或芽）、标准木上进行，目测项目以地段或标准地的林木为总体，按物候期标准进行目测估计。

1）观测时间

根据物候期出现的规律确定观测时间和次数，一般隔日观测，物候期间隔较长时，旬末必须巡视一次。

2）物候期的概念

当观测植株上有一个芽、一片叶、一朵花或一个果实出现某物候现象时（通常是几个或一批同时出现），即表示该植株进入某物候始期；有50%或以上树枝的叶片、花序、果实出现某物候现象时为盛期。

3）物候期的观测记载

各物候期按出现先后进行记载，逐株观测的物候期只记始期、盛期。

个体植株的物候期通过目测确定。当观测植株中有50%或以上的植株达到某物候的始期、盛期标准时，整个地段即进入了该物候期的始期、盛期。例如，在地段的20株观测植株中有10株达到开花始期，整个地段即记为开花始期。

对于一些不便逐株观测的物候期，按物候期标准，目测估计观测地段50%植株进入物候期的日期，这些物候期称为目测项目。记录时物候期前以“*”标记。

四、蔬菜观测

1. 观测目的和要求

蔬菜气象观测是蔬菜气象服务和科研工作的基础。通过对蔬菜生育状况的观测，以鉴定气象条件与蔬菜生长发育的关系，分析气象条件在产量形成中的作用，为发展蔬菜生产提供农业气象情报、预报和决策依据，确定合理的栽培、管理措施，以充分利用光、热、水等气候资源，达到趋利避害，高产、稳产、高效的目的。

蔬菜生产是农业生产中较复杂的生产，具有周期短、茬口多，品种繁杂，商品性突出，对农业技术、管理措施要求高，技术更新快等特点。

蔬菜气象观测要遵循平行观测的原则，采取点面结合的方法进行。为确保观测资料具有代表性、准确性、比较性和连续性，在观测地段、观测点及观测植株失去代表性时，应重新选定。

2. 观测地段

观测地段是定期进行蔬菜生育状况观测的基点（食用菌在菌床上进行观测）。

1）地段选择

（1）地段必须具有代表性，能代表当地一般地形、地势、土壤、耕作制度、栽培管理水平和灌溉条件。

（2）地段面积一般不宜小于 0.1hm²，条件不具备时可适当缩小，最好不要选在零星菜地上。

（3）地段根据轮作制度选定并进行编号，随着轮作在选定的地段上进行观测。

（4）地段应远离粉尘、化工毒气和污水排放渠道等污染源。

（5）气象台站进行食用菌观测时，观测地段的选择分两种情况。①露地栽培：包括菇场，作物间质、套作地。地段面积可同其他露地栽培蔬菜，也可根据本站情况或科研需要自行确定。②设施栽培：包括温室、大棚、风障、阳畦等。地段面积为一个设施单元的面积，即一间菇房、一个大棚、一个阳畦等的面积。如果一个设施单元面积太小，也可选择两个设施单元，注意气象、土壤等条件应尽量相同。

2）观测点

根据地段地形、面积、畦的走向等情况分成 4 个区，编上序号，区内设观测点，观测点距离地段边缘应在 1m 以上，避免受边行优势的影响。观测点要避开入水口、排水口。

3）地段说明

为了便于观测资料的分析使用，应在农气簿、表上对地段的情况加以说明。主要有以下内容。

（1）地段编号。

（2）地段所属单位、所在菜地名称。

（3）地段的地形、地势、位置、形状和面积。

（4）地段的环境条件：位于房屋、树林、果园、山坡、河流、渠道、湖泊、水库、道路等的方位及距离。

（5）大气候观测场与地段的距离、高度差（m，估算值）。

（6）地段种植茬口（前两茬）。

（7）本茬蔬菜种植方式：单作、间作、套作，直播、移栽，株行距、畦宽、畦背高，施肥方式、种类、施肥量以及是否为保护地栽培，保护地类型、结构等。

（8）产量水平：根据当地产量水平，分为上、中、下三等记载。

（9）灌溉条件：水源（机井、水库、渠、湖、河水等）和灌溉设备［电机泵（注明尺寸），木制水车等］。

（10）土壤状况：土壤质地、性质（酸、碱、中性和盐分）。

4）测点位置说明

具体说明各测点所在扇、畦（垄）等的具体位置、面积或行数。采用设施栽培时，记载测点在设施中的具体位置、面积或行数。

5）育苗说明

（1）育苗方式：阳畦、露地、大棚、温室及规格。

（2）取暖设备及设施：煤火、暖气、有无电热温床，设置位置、方式，苫盖方法等。

（3）种子处理情况：消毒、浸种、催芽、温度及时间等。

（4）基质：营养钵、混合基质的配方、消毒等处理。

（5）播种方式：撒播、点播、穴播、条播等。

（6）蹲苗、炼苗，变温处理等。

6）食用菌苗床记载

（1）菌床特点。主要包括以下几个方面：①根据栽培料的不同，记载代料栽培或段木栽培以及代料配方和段木树种等。②根据代料“堆积”方式不同，记载袋装、瓶装、压块以及地面或栽培架上层积等方式，同时也应记载袋、瓶、块、层、段木等的几何尺寸、大小、体积等。③根据袋、瓶、块、层、段木的排列方式不同，记载平放、立放、叠放、排列宽度、高度等。④记载单位面积上代料的干重（kg/m^2）或段木体积。⑤如果为作物间种、套种地，应记载间种、套种作物名称。

（2）设施特征。包括记载菇房的长、宽、高和地上或半地下、地下形式；大棚形式、外形尺寸、阳畦大小、空间覆盖屏障情况等；菇房、大棚、阳畦等的采光情况、开窗位置、面积、通风、加温、加湿设备等。

3. 观测记录

蔬菜观测记录在观测簿中，整个生育期观测结束要编制报表。簿、表格形式可参照农作物观测记录簿、表（见中国气象局印发的《农业气象观测规范》作物分册）。

五、牧草与放牧家畜气象观测

1. 观测的目的和意义

在畜牧业生产中，牧草是牲畜赖以生存的物质基础，占有十分重要的位置，因此发展草业是发展大农业的一个方面。牧草生产与天气、气候条件的关系极为密切，各种类型草场和植物群落的兴衰、荣枯都受天气、气候条件的制约，同时，牲畜的生长发育、畜牧业生产的各个环节，以及家畜疫病的发生蔓延也都与天气、气候条件有密切的联系。因此，进行牧草和放牧家畜气象观测，对充分利用有利天气、气候条件，避免和克服不利气象条件，有效地从事牧事活动，加速牧草与家畜的能量转化，提高畜产品的产量和质量有着重要的意义。同时，为发展畜牧业生产，开展畜牧气象情报、预报、畜牧产量预报、畜牧气候评价等气象服务工作提供科学依据。

2. 观测调查内容

（1）牧草发育期观测。
（2）牧草生长状况观测。
（3）放牧家畜膘情和牧事活动观测、调查。
（4）气象灾害及病虫害等对牧草、家畜危害的观测、调查。

3. 牧草观测地段的选择

1）牧草观测地段选择的原则和要求

观测地段是系统地进行牧草气象观测的固定基地，因此在选择时要遵循下列原则和要求。

（1）必须具有代表性。地段所处地形、地势、土壤及牧草的种类和生产水平等应能代表该地区草场类型。可请草原管理和畜牧单位的专家参加选定。

（2）地段可选在天然割草场、放牧场或人工草场上。垦殖过的草场不宜选作天然草场观测地段，应注明垦殖年份。

（3）地段与大气候观测场的地形及其他环境因素应基本相同，具有平行观测条件，并有利于观测、管理和维护，但要避开道路、水体和居民点。

（4）观测地段的面积一般不小于 $1hm^2$。在荒漠草原或植物比较稀疏的地方，面积可适当扩大一些；在人工草场或条件不具备或植物分布不均匀的草场，面积可以适当缩小。地段选定后要做标记。如果为放牧场，为防止家畜采食破坏，应用铁丝网、电网、生物围栏围住或结合草库伦建设进行，围栏面积不少于 $0.25hm^2$。地势平缓，植物分布均匀，可围成正方形（50m×50m）；地势不平整或植物分布不均匀，应围成长方形（25m×100m）。若在缓坡地上，长边应与缓坡一致；在丘陵山区，地形复杂，观测地段应为长方形，并包含主要地形。

（5）秋季各项观测结束后，为了保持观测地段的代表性，要将围栏内的牧草按当地打草留茬高度进行刈割或进行放牧采食，但不要啃食过度。

（6）地段选择前必须与所属单位取得联系，考虑生产单位近期和远期规划。地段一经选定不要轻易变动，以保持观测资料的连续性。

2）观测地段的划分

（1）地段分区。将围住的草类观测地段划分为 4 个观测区域（A、B、C、D），作为 4 个重复，每个重复又分为 4 个观测区（1、2、3、4）（图 7.1），一年用一个观测区，循环周期为 4 年。以灌木、半灌木为主的地段，由于植被稀疏，不必把观测地段划成 4 个观测区循环，只把地段划成 4 个区域即可。

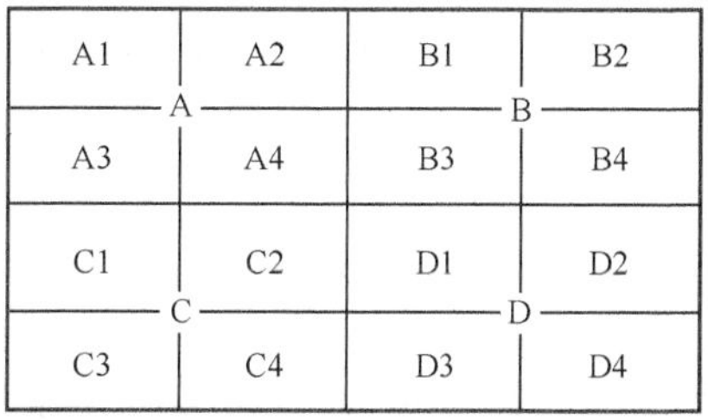

图 7.1　观测区域和观测区的划分

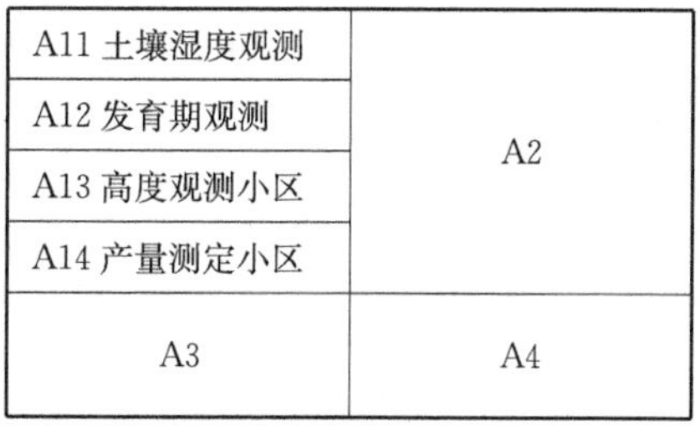

图 7.2　每个观测区域内当年观测小区的分布图

（2）观测项目小区的划分。在观测区域的每个当年观测区内再根据地势、牧草分布及生长状况等按条状分成土壤湿度、发育期、高度、产量等观测小区（图 7.2）。观测小区设置应充分考虑地势。小区划定后，绘制地段和观测点分布示意图，并分别用 T 形木牌建立标界，用油漆写明小区号码和观测项目名称，当观测小区失去代表性时，可在附近更换，在备注栏注明原因。

3）放牧场观测点的选定

在当地选出一处草种、地形与观测地段相似的放牧场，作为放牧场草层高度、采食状况、灾害等观测点，不需要专门维护。

4）观测地段及放牧场观测点说明

观测地段及放牧场观测点选定后，要填写地段说明，包括以下内容。

（1）所在的地点和所属单位。

（2）在测站的方向、距离（m），两者海拔差（m）。

（3）地形（平原、山地、丘陵）、地势（平地、坡地等）、地段面积。如果为坡地要注明坡向、坡度等。

（4）土壤状况：包括土壤质地（砂土、砂壤土、壤土、黏壤土、黏土等）、土壤性质（pH）。

（5）草场类型：草场分天然放牧场、割草场、人工草场，若为天然放牧场或割草场，应填写草场类型。

（6）主要共生牧草种类、名称：经有关部门正式鉴定，写出主要共生牧草的中文名及学名。

（7）地下水位深度（m）。

（8）其他需要说明的情况。

5）采集鉴定观测牧草标本

各牧草观测站均要采集观测牧草的标本，并按发育期标准分别采集。在当地牧草名称难以确定时，应在开花期和成熟期时分别取带有根系的标本，灌木、半灌木取带叶、花、种子的枝条，寄往省、自治区、直辖市气象局或请有关单位专家鉴定。每种牧草的标本要采集两份，一份镶在特制的标本盒内，供观测参考，由观测站长期保存，一份供有关部门鉴定。当观测牧草需要更换时，应及时采集鉴定新草种的标本。

4. 家畜观测调查

1）观测调查的要求

（1）以当地主要畜种为主，固定畜群进行调查。在重大气象灾害发生后应扩大调查种类和调查范围，写出专题报告。调查的畜群必须在当地具有代表性。

（2）主要采用实地观测调查进行记载，严防道听途说。对一些直接取得资料有困难的项目，可在畜群所属单位熟悉情况的人员协助下进行或通过放牧人员进行观测调查取得，但要使放牧人员了解我们调查的内容和标准。

2）基本情况调查

（1）畜群所属单位（个人）名称。

（2）家畜品种。

（3）日平均放牧时数。分春、夏、秋、冬四季记载。

（4）有无棚舍，棚舍结构（砖木、土木等）、形式（有顶、无顶等）、面积、门窗开向等。

（5）其他。

六、养殖渔业观测

1. 观测目的和要求

渔业生产与气象条件关系密切，尤其是人工精养渔业，更受天气、气候条件制约。开展对人工精养渔业，包括塘堰鱼类、虾类、贝类、蟹类、鳖类等水产养殖的气象观测和生产调查，鉴定它们的生长发育与所处的生态环境，以及饲养管理与气象条件的关系，对开展养殖渔业气象科研和服务、降低生产成本、提高水面单产和产品品质，都具有重要意义。

养殖渔业气象观测应遵循平行观测的原则，一方面进行气象要素和水体生态环境条件的观测；另一方面进行养殖对象生长发育状况的观测。所在气象台站的地面大气候观测资料，一般可作为平行观测的气象观测资料。

养殖渔业气象观测采取点面结合的办法。既要固定水面，选定对象观测，又要在遇到重要天气和自然灾害时，进行社会生产调查。

2. 观测水面的选择

选择观测水面有以下原则和要求。

（1）水面应能代表当地的饲养、管理水平。

（2）尽量选择离大气观测场较近（5km 以内）、基本气象要素及其变化差异不大的地方。

（3）四周空旷，阳光充足，灌水、排水方便。

（4）水面面积大小视当地条件而定。食用鱼养殖的常规观测，一般要求 0.2hm^2以上，但为了便于观测、管理，不宜超过 0.7hm^2。养殖期间，水深要经常保持在 1.5m 以上。鱼种、亲鱼养殖的常规观测，水面面积一般要求 0.2～0.4hm^2。

名特水产品养殖、稻田养鱼和网箱养鱼的观测，可视具体对象选择有代表性的水面作为观测水面。

幼体养殖的观测水面，面积可酌情缩小，水深也可浅一些。

3. 观测时段

一年之中，常规项目的观测时段从养殖对象投放水中开始，至该批养殖对象捕捞完（或并塘）时止。或从 30cm 深水温回升至 15℃时起，至下降到 15℃时止。对冷水性鱼类，观测时段可酌情而定，试验研究和特殊项目的起止观测时段，根据观测的目的而定。

第二节　农业小气候观测

农业小气候观测的主要任务是根据农业科研或生产提出的要求，对农业小气候环境中的各农业小气候要素进行观测。观测数据要在一定程度上反映环境变化的真实情况。

农业小气候观测是与一定观测目的密切联系的，与之相配合的还有农业生物观测、农业技术措施观测以及与农业小气候环境控制技术相配合的观测。

一、农业小气候观测的范围、内容和特点

1. 农业小气候观测的范围

农业小气候是指农业生物生活环境（如农田、果园、温室、畜舍等）和农业生产活动环境内（如晒场、喷药、农产品储运环境等）的气候。这些小环境内的气候与农业生物和农业生产有着密切的联系，主要表现在它们之间直接进行能量和物质交换。农业小气候范围（尺度）是以农业生物或农业生产活动所处的地点为起点，垂直方向大约在几米范围之内，一般不超过 10m；水平方向没有明确规定，小到数米，大到数百米以上。

农业生物和农业生产种类很多，它们分别处在不同类别的农业小气候系统中。农业小气候系统是由众多通过某些物理过程而相互联系且相互作用的客观实体所组成的。由于构成农业小气候系统的实体不同，以及联系这些实体之间的主要物理过程不同，从而区分出不同类别的农业小气候系统。例如，农田小气候系统、园林小气候系统、保护地小气候系统、温室小气候系统、畜舍小气候系统、储藏库小气候系统、地形小气候系统、水域和岸边小气候系统等。

2. 农业小气候观测的内容

农业小气候观测是指对农业小气候系统中某些物理特征量的测定。描述农业小气候系统中的这些物理特征量称为农业小气候要素，常用的农业小气候要素包括5个方面。

（1）表征辐射的各种特征量，如辐照度、辐照时间、总辐射量、光合有效辐射和光照时间，以及辐射的光谱特征等。

（2）表征热的各种特征量，如介质（空气、土壤、水等）温度、表面温度和环境平均辐射温度等。

（3）表征气体成分（主要是CO_2、O_2等）的各种特征量，如密度（质量浓度）、质量份额、物质的量浓度、摩尔份额和容积份额等。

（4）表征水汽的各种特征量，如水汽压、绝对湿度、相对湿度、露点温度和饱和差等。

（5）表征空气运动的各种特征量，如风速（指风的水平流速）、空气流动的垂直速率、风向（指水平方向）、流线等。

农业小气候观测值，除直接用各物理量的国际单位表示外，还可以用平均值、极值、积分值等表示，有时也常用各种表格、图等表示。

3. 农业小气候观测的特点

农业小气候系统内的小气候与大、中尺度的气候相比，有其自身的特点，这些特点对农业小气候观测的设计有重要意义，大体可以归纳为如下3点。

（1）农业小气候要素在空间上的分布差异大，即在水平方向和垂直方向上有较大的梯度，由于各要素梯度的存在，使空间分布上的农业小气候观测显得十分困难。因此，需要周密地选择测点的位置和观测的高度。此外，为了避免仪器和观测人员的影响，遥测和隔测的方法是非常重要且需经常使用的。

（2）在农业小气候系统中，农业小气候要素具有日、年变化的特点，除了受外界天气气候背景的日、年变化规律影响外，还强烈地受系统内农业生物的生命活动和群体变化的影响，有时还要受小气候系统围护结构、调控设备、管理制度等因素的影响。这样，由几种因素叠加，综合形成了系统中农业小气候要素日、年变化的特点。这种复杂的时间变化，也增加了农业小气候观测时间设计的困难。为了描述出完整的时间变化规律，连续定时观测的方法也必须考虑。

(3) 农业小气候系统中各组成成分和系统所处的天气气候背景确定后，该系统特有的农业小气候特征将比较稳定。因此，除非特殊需要，通常不必对农业小气候系统进行长期持续的观测，一般只在典型季节、典型天气或农业生物、农业生产的关键时期进行观测。农业小气候观测大多是多要素、多点的连续观测。

综合以上特点可以看出，在农业小气候观测工作中，短期的、综合的、多测点的自动遥测是十分必要和理想的。在上述观测的基础上，有时也需要对特定的农业小气候系统进行长期的观测，但观测的要素、测点等都比较少。

二、农业小气候观测的分类

农业小气候观测一般可按农业小气候系统、观测目的、观测期限和观测方法4种方式来进行分类。农业小气候系统可分为农田小气候、园田小气候、保护地小气候、温室小气候、畜（禽）舍小气候、农业地形小气候和农业水域小气候等农业小气候种类。

1. 农田小气候

农田包括没有作物覆盖的休闲地和有作物的农田。此外，农田又有水田与旱田之分，旱田中又有灌溉地与非灌溉地之别，灌溉地又有畦灌、沟灌、喷灌与滴灌的区别。按作物的种类可分高秆与低秆作物，按种植方式有密植、稀植、间套作之分。按作物种类划分为麦田小气候、稻田小气候、玉米地小气候等。

2. 园田小气候

园田主要包括菜园和果园，也包括花卉栽培地。其中菜园和花圃的小气候观测与农田小气候观测类似，而果园小气候观测则有其特点，在各种果园小气候中，苹果、梨、桃、柑橘等单株主干树型多成行列栽培，树冠较大；葡萄则有成行、搭架等多种栽培方式。此外，野生果林木多在山坡地带无规则生长，应不属于园田。

3. 保护地小气候

保护地主要是指农田或园田上采取了一定的有益于小气候条件改善的简单保护设施，如地膜覆盖地小气候、阳畦小气候、凉棚小气候、防风障小气候、防护林小气候等。这些农业小气候系统各有特色，在观测内容和方法上也有一定差别。

4. 温室小气候

温室主要是指冷季使用的植物种植室，包括大棚塑料温室、各种类型（单斜面、双屋面、连栋式等）的玻璃温室。此外，还可分为加温温室和不加温温室。由于用途上的区别，还有单间较小的实验温室与通间的栽培温室之分。由于温室内的作物对小气候形成也有重要影响，故还有番茄温室、黄瓜温室、叶菜温室、花卉温室之分。

5. 畜（禽）舍小气候

畜（禽）舍按开放的程度，分为全开放式的、半开放式的和全封闭的畜（禽）舍。按畜禽种类，分为猪舍、牛舍、鸡舍、羊圈和马厩等。

6. 农业地形小气候

农业地形包括各种尺度较小，有一定种植意义的（单纯的）山坡地、谷地、山前平地等农业小气候系统，但并不包括多种地形在内、范围较大的地形气候观测。

7. 农业水域小气候

农业水域小气候包括具有一定养殖意义的湖、塘、水库、水池等水体以及与水体邻近的岸边农业小气候系统。

三、农业小气候观测设计的基本原则

在制订农业小气候观测计划时应遵循以下顺序和原则。按照下列各项的要求，制订详细的观测计划。

1. 观测目的

首先要有明确、具体的观测目的，而且结合到每个观测计划时，还必须有具体的目标。在进行小气候观测方案的设计时，不宜兼顾多种目的。如果在一次观测中，要完成不同的目的，应分别制订方案，然后再将不同目的的小气候观测内容，合并成一个实施方案。

2. 观测项目

观测项目的选择取决于观测目的。观测项目必须完整和重点突出，不仅要确定所要观测的农业小气候要素，还要考虑由农业小气候要素观测值计算出的项目，如平均值、累积值、极值和通量等。

3. 仪器选择

选择使用农业小气候观测仪器，必须遵循适用的原则。仪器的选择与观测的目的有密切联系。仪器的选择包括种类、技术性能、使用性能。

描述仪器技术性能的参数很多，要特别注意它的测量值、测量范围和误差。仪器的误差通常以绝对误差、相对误差、系统误差和随机误差表示。有时也用精密度、准确度和精确度表示，还有些仪器使用线性度、重复性、迟滞、灵敏度、时间漂移、零点和灵敏度的温度漂移、阈值、分辨率和盲区等表示仪器的性能。所有这些特征综合反映在仪器的误差中，因此在规定选择仪器时，一定要了解仪器的绝对误差和相对误差。

仪器的绝对误差是指在使用条件下的测量值与真实值之间的差值，相对误差是指仪器的绝对误差与被测量的真实值的百分比。

仪器的使用性能包括仪器的体积大小、形状等，原则上要求它不破坏农业小气候系统内固有的小气候特征以及携带、安装方便，有时还要考虑是否满足隔测与遥测的要求。

在我国现有条件下，进行一般的农业小气候观测时，仪器的允许误差可大致参考如下。

（1）辐照度：$\pm 35W/m^2$。

（2）温度：±0.2℃。

（3）空气湿度：相对湿度±5%；绝对湿度 20Pa。

（4）空气中 CO_2浓度：±0.025mL/L。

（5）风速：±0.5m/s。

（6）光照度：满量程的±2%。

（7）氧浓度：空气氧为±0.5%，溶解氧为 0.0003mL/L。

在进行农业小气候专题观测（如通量观测等）时，仪器的误差应小于以下提供的参数。

（1）辐照度：$\pm 5W/m^2$。

（2）温度：±0.05℃。

（3）空气湿度：±10Pa。

（4）空气中的 CO_2浓度：±0.001mL/L。

（5）风速：±0.1m/s。

4. 地段选择

观测地段有两种含义：一种是指农业小气候系统所处的地理背景；另一种是

指在农业气候系统内划出的一定范围，可把所有测点设置在该范围内。无论是对哪一种情况，该地段必须具有独立性和代表性。个别情况下，如在对比观测时，只要能满足相互对比的条件，也是允许的。

如果观测的农业小气候系统较小（如温室、风障地），则可把该系统看成是一个观测地段，该系统必须能独立反映本地区的特有农业小气候特征，而不受其他特殊环境的影响，这样，在该系统内观测所得的结果和代表本地区同类观测所得到的结果，才能代表本地区同类系统的小气候特征。如果该系统较大（如农田、园田），则应在该系统中划出一个较小的地段，在该地段上布点观测，而该地段应能代表全田的小气候特征。应尽可能地避免将地段选择在地形、遮蔽、肥力、生物群体和边界条件较特殊的部位。

关于观测地段的大小，除较小的系统可将其包括在全部观测地段内外，在大的系统中所选的地段大小，应注意该地段上各观测点之间不会由于仪器安置或人员观测而相互影响。

5. 测点布置

在观测地段内，往往要设置多个测点。测点的多少取决于两个因素，一个因素是考虑到观测的重复性，即重复设点以便取其平均值或进行误差分析，这种情况出现在系统内农业小气候要素分布较均匀时，通常设立 2～4 个重复，因仪器、人员及观测自动化程度而定。另一个因素是考虑到农业小气候系统内的小气候要素分布不均匀，为了反映要素的水平分布特征，而必须设置多个观测点。原则上沿梯度存在的方向上布点，布点的数目应能反映梯度的变化。点与点之间的距离取决于梯度值的大小，应使两测点之间观测值的差值不小于所使用仪器的绝对误差。多数情况下在源与汇之间要素随距离的变化呈对数关系。所以，通常在单对数坐标纸上选定测点之间的绝对距离。如果水平方向上要素值梯度在许多部位具有重复，还可以考虑设置重复测点。在某些情况下，可能只需设置 1 个或 2 个点，此时就要考虑将测点设在平均状况出现的部位或关键部位。

6. 观测高度

在观测点上，设置观测仪器的高度是十分重要的内容。计算高度时，通常以地面为零，有时也以活动面高度为零。有作物覆盖的农田，多以作物高度的 2/3 处为活动面，但在许多情况下，很难确定活动面的高度，通常以农业生物或关键部位高度为基准。

在观测高度的设置上也遵循与水平布点同样的原则。通常在垂直方向上设置 3～7 个高度。某些情况可只设 1 个或 2 个高度，这时观测高度大多选在平均状况或关键部位。

7. 仪器安装

仪器安装要符合仪器的特点，以避免干扰和方便观测为原则。辐射与光照观测的仪器必须水平并避免遮阳。温度、湿度观测的仪器要避免辐射的影响，气流和气体测量的仪器应处在观测人员所处的上风向。

8. 观测时间

观测日期除周年持续观测外，一般要从观测目的出发，选择季节、生育期和天气背景。通常使用太阳历按月、日计。如果分季节观测，大多采用天文季节划分方法，大致是2～4月为春季、5～7月为夏季、8～10月为秋季、11月至翌年1月为冬季。虽然天文季节划分方法与温带地区的温度季节有些差异，但是这种划分方法简单、通用。

观测时间除全天持续自动观测记录外，大多采用定时观测。一般在一昼夜内有24次、12次、8次和4次观测之分，即相应地每隔1h、2h、3h或6h观测一次。观测时间以能反映要素完整日变化为原则，并应将日变化中的最高值、最低值或接近值包括进去。农业小气候观测，除太阳辐射观测采用真太阳时外，其余要素观测均采用地方平均太阳时。此外，还要考虑与气象台站观测记录的对比，至少要有一次同步，必要时可以增加一次，以达到同步观测要求。观测均以20时为观测日界，以20时开始观测和20时结束观测。

9. 观测步骤

在一次定时观测时，所有的观测项目不可能同时进行，因此，采用定时观测时，观测步骤的设计应以某一测点的观测为主。几个测点同步观测，则使用相同的步骤。定点流动观测，则需要将测点顺序编号。不同测点上有不同的观测项目时，则分别制订观测步骤。

在观测重复读数不是很多的情况下，如温度、湿度、CO_2浓度和辐射的观测等，大多数可顺序地在10min内先后完成，而风的观测通常需要持续10～20min。进行植物冠层内的辐射观测可能要持续20min。但总的来说，一次观测持续时间不能超过20min，尤其在小气候要素时间变化较大的时候。

通常以正点观测时间提前10min开始，至正点后10min终止。准备工作的时间应提前在正点10min以前完成。

10. 观测组织

在进行农业小气候观测时，时间性、规范性很强，各个测点必须同步按规定的时间、操作顺序进行。

小气候观测的组织，应有农业小气候观测方案实施的总负责人。每次定时观测时，要有现场负责人负责现场观测记录的审核工作。观测人员要经过严格的训练，并明确观测的目的任务、总体设计方案、各项观测的意义和熟悉仪器及其使用方法，还应该有现场仪器维修保障。

11. 观测记录与审核

观测记录表格应在制订观测方案时一并设计并印制出。表格中列有观测时间、项目、各项目读数顺序、次数、备注以及观测员、审核员签字栏目。

观测记录的内容要认真、仔细、清晰地填写。在观测进行中，观测人员要注意观测数值的相互比较，判断其合理性，如果发现可疑的数据，必须认真核对和寻找原因，加以注明。但应注意，只要观测到的是实际情况，仪器和环境没有发生异常变动，绝对不可以任意改变观测值。如果有改动，原观测值也必须保留，并在备注栏中加以说明。当一次观测结束时，要认真地及时自审记录是否有漏测或不合理处，以便进行补救，并及时整理完成观测记录表格中初步统计项目。最后，由观测人员签字并交审核人员审核签字。观测资料的审核应在观测之后立即在观测现场进行。

12. 观测资料整理与复核

资料整理表格也要在制订农业小气候观测方案时一并制订和印制出。观测的结果要及时抄写在相应的资料整理表格上，以便汇总全部观测资料，按规定要求进行统计，得出所需要的数据。在整理资料时，对缺记的观测现场说明应由观测员及时补齐。资料抄写和计算人员均应在表格上签字。资料整理之后，应由复核人员认真进行复算，并签字负责。

四、农田小气候观测

目前，农田小气候观测的内容主要有太阳辐射、温度、湿度、风和 CO_2 浓度。

1. 农田辐射的观测

到达农田中的太阳辐射有两方面的作用：光合作用和能量交换作用。通过对植物层太阳辐射的透射率、反射率的观测，就可以算出植物层对太阳辐射的吸收率。

1）观测内容

（1）农田中太阳辐射垂直分布的观测。太阳辐射到达植物层，除了吸收、反射外，其余部分均以透射的方式到达地面。透射距离越远，辐射能被减弱得越厉害。辐射能在植物层中减弱的规律符合比尔定律。把一天在植被内各高度观测到的辐射能点绘成图，从这张图上就可以看出太阳辐射能在植被内的垂直分布及各层植物对其的吸收利用情况。

(2) 农田中辐射透射率的观测。植物群体中太阳辐射能的分布还可以用辐射透射率来表示。辐射透射率既可以反映植被中辐射能的透射情况，又可以间接反映植物群体的结构和辐射的利用情况。观测农田植被中的透射率可以是整层的，也可以是分层的，根据研究目的而定。若要研究整层的透射率，则应观测到达植物层上部的太阳辐射强度 R_s，以及植物层下部（离地越近越好）太阳辐射强度 R_s'，辐射透射率即为 $R_s'/R_s \times 100\%$。若需要逐层观测透射率，则需逐高度地观测太阳辐照度。

(3) 农田对太阳辐射反射率的观测。观测农田不同植物的反射率对植物的光合产量及农田能量平衡有重要意义。测得农田植被上方的太阳辐照度为 R_s，同时测得植物层的反射辐照度为 R_r，则反射率为 $R_r/R_s \times 100\%$。

(4) 光照强度的观测。农田植物群体内部的光照强度和透光率可通过对光照强度的观测和计算获得。

2) 观测仪器

小气候观测所用的仪器，一般要求灵敏度高，小巧便于携带。观测辐射的仪器一般使用天空辐射表、净辐射表、微安电流表、光量子仪、照度计等。

辐射表和照度计的安装要求：为了使天空辐射表保持水平可将天空辐射表感应器取下，安装在万向吊架上，万向吊架可固定在测杆上。照度计感应部分水平伸向观测高度。

3) 观测方法

(1) 农田中太阳辐射垂直分布的观测方法。农田中小气候观测点数量和观测高度要根据观测目的和条件来确定。具体辐射观测方法同第二章中太阳辐射的观测。

(2) 农田中辐射透射率的观测方法。观测方法同第二章。如果要计算某层透射率，即用到达此层下表面的辐照度除以到达该层上表面的辐照度的百分比表示。如果最低高度辐照度为 R_{s1}，顺序向上各高度辐照度分别为 R_{s2}，R_{s3}，…，R_{s10}，自然条件下的辐射为 R_s，则各层透射率分别为（自上而下）：

$$t_{10}=R_{s10}/R_s \times 100\%,\ t_9=R_{s9}/R_s \times 100\%,\ \cdots,\ t_1=R_{s1}/R_s \times 100\%$$

把求出的各层透射率点在坐标纸上，可以看出植物内透射率的垂直分布情况。

(3) 农田对太阳辐射反射率的观测方法。观测方法同第二章。在农田某测点测量时先把辐射表感应面朝上，测得植被上方太阳辐照度 R_s，然后翻转将感应面朝下，测得植被层的反射辐照度 R_r。在测点附近至少重复 3 次或 4 次，求得各重复的反射率平均值，作为此测点的反射率。

（4）光照强度的观测方法。使用照度计测定照度时，感应面一般保持水平，因为植株接受阳光的活动面可视为水平。先测量植株以上高度的光强，表示未被植株遮挡时的自然光强，再往下测量活动面高度的光强和地面株间的光强。

2. 农田温度、湿度的观测

1）观测内容

（1）农田空气温度、湿度的观测。选择地形、土壤、农业技术措施和植物生长状况较均匀的地段作为测点。在每一个观测地段，一般选择 3 个或 4 个有代表性的观测点，同时要选择对比点。如果选择有作物覆盖的地段，则应选择裸地质为对比点；如果选择水稻田为测点，则应选择旱地质为对比点。通过不同时间、不同高度的温度、湿度观测对比，可以分析出农田温度、湿度时空变化的特征。

（2）土壤温度、湿度的观测。选择与空气温度、湿度观测位置相近的观测点观测。观测内容有 0cm 地温、地面最高温度、地面最低温度、5～20cm 各浅层土壤温度，也可测 30cm、50cm 的土壤温度。

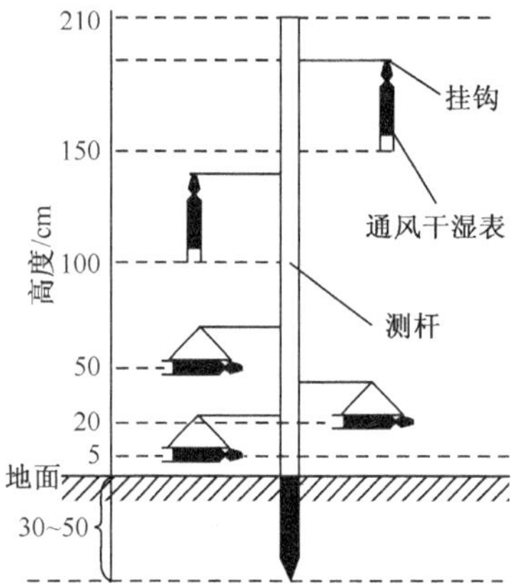

图 7.3　通风干湿表的安置

土壤湿度一般是隔 10cm 取一个深度，即 0～10cm、10～20cm 和 20～30cm 等深度。视研究任务而定，也可测 30～40cm、40～50cm。通过田间湿度测定，可以了解田间持水量、植物需水量及干湿程度对植物的影响。

2）观测仪器

（1）通风干湿表（阿斯曼）。通风干湿表安装在测杆的挂钩上，在 50cm 以下高度，通风干湿表平放（图 7.3），这样读数比较方便，可减少由于通风作用而扰乱空气层的厚度，不至于减少温度和湿度的梯度值。在 50cm 以上高度，通风干湿表应垂直悬挂（图 7.3），一方面便于观测；另一方面由于在这个高度以上，气层的温度和湿度的梯度较小，由通风产生的误差也不大。若把仪器水平放置，反而会影响仪器的通风速率。

（2）土壤温度表。选用曲管地温表和插入式地温表测定土壤温度。安装位置应离测杆南侧约 2m 的地方，以免测杆阻挡太阳。地温表的安装方法与观测场温度表的安装方法相同，但应尽量避免根系受损。

3）观测方法

（1）通风干湿表的观测方法。如果只有一个通风干湿表进行梯度观测时，可采取上下往返观测，先从下而上进行各高度的观测，再从上而下进行重复观测，这样可消除观测数据的时间误差，提高资料的准确性和比较性。在观测 50cm 以下高度的温度、湿度时，通风干湿表的保护管应水平地朝向迎风面的一方，以使空气畅通地流经温度表球部，但应避免太阳光线射入套管内。

（2）地温观测方法。从东到西、从浅到深，即 0cm、5cm、10cm、15cm、20cm 逐个读取，精确到 0.1℃。最高、最低地温观测方法与地面观测场地温观测方法相同。

（3）土壤湿度的测定。土壤湿度的测定可结合观测目的决定测定时间和测定深度。根据一般作物生长的需要选择能够代表当地土壤性质、作物长势均匀一致的农田，在08～09 时进行取土。各深度至少取 3 个土样，取其平均值。取土地点应在前次 1m 或 1.5m 以外，向下取土时取土钻应保持垂直。将取出的土样盛在铝盒称湿重，送到温度稳定在 100～105℃的烘箱烘 7h 以上，取出再称其干重，称量土样时一定要复称。①测定土壤湿度使用的仪器和工具是田间工作用的取土钻、盛土铝盒、取表土的小圆筒、天秤、烘箱等。②测定土壤湿度时需注意下列事项：取土前如果有降水，但取土时地面无积水，应照常取土；如果取土时有降水或正在灌溉，可后延一天取土。③计算土壤相对湿度（%）时，先分别算出土壤含水量（盒湿土重减去烘干后盒干土重）与干土重（烘干后盒土重减去盒重），按下列公式计算出土壤相对湿度，取小数一位。

土壤相对湿度=（含水量/干土重）×100%

3. 土壤热通量的测量

近地面热量平衡方程为

$$R_n = H + LE + G$$

式中，R_n为净辐射通量密度；H 为由湍流交换引起的感热通量密度；LE 为由地表面蒸发（蒸腾）或凝结引起的潜热通量密度；G 为向地表以下的土壤深层或相反方向的土壤通量密度（土壤热通量）。

土壤热通量（G）可以直接用热通量板测量。选择一种导热系数接近一般土壤数值的材料，其厚度在 6mm 左右，将热电堆的正、负电极平贴在该导热介质的上、下表面，然后在热电偶接点上平贴上导热性较强的金属薄片，在最外层覆盖绝缘防潮的涂料（图 7.4）。该元件制成后放置于土壤表面，假定不存在从通量板侧边外泄或内渗的热流。由热电偶堆测量的温差电动势为 ε_t，则

$$G = K\varepsilon_t = K\lambda_m(t_+ - t_-)$$

式中，λ_m为热通量板介质的导热系数；t_+ 和 t_- 分别为热通量板介质上、下表面的温度；K 为换算系数。考虑更为细致的通量板可在测试板外围附加一个同样结构的热保护圈，用以减小侧向泄漏的热流对中心测试板的影响。

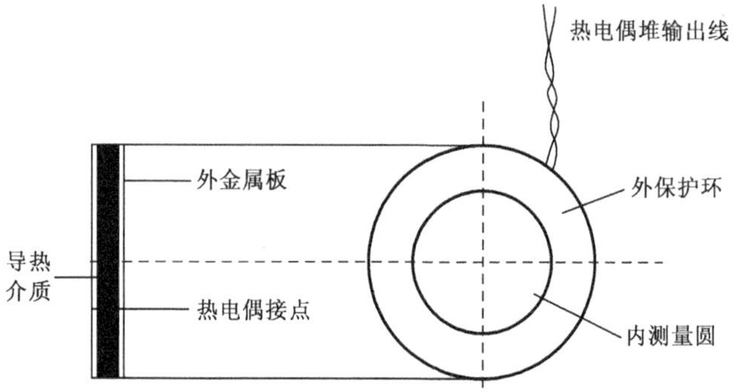

图 7.4　土壤热通量板的构造

4. 农田中风的观测

1）观测内容

测定地面以上 20cm、2/3 株高及植被以上 1m 3 个高度的风向风速。

2）观测仪器

常用的仪器是三杯轻便风向风速表和热球微风仪。三杯轻便风向风速表的观测方法可见第四章。在梯度观测中，风向风速表的安置有多种高度选择。根据资料可知，选择 50cm、200cm 是较合理的，它们具有标准高度的意义。但在实际农田测风中，人们更多的是采用 20cm 和 150cm 的高度，这是风梯度观测的一种简单形式。

热球微风仪一般测量农田植被内的气流速率。

5. 农田小气候观测程序

由于一个观测点上往往有较多的观测项目，观测一遍需要较长时间。这必然使测得的各项数值不是在同一时刻，失去观测时间的代表性。为消除时间差异，必须采用往返观测法，各观测项目的数据应为正点前后两次观测读数的平均值。若有 3 个测点，其观测顺序应为 1→2→3→3→2→1。必须注意的是，相邻 2 个测点应隔多长时间观测将取决于观测项目的多少，但时间间隔越短越好。

五、温室小气候观测

温室和塑料大棚是一些具有透明覆盖物的封闭空间。阳光透过玻璃或塑料薄膜射入其中，而使光温条件比其他形式的保护地更优越。

进行温室小气候观测的目的是为了鉴定温室小气候性能，以确定作物的农业气象指标或对温室调控措施的小气候效应进行鉴定，也可用于生产管理中的温室小气候监测。

1. 温室小气候观测项目

通常的观测项目有光照、空气温度、湿度、土温、CO_2浓度等。这些要素正常与否将直接影响温室内作物的生长状况、品质优劣和产量高低等。

2. 观测点及观测高度的选择

测点设置：在300m^2以上大的温室内，一般设置5个测点，即在温室中央“十”字形排列5个测点；中型温室随室的走向排列3个测点；小型温室设1个测点，各测点要有一定间隔距离，室外要设对照点。

观测高度：大的温室一般可设20cm、50cm、100cm、150cm、200cm，中型温室设20cm、50cm、100cm、150cm，小温室设20cm、50cm、80cm。设置观测高度也没有严格的规范，应根据棚的面积、高度和室内植物高度灵活设置。

观测仪器、仪器安装、观测时间、观测方法与农田小气候观测方法相同。

3. CO_2浓度的观测

1）观测内容

测定农田或温室中CO_2浓度的垂直分布和日变化。因为这些测量数据可以提供环境中CO_2的供应和匮缺状况，为农业栽培技术提供科学依据。

2）观测仪器

常用的仪器是红外CO_2气体分析仪（IRGA）。由于此仪器的自动化程度较高，可以快速测定、连续取样和自动记录，还可以测量微量级的CO_2浓度，因此在现代农业气象观测中，这种物理学方法基本取代了以前的化学分析测定CO_2浓度的方法。它可测量植物的光合作用和呼吸作用，也可测量动物的呼吸作用。

（1）测量原理。CO_2的红外吸收带有4处，吸收峰分别为2.69μm、2.77μm、4.26μm和14.99μm，其中只有4.26μm的吸收带不与H_2O的吸收带重叠，红外气体分析仪内设置仅让4.26μm红外光通过的滤光片，当该波长的红外光经过含有CO_2的气体时，能量就因CO_2的吸收而降低，降低的多少与CO_2的浓度有关，并服从朗伯-比尔定律。分别供给红外气体分析仪含CO_2与不含CO_2的气体，其检测器便可通过检测红外光能量的变化而输出反映CO_2浓度的电讯号。

目前应用于光合作用研究的红外线CO_2气体分析仪，按照测量气室的数量一般分为两种类型：单气室类型和双气室（或多气室）类型。单气室红外仪一般用于CO_2浓度绝对值的测定；在双气室（或多气室）红外仪中，一个气室为分析气室，另一个气室作为参比气室，可测定参比气与分析气中CO_2的浓度之差。

（2）仪器结构和工作原理。红外CO_2气体分析仪基本是由3大部分组成：光路部分、气样采集部分和电子放大显示部分。其中光路部分包括能产生红外辐射的红外发生器和信号调制器，气样采集部分包括测量气室和采样气路，电子放大显示部分包括接收红外辐射的红外检测器、电讯号放大器和显示记录器等。

这里介绍单气室的工作原理。这类分析仪在红外发生器外面有一个六角形的柱状调制器。调制器由电动机带动旋转，六面体的每一个面上都有一个窗口，6个窗口上相间镶有两种滤光片，一种只允许3.90μm的红外辐射透过，称为参比滤光片；另一种只允许4.26μm的红外辐射透过，称为分析滤光片。当电机带动调制器旋转时，调制器每转一周，就会交替地射出电压相等的波长为3.90μm、4.26μm的辐射脉冲。CO_2对4.26μm的辐射有强烈的吸收，但对3.90μm的辐射几乎不吸收。

当辐射穿过气室投射到光电池（锑化铟）上时，光电池上就产生一个电压信号，电压信号的大小与红外辐射强度有关。由于通过参比滤光片的3.90μm的辐射能不被气室中的CO_2吸收，因而没被减弱，电压信号也没减弱；而通过分析滤光片的4.26μm的辐射能被气室中的CO_2强烈吸收，因此减弱了，电压信号也被减弱。这两个信号在输出线路中的差值，通过一系列的增益、放大、比较，最后显示在微安表上。该差值的大小取决于气室中CO_2浓度的高低，当CO_2浓度高时，差值大；CO_2浓度低时，差值小。图7.5为红外CO_2气体分析仪的工作原理示意图。

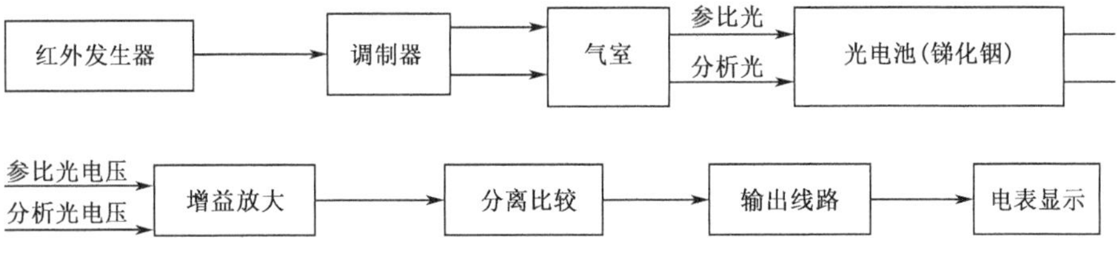

图7.5　红外CO_2气体分析仪的工作原理示意图

3）观测方法

（1）仪器安装。①在面积较大、长宽至少500m以上的农田中间，选择作物生长均匀一致、密度能代表全田状况的地方，立起小气候测杆。②根据作物生长高度确定观测高度，要求植被内至少有3个高度，再加上株高处有一个高度，株高以上1～1.5m处有一个高度，共至少5个高度。③观测高度确定后，把每根尼龙管的两头分别标上高度，将其中的一头固定在小气候观测杆确定的高度上。注意管口应朝下，以防雨水进入管内。④管口另一端分别接在干燥器上，如图7.6

所示，再由干燥器接到各自的混合瓶上，由混合瓶出来的气体经三通阀后，其中一条气路接到一个总抽气管上，总抽气管又接在流量为 5L/min 的抽气大泵的入口处；另一条气路接到转向开关上，转向开关接在小抽气泵上。小抽气泵的流量由流量计控制，以保证进入红外 CO_2 气体分析仪的流量是一定的。在气体分析仪的入口处有一个过滤器。

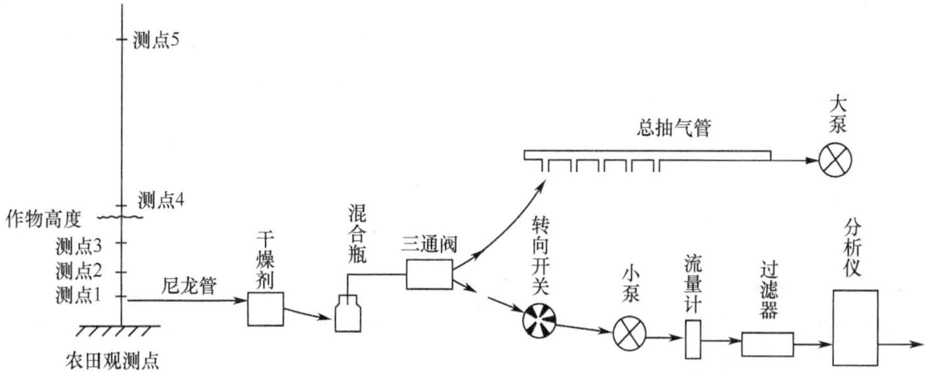

图 7.6 CO_2 浓度廓线观测的气路示意图

以上的气路只是 5 个观测高度中的一个高度上的气路，其他几个观测高度都应有同样的这套装置。每个观测高度的气路通过各自的三通阀后，均有一条气路应接在总抽气管上，而另一条气路通过转换开关进入红外 CO_2 气体分析仪的分析室。

(2) 预热主机。打开红外 CO_2 气体分析仪的电源开关，指示灯亮。注意，需要预热约 2h。

(3) 零点调整。

(4) 满刻度调整。

(5) 观测步骤。①转动各观测高度的三通阀，使各气路都与总抽气管相通。接通大抽气泵的电源，使其抽气。这时，各观测高度的空气都缓缓地抽入到各自的混合瓶中，再由大抽气泵不断地排出。②待大抽气泵抽气约 10min 后，开始进行各个高度的顺序读数，先由最下一个高度 1 开始，转动三通阀使气路 1 与多路气体转换器相通。转动多路气体转换器的转向开关，使高度 1 与分析仪相通。高度 1 的空气开始被抽入分析仪，在 2min 内，读数 2 次，然后，转动三通阀，使高度 1 的气路和总抽气管相通。再转动高度 2 的三通阀，使高度 2 的气路与转向开关相通，然后使高度 2 与分析仪相通，这时分析仪显示出高度 2 的 CO_2 浓度。读数后，依次进行高度 3、4、5 的读数。之后，再自上而下地按 5、4、3、2、1 的次序，分别在 2min 内读数各 2 次。观测结束。把所有的气路都接到总抽气管上，切断大、小气泵的电源。③观测 CO_2浓度的同时，要记载风速、风向及天空状况。

第三节　农业气象灾害和病虫害的观测及调查

农业气象灾害是危害农业生产的重要自然灾害，往往使作物生长和发育受到抑制或损害，造成产量减少或品质下降。进行农业气象灾害观测和调查是为了及时、准确地提供情报，为组织防灾、抗灾和指导农业生产服务。

一、主要农业气象灾害观测

1. 观测的范围和重点

农业气象灾害是指在农业生产过程中发生的导致农业减产、耕地和农业设施损坏的不利天气或气候条件的总称。水分因子异常引起的农业气象灾害有干旱、洪涝、渍害、雹灾、连阴雨；温度异常引起的有低温冷害、霜冻、冻害、雪灾、高温热害；风引起的有风灾；气象因子综合作用引起的有干热风等。这里介绍对农业生产危害大、涉及范围广、发生频率高的主要农业气象灾害。

（1）干旱。长期无降水或降水显著偏少，造成空气干燥、土壤缺水，从而使作物体内水分亏缺，正常生长发育受到抑制，最终导致产量下降的气候现象。发生在作物水分临界期的干旱对产量影响最大。因此，应特别注意作物水分临界期的干旱观测。

（2）洪涝。洪涝是由于大雨、暴雨引起河流泛滥、山洪暴发而淹没农田、毁坏农业设施，或因雨量过于集中，农田积水造成的洪灾和涝灾。此灾害多发生在沿江、沿河和湖泊洼地的农田。

（3）渍害。渍害又称为湿害。由于长期阴雨或地势低洼，排水不畅，土壤水分长期处于饱和状态，使作物根系通气不良，致使缺氧引起作物器官功能衰退和植株生长发育不正常。

（4）连阴雨。较长时期的持续阴雨天气，日照少，空气湿度大，影响作物的生长或收获。

（5）风灾。大风对作物造成机械性损伤和生理危害、土壤风蚀沙化、损坏农业生产设施等。

（6）雹灾。降雹给农业生产造成直接或间接危害。冰雹的机械破坏作用使作物叶片、茎秆、籽粒遭受损伤。此外，冰雹的机械损伤还会引起作物各种生理障碍等间接危害。

（7）低温冷害。低温冷害包括春季低温阴雨，夏秋季低温冷害和水稻寒露风等。在作物生长季节，温度在0℃以上，有时可能接近20℃的条件下，由于作物持续受低于其生育适宜温度或在生育关键期受短期低温的影响，生育推迟，甚至发生生理障碍造成减产。冷害一般在外观上不明显，不易引起人们的注意，故称为“哑巴灾”，需认真观测。

（8）霜冻。霜冻是指在植株生长季节里，夜间土壤和植株表面的温度下降到0℃以下，使植株体内水分形成冰晶，造成作物受害的短时间低温冻害。春霜冻多出现在喜温作物的出苗（移栽）之后，而秋霜冻则在喜温作物成熟之前。

（9）冻害。作物越冬期间，当遇到0℃以下强烈低温或剧烈变温时，作物体内水分冻结而遭受的冻害；由于土壤冻结或水分过多，形成土壤掀耸、冻壳和冻涝而使作物受害。

（10）雪灾。由于积雪而使作物遭受机械损伤、受冻而造成的灾害。

（11）高温热害。高温热害是高温对作物生长发育和产量形成造成的损害。在作物上主要危害水稻、棉花、马铃薯等，不同作物受害指标不同。

（12）干热风。干热风是造成大量蒸散的综合气象灾害，表现为高温、低湿并伴有一定的风力。破坏作物的水分平衡和光合作用的进行，主要在小麦乳熟期造成危害。棉花、玉米、南方的早稻和中稻有时也受其害。

2. 观测的时间和地点

（1）观测时间。在灾害发生后及时进行观测。从作物受害开始至受害症状不再加重为止。

（2）观测地点。一般在作物生育状况观测地段上进行，重大的灾害还要做好全县范围内的调查。

3. 观测和记载项目

（1）农业气象灾害名称、受害期。

（2）天气气候情况。

（3）受害症状、受害程度。

（4）灾前灾后采取的主要措施，预计对产量的影响，地段代表灾情类型。

（5）地段所在区、乡的受害面积和比例。

4. 受害期

（1）当农业气象灾害开始发生，作物出现受害症状时记为灾害开始期，灾害解除或受害部位症状不再发展时记为终止期，其中灾害如果有加重应进行记载。霜冻、洪涝、风灾、雹灾等突发性灾害除记载作物受害的开始和终止日期外，还应记载天气过程开始和终止时间（以时或分计）。以台站气象观测记录为准。

（2）当有的农业气象灾害（哑巴灾）达到当地灾害指标时，则将达到灾害指标日期记为灾害发生开始期，并进行各项观测。如果未发现作物有受害症状，须继续监测两旬，然后按实况作出判断；如果判明作物未受害，则记载“未受害”并分析原因，记入备注栏。

5. 天气气候情况

灾害发生后，记载实际出现使作物受害的天气气候情况，在灾害开始、增强和结束时记载。内容见表 7.2。

表 7.2 主要天气气候情况

名称	天气气候情况记载内容
干旱	最长连续无降水日数、干旱期间降水量和天数、旱作物地段干土层厚度(cm)、土壤相对湿度(%)
洪涝	连续降水日数、过程降水量、日最大降水量及日期
渍害	过程降水量、连续降水日数、土壤相对湿度(%)
连阴雨	连续阴雨日数、过程降水量
风灾	过程平均风速、最大风速及日期
冰雹	最大冰雹直径(mm)、冰雹密度(个数/m^2)或积雹厚度(cm)
低温冷害	不利温度持续天数、过程日平均气温、极端最低气温及日期
霜冻	过程气温≤0℃的持续时间、极端最低气温及日期
冻害	持续天数、过程平均最低气温、极端最低气温及日期
雪灾	过程降雪日数、降雪量、平均最低气温
高温热害	持续天数、过程平均最高气温、极端最高气温及日期
干热风	持续天数、过程日平均气温、过程平均最高气温、平均风速、14 时平均相对湿度

6. 受害症状

记载作物受害后的特症状况，主要描述作物受害的器官（根、茎、叶、花、穗、果实）、受害部位（植株上、中、下），并指出其外部形态、颜色的变化。根据以下特征，按实际出现情况记载。

1）干旱

（1）对播种（或移栽）不利、出苗缓慢不齐；缺苗、断垄；不能播种、出苗。

(2) 叶子上部卷起；叶子颜色变黄或变褐；叶子变软，白天萎蔫下垂，夜间可以恢复或夜间不能恢复；上部叶子（禾本科作物）蜷缩成管状；叶子干缩、脱落。

(3) 胚芽或已发育好的穗、花朵，玉米刚出现的丝状花柱变干；花蕾、花朵、子房、未成熟的果实脱落。

(4) 带芒谷类作物的芒变白。

(5) 稻田缺水；稻田断水、不能插秧，田间池塘干涸，河流、灌渠断水。

2) 涝灾、渍害

洪水冲刷农田，田地内积水（日数和深度），植株被淹没状况（深度），土壤湿度情况，叶、茎、穗、谷粒变色、枯萎霉烂，出现畸形穗，谷粒在穗上发芽。

3) 连阴雨

连阴雨灾害受害症状与发生的时段、危害的作物有关。

(1) 春季连阴雨常伴随着低温，主要危害春季作物的播种、出苗（一般作为低温灾害）；影响小麦抽穗、扬花、灌浆；使授粉受阻，籽粒不实；影响油菜开花，使荚果发育不正常；诱发小麦赤霉病，油菜霜霉病、白粉病、菌核病的发生、发展。

(2) 夏季连阴雨，影响收割、脱粒、晾晒，造成籽粒发芽霉变；棉花落铃落蕾。

(3) 秋季连阴雨，作物籽粒发芽、霉烂，棉花烂铃、落铃，花生、甘薯等霉烂；影响小麦、油菜正常播种和播后烂种、烂根、死苗。

4) 风灾

叶子撕破，茎秆（主茎、分枝）折断，植株倒伏（以15°、45°、60°、90°记录），籽粒脱落，植株被吹走；表土被风吹走，露出植株根部；植株被风沙掩盖；农业保护地设施等被风吹毁。

5) 雹灾

(1) 叶片被击破、打落。

(2) 茎秆被折断，植株倒伏、死亡。

(3) 穗子折断，籽粒打落。

(4) 冰雹堆积使植株遭受冻害。

(5) 保护地设施被毁。

6) 低温冷害

(1) 春季低温冷害常导致水稻烂秧，影响大田作物，如玉米、高粱、棉花等的播种、出苗。

水稻烂秧死苗的症状有以下几种。①烂种：稻种只长芽不长根，种芽倒卧，胚乳变质、腐烂。②烂根：根部呈透明状，根芽呈现黄褐色，芽腐烂变软。③死苗：秧苗心叶先呈棕色，后逐渐卷曲枯萎，根部腐烂变为黑褐色，不久则整株青枯。

春播大田作物出苗前后的受害症状：种子颜色出现不正常变化，烂种或粉种；幼苗叶子变红，有水渍状；幼苗萎蔫。

（2）夏季、秋季的低温冷害（包括寒露风）主要危害水稻、玉米、高粱、棉花等作物的抽穗、开花。此时如果发生不适于作物生理要求的相对低温，就会造成冷害。

作物遭受低温冷害后，如果有比较明显的外部形态变化（如水稻受寒露风危害，往往抽穗困难，穗子上出现麻壳等症状），可按观测实况进行记载。如果作物受害症状短期内难以辨认，可在低温出现达到当地冷害气象指标后，注意监测其变化趋势，同时从多方面综合分析，尽快判断出作物遭受低温冷害的时段和对生育抑制、延迟的程度，并进行记录。

7）霜冻

作物受霜冻危害症状的显现，往往滞后到温度开始回升以后，因此温度在0℃以下时就应密切注意观察作物的受害症状，直到变化稳定后为止。

（1）叶片呈水浸状，叶子凋萎、变褐、变黑，边缘、上部、中部叶子受害，受害部分呈黄白色。

（2）茎秆呈水浸状、软化，茎和侧枝变黑，上部、一半到基部干枯。

（3）穗、花凋萎，变褐、脱落（凋萎后）。

（4）未成熟果实，棉铃变褐、变黑、成水泡状；玉米苞叶失去绿色并变干，籽粒丧失弹性；小麦籽粒不变黄、干秕、有皱纹，已形成的棉铃局部或全部受害；整株作物冻死。

8）冻害

越冬作物遭冻害的主要是冬小麦，其冻害类型有初冬骤冻型、冬季长寒型、早春融冻型、冰壳和冻涝型。

当出现上述天气类型时，应及时进行田间取样调查。在受害程度有代表性的4个区域，每个观测区域挖取带土植株10株左右，共40株左右，于室内解冻后，小心洗去根部泥土，根据外部形态、心叶和分蘖节剖面颜色、生长锥状况进行判断。株茎死亡症状为分蘖节和心叶基部呈水浸软熟状或暗褐色，生长锥透明差、变软，死亡较早的植株分蘖节明显干缩呈灰褐色，生长锥皱缩且与心叶粘连不易剥离。判断死株以分蘖节剖面颜色为主，判断死茎以心叶状况为主。

9）雪灾

由于降雪过大，造成作物机械损伤、冻害。观测记载作物最大积雪厚度、积雪时间、机械损伤及受冻症状（参照霜冻受害症状）。

10）高温热害

水稻上部功能叶变黄早衰，灌浆期缩短，灌浆速率减慢。尽量以量值表示，如从上部起第几个功能叶变黄、有灌浆速率观测的站记载灌浆期缩短天数和日增长量减少量等。其他作物，如棉花、马铃薯等按高温后表现的症状记载。

11）干热风

叶片由黄绿色变为黄白色或黄褐色，叶片凋萎、发脆，叶片卷曲呈绳状，茎秆呈灰白色，穗部由黄绿色变为黄白色或黄褐色，颖壳变白、张开，“炸芒”、芒尖干枯，顶端小穗枯死，籽粒皮厚、腹沟深而秕瘦，植株黄枯或青枯死亡。

7. 受害程度

（1）植株受害程度：反映作物受害的数量，统计其受害百分率。其方法是在受害程度有代表性的 4 个地方，分别数出一定数量（每区不少于 25）的株（茎）数，统计其中受害（不论受害轻重）株、死亡株株（茎）数，分别求出受害百分率。大范围旱、涝等灾害，植株受害程度一致，则不需统计植株受害百分率，记载为“全田受害”。

（2）器官受害程度：反映植株受害的严重性。目测估计器官受害百分率。

8. 灾前、灾后采取的主要措施

记载措施名称、效果，如果施药填写药品名称。

9. 预计对产量的影响

按无影响、轻微、轻、中、重划分等级。影响中等以上应估计减产成数。

10. 地段代表灾害类型

全县范围内灾情分轻、中、重 3 类，记载地段所代表的灾情类型。

11. 地段所在区、乡和全县受灾面积及比例

通过调查记载观测作物和其他作物的受灾面积（hm^2）及比例，并注明资料来源。如果灾后进行调查，全县情况可不记载。

二、主要病虫害观测

1. 观测范围和重点

病虫害观测主要以作物是否受害为依据。病害要观测发病的情况，虫害则主要观测为害的情况，一般不作病虫繁殖过程的追踪观测。对发生范围广、为害严

重的主要病虫害应作为观测重点，如水稻的稻瘟病、稻飞虱、螟虫、纵卷叶螟，小麦的条锈病、白粉病、赤霉病、吸浆虫、麦蜘蛛，棉花的黄萎病、枯萎病、棉铃虫、红蜘蛛、红铃虫，玉米的黑粉病、螟虫以及各种蚜虫和黏虫、蝗虫、杂食性害虫等，油菜的菌核病、白锈病、大猿叶虫，大豆的紫斑病、花叶病、食心虫等。重点病虫害观测可与当地植物保护部门商定。

2. 观测时间

观测时间结合作物生育状况观测进行。如果有病虫害发生应立即进行观测记载，直至该病虫害不再蔓延或加重为止。

3. 观测地点

在作物观测地段进行，同时记载地段周围情况，遇有病虫害大发生时应在全县范围内进行调查。

4. 观测项目和记载方法

（1）病虫害名称。记载正式名，不得记各地的俗名。

（2）受害期。发现作物受病虫为害时，记为发生期；病虫发生率高，记为猖獗期；病虫害不再发展时记为停止期。

（3）受害症状。记载受害部位和受害器官的受害特征。部位分为上、中、下各部位，器官分为根、茎、叶、花、穗、果实等。各种病虫害的为害特点和作物受害特征以文字简单描述。

（4）植株受害程度。受害比较均匀的情况，方法与农业气象灾害受害程度统计相同。

$$植株受害、死亡百分率=\frac{受害、死亡株(茎)数}{总株(茎)数}\times 100\%$$

受害不均匀的情况，分别估计受害、死亡面积占整个地段面积的百分率。

（5）器官受害程度。采用目测估计器官受害的严重程度。叶、茎、分枝、花、果实、小穗受害，估测受害植株中某受害器官占该器官总数的百分率。

（6）灾前、灾后采取的主要措施，预计对产量的影响，地段代表灾情类型，地段所在区受灾面积和比例。

三、农业气象灾害和病虫害调查

农业气象灾害和病虫害调查是指对当地（县境）农业生产影响大、范围广的气象灾害及与气象条件关系密切的主要病虫害进行调查，以便及时、准确地提供情报服务；同时系统地、准确地累积灾害资料，对研究本地区的灾害发生规律、灾害指标都具有重要意义。

1. 调查项目

（1）调查点受灾情况：灾害名称、受害期、代表灾情类型、受害症状、受害程度、成灾面积和比例、灾前灾后采取的主要措施、预计对产量的影响、成灾的其他原因、减产趋势估计和调查地块实产等。

（2）县内受灾情况：县内不同类型灾情，受灾主要区（乡）、成灾面积和比例以及并发的主要灾害、造成的其他损失、县内资料来源。

（3）调查点及调查作物的基本情况：调查日期、地点、位于气象站的方向和距离、地形、地势、前茬作物、作物名称、品种类型、栽培方式、播栽期、所处发育期、生产水平等。

2. 调查方法

采用实地考察与访问调查相结合的调查方法。在灾害发生后选择能反映本次灾害的不同灾情类型（轻、中、重）的自然村进行实地调查（如观测地段代表某一种灾情等级，则只需另选两种调查点）。调查在灾情有代表性的田块上进行。受害症状、植株器官受害程度等参照本节“农业气象灾害”中的有关方法进行。调查时间以不漏测应调查的内容，并能满足情报服务需要为原则。一般在灾害发生的当天（或第二天）及受害症状不再变化时各进行一次。如果情报服务特殊需要应增加调查次数。

复习思考题

1. 不同的农业气象观测对象在观测空间和时间上有何差异？
2. 农业小气候观测的一般原则是什么？
3. 在进行农业小气候观测记录和数据审核时要注意什么，这些细节对科学观察和研究有何影响？
4. 农业气象灾害发生后，为什么要记载实际出现的天气气候情况？
5. 病虫害的发生、发展与气象条件是否有关？

实习七　农田小气候观测

一、目的要求

1. 了解小气候观测的原理、观测仪器及安装方法。
2. 掌握农田辐射、温度、湿度、风、CO_2浓度等气象要素的梯度观测方法。
3. 学会整理分析小气候资料。

二、实习仪器

1. 农田中太阳辐射垂直分布观测仪器：天空辐射表、照度计、微安电流表、辐射观测架、万向吊架、测杆。

2. 农田空气温湿度梯度观测仪器：通风干湿表、干湿球温度表、测杆、温度表护罩。

3. 土壤温度观测仪器：地面温度表、曲管地温表或插入式地温表。

4. 土壤湿度观测仪器：土钻、铝盒、环刀和小圆筒、天平、烘箱。

5. 农田中风观测仪器：三杯轻便风向风速表、热球微风仪。

6. 农田 CO_2 浓度观测仪器：红外 CO_2 气体分析仪、过滤器、大小抽气泵、干燥器、测杆。

三、实习内容

1. 农田中太阳辐射垂直分布的观测。

2. 农田中太阳辐射透射率的观测。

3. 农田中空气温度、湿度和土温的垂直梯度观测。

4. 农田中风的观测。

5. 农田中土壤湿度的观测。

6. 农田中 CO_2 浓度垂直分布的观测。

四、实习作业

1. 绘制农田中各高度太阳辐照度日变化和垂直变化的曲线图，并对比说明。

2. 计算植被层内太阳辐射透射率，并点绘日变化图。

3. 测量作物群体的反射辐射，并计算反射率。

4. 绘制作物层、裸地 0cm 地温和各高度气温日变化曲线图，并对比分析。

5. 绘制空气温度和湿度的垂直梯度曲线图。

6. 绘制 02 时、08 时、14 时、20 时土壤温度随深度的变化曲线，并说明垂直分布特征和形成差异的原因。

7. 绘制农田风速随高度变化的曲线。

8. 用烘干称重法计算农田中 0～10cm、10～20cm、20～30cm 土层的含水量和土壤湿度。

9. 绘制农田中各不同观测时间和不同观测高度的 CO_2 浓度廓线图。

实习八　温室小气候观测

一、目的和要求

1. 了解温室内的小气候特征。

2. 了解温室的透光性、保温性等小气候效应。

3. 学习温室小气候观测设计方法及实验观测技能。

二、实习仪器

1. 太阳辐射观测：天空辐射表、万向吊架、微安电流表、测杆。

2. 气温、土温观测：热敏电阻测温探头及万用电表（也可用普通玻璃温度表）。

3. 空气湿度观测：通风干湿表。

4. 风速观测：热球微风仪。

5. CO_2 浓度观测：红外 CO_2 分析仪、气体取样器。

三、实习内容

1. 温室内、外气温、土温分布特征的对比观测。

2. 温室内、外太阳总辐射分布特征的对比观测。

3. 温室内、外 CO_2 浓度分布特征的对比观测。

4. 温室内、外空气湿度的对比观测。

5. 温室内、外风速的对比观测。

四、实习作业

1. 将观测数据列表、整理、计算、绘图、分析，并附在实习作业本中。

2. 选择其中一种小气候要素，分析其温室小气候特征和小气候效应。

3. 结合某一种作物，分析该温室特征和效应的有利和不利之处，提出可能的调控措施。

第八章　数据资料的整理与分析

通过对观测获得的农业气象要素数据资料进行整理、统计和分析，才能了解各要素的变化规律及其与农业的关系，进而为指导农业生产和管理提供决策依据。

第一节　气象观测资料的整理与统计

地面气象台站每天数次的观测记录，是气候资料的重要来源。气候资料是对每日观测的资料进行月和年的整理、统计及分析而形成的。

一、统计量及计算方法

一个地区气候特征最基本的气候指标，通常以总量、平均值、极值、变幅和频率等特征值和气候资料图表示。

（1）总量。总量（G）是将统计序列（x_1，x_2，…，x_i，…，x_n）的每一个体相加得到的总和。计算方法为

$$G=\sum_{i=1}^{n}x_i$$

通常需要统计太阳辐射，光合有效辐射，日照时数，降水量，蒸发量的日、旬、月和年总量，有时也需要统计某一时段内某些气象要素或积温的总量。

（2）平均值。平均值（$\bar{x}$）就是求取的统计序列（x_1，x_2，…，x_i，…，x_n）的算术平均值，这是表示气候平均状况时最常用、最简单的一种方法。计算公式为

$$\bar{x}=\frac{1}{n}\sum_{i=1}^{n}x_i$$

以气温为例，除了通常要统计日、候、旬、月和年的平均值外，有时还需要统计多年平均值或某一时段的平均值。

（3）极值。极值是指在某一时段内某气象要素出现的极端最大值（$x_{\max}$）和极端最小值（$x_{\min}$）。统计极值时需要准确记录极值出现的具体时间。

在农业生产上，了解气候要素的极值很重要。例如，修建水库，除要知道当地降水量的多年平均值外，还必须了解降水量的年极端最大值，以保证水库的安全有效；引种多年生作物，为确保安全越冬，就需要了解引种地的极端最低

气温。

（4）变幅。变幅（R）是指某要素在一定时间内的变化幅度，即最大值与最小值之差。计算式为

$$R=x_{\max}-x_{\min}$$

有时变幅也称为较差，如气温的日变幅和年变幅就常称为气温日较差和年较差。

（5）频率。频率（P）是指某一现象实际出现的次数（m）占试验（或观测）总次数（n）的百分比，计算式为

$$P=\frac{m}{n}\times100\%$$

频率是一个相对数，取值为0～100%。计算频率时，只取整数，小数部分四舍五入。

二、记录处理和报表编制

地面气象记录月报表是在观测簿、自记纸和有关材料的基础上编制而成的；配有自动气象站或业务用计算机的地面气象观测站则是在全月观测数据文件的基础上采用计算机加工处理完成的。月报表中除了定时记录、自记记录和日平均、日总量值外，还有经过初步整理的候平均值、旬平均值、月平均值、总量值、极端值、频率和百分率值，以及本月天气气候概况等。

1. 平均值的统计

气温、水汽压、相对湿度、总低云量、风速、地温等项的日平均值为该日相应要素各定时值之和除以定时次数而得；自动观测24次记录和基准站人工观测24次记录，须同时做02时、08时、14时、20时4次日平均。

一月3旬，每旬2候，每月6候。每月1～5日为第1候，6～10日为第2候，…，26日至月末最后一日为第6候。每月第6候的日数可为5天（6天）或3天（4天）。候平均值为该候各日平均值之和除以该候的日数。

每旬应做旬平均，月（或年）终应做月（或年）平均（含自记风速）。

平均值所取小数位与相应要素记录的规定位数相同（平均云量取一位小数），计算时规定小数位后的小数四舍五入。

2. 总量值的统计

降水量、蒸发量、日照时数等气象要素需要统计日、旬、月和年的总量值。

3. 极值及出现日期的挑选

本站最高、最低气压和气温，最小相对湿度，最大（极大）风速及其风向出

现日期和时间，分别从相应的逐日最高值、最低值中挑取，并记录其相应的出现日期和时间。无自记仪器，月极值及其出现日期从逐日各定时记录中挑取。

4. 风的统计

风速和风向频率玫瑰图是根据某月（或某年）的风速、风向频率值的资料绘制而成的。它能清晰、直观地显示某个方位风向的风速大小及某风向出现频率的大小。

（1）各风向月平均风速。根据定时风向风速观测值，分别统计出各个风向定时的风速合计及出现次数，填入相应栏内，按下式求出某风向月平均风速。

$$某风向月平均风速=\frac{该风向的风速月合计}{该风向出现次数的月合计}$$

各风向月平均风速取一位小数。

（2）各风向频率。月的某风向频率表示月内该风向的出现次数占全月各风向（包括静风）记录总次数的百分比，即

$$月某风向频率=\frac{该风向出现次数的月合计}{全月各风向记录总次数}\times 100\%$$

风向频率取整数，小数四舍五入，某风向未出现，频率栏空白。

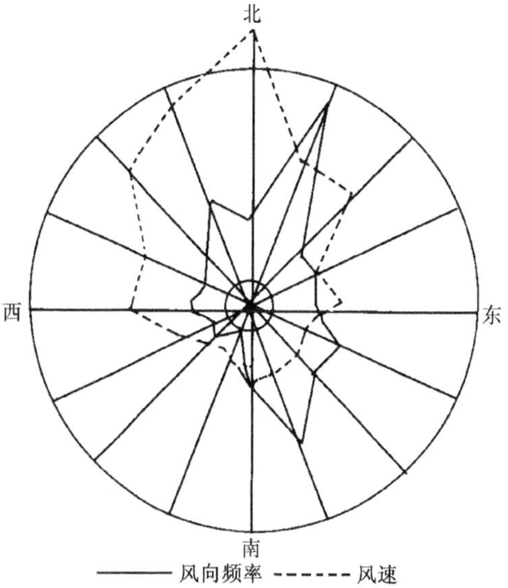

图 8.1　风速风向频率玫瑰图

（3）风速、风向频率玫瑰图。风速、风向频率玫瑰图是根据某月（或某年）的风速、风向频率值资料，采用极坐标（以极角表示风向、以极半径表示频率和平均风速）绘制而成，见图 8.1。它能清晰、直观地显示某个方向的风速大小及某风向出现频率的大小，其绘制步骤如下：①以一中心作圆，将圆周分为 16 等分，通过圆心作 16 条射线，表示 16 个方位，然后按一定的比例将风向频率点在相应方向的线段上，线段长度与频率成正比，如用 2cm 表示频率 10%，4cm、6cm……分别表示 20%、30%……的风向频率。再将各点用实折线连接起来。以静风频率为半径画一个圆，此圆表示静风频率。这样就绘出了风向频率玫瑰图。②在风向频率玫瑰图上，将计算出的各风向平均风速按一定比例点在相应方向的线段上，线段长度与平均风速成正比，如用

1cm 表示 1m/s 风速，再将各点用虚折线连接起来。这样就绘出了风矢量玫瑰图。

（4）月日照百分率的统计。某地的日照条件，除了用日照时数（包括实照时数和可照时数）表示以外，还可以用日照百分率表示。月日照百分率，是表示某月实际日照总时数占该月可照总时数的百分比，即

$$某月日照百分率=\frac{某月实照总时数}{该月可照总时数}\times 100\%$$

月日照百分率取整数，小数四舍五入。

实照时数由日照记录纸求得。可照时数可根据公式计算或查表求得。查表时，纬度以 0.5°为最小值数（纬度分位 1′～14′计 0.0°、15′～44′计 0.5°、45′～59′计 1.0°）。例如，北纬 39°54′的地方 4 月的可照总时数为 397.3h，实照总时数为 212.4h 时，则该月日照百分率为 53%。

三、各观测项目的记录单位及记录要求（表 8.1）

表 8.1 各观测项目的记录单位及记录要求

观测项目	单位	记录要求	备注
云量	成(十成法)	整数	平均值取小数一位
云高	米(m)	整数	
能见度	千米(km)	小数一位	第二位小数舍去
冰雹直径,电线积冰直径、厚度	毫米(mm)	整数	
冰雹重量	克(g)	整数	
气压、水汽压	百帕(hPa)	小数一位	
温度、露点温度	摄氏度(℃)	小数一位	零度以下加记负号“－”
相对湿度	百分率(%)	整数	
风向	方位(十六方位法)	一个方位	静风记“C”
风速	米/秒(m/s)	整数	平均值及自记记录取小数一位
降水量、蒸发量	毫米(mm)	小数一位	不足 0.05mm 记 0.0
雪深、冻土深度	厘米(cm)	整数	不足 0.5cm 记 0
雪压	克/平方厘米(g/cm²)	小数一位	
日照时数	小时(h)	小数一位	
电线积冰重量	克/米(g/m)	整数	

第二节 农业气候资料整理与分析

一、界限温度起止日期、持续时间、积温求算

界限温度是指具有生物学普遍意义的，标志着某种物候现象或农事活动的开

始、终止或转折的日平均温度。它是农业气候分析的常用指标。日平均温度第一次稳定通过某界限温度的日期称为该界限温度的起始日期（或初日），最后一次稳定通过同一界限温度的日期称为该界限温度的终止日期（或终日）。

1. 五日滑动平均法

在农业气象资料的统计中，一般采用五日滑动平均法来确定某一年份稳定通过某界限温度的起止日期。它是利用一年的逐日日平均气温资料求算界限温度起止日期的常用方法。

1）界限温度初日、终日的确定

春季、秋季是天气多变的季节，这段时期内温度常在某一温度界限值上下波动。某界限温度的起止日期不是唯一的，中国气象局规定全国各气象台站计算界限温度的起止日期采用五日滑动平均法，此方法适用于确定某一年稳定通过界限温度的初始和终止日期。

（1）界限温度初日的确定。从逐日日平均温度资料中找出日平均温度第一次出现该界限温度的日期，向前推 4 天，按日序依次计算出五日滑动平均温度，形成新的五日滑动平均序列。从新序列中选出大于等于该界限温度的五日滑动平均值，并在其后不会出现低于该界限温度的五日滑动平均值。从该五日滑动平均温度的 5 天中，挑选出第一个日平均温度大于等于该界限温度的日期，此日期即为稳定通过该界限温度的起始日期，即初日。

（2）界限温度终日的确定。在初秋，从逐日日平均温度资料中找出日平均温度第一次出现小于该界限温度的日期，向前推 4 天，按日序依次计算出五日滑动平均温度，直到出现第一个五日滑动平均温度小于该界限的温度。选取之前的最后一个大于等于该界限温度的五日滑动平均温度，从该五日滑动平均温度的 5 天中，选取最后一个日平均温度大于等于该界限温度的日期，此日期即为稳定通过该界限温度的终止日期，即终日。

2）界限温度持续天数的计算

稳定通过某界限温度的持续天数，是指包括初日、终日在内的由起始日期到终止日期的总天数，即

$$持续天数=终日序-初日序+1$$

3）活动积温的计算

活动积温是某界限温度的持续期内大于等于界限温度的日平均温度之和。有效积温是该持续期内有效温度之和。

［例 8.1］ 计算某地某年稳定通过 10℃的起止日期、持续天数和积温。

由表 8.2 可知，春季第一次出现大于等于 10℃的日期为 3 月 10 日，从该日起往前推 4 天，按日序依次计算连续 5 日的滑动平均气温，一直计算到五日滑动

平均气温在春季不再低于10℃为止，滑动值为10.1℃，对应的时段为3月22日至3月26日。该5天中，日平均温度第一个出现大于等于10℃（11.7℃）所对应的日期为3月22日，即为初日。

表8.2 某地某年稳定通过10℃的起止日期计算表

春季				秋季			
日期（日/月）	日平均气温/℃	时段	五日滑动平均温度/℃	日期（日/月）	日平均气温/℃	时段	五日滑动平均温度/℃
	<10.0				>10.0		
6/3	7.6			6/11	12.5		
7/3	6.4			7/11	11.8		
8/3	8.2	6/3～10/3	8.3	8/11	14.2	6/11～10/11	11.2
9/3	9.3	7/3～11/3	9.0	9/11	13.3	7/11～11/11	11.5
10/3	10.0	8/3～12/3	10.3	10/11	9.2	8/11～12/11	11.1
11/3	11.2	9/3～13/3	11.0	11/11	8.8	9/11～13/11	10.6
12/3	12.6	10/3～14/3	11.2	12/11	10.2	10/11～14/11	10.4
13/3	11.8	11/3～15/3	11.1	13/11	11.3	11/11～15/11	10.2
14/3	10.6	12/3～16/3	10.6	14/11	12.6	12/11～16/11	10.3
15/3	9.2	13/3～17/3	9.8	15/11	8.2	13/11～17/11	10.6
16/3	8.6	14/3～18/3	9.3	16/11	9.2	14/11～18/11	10.4
17/3	8.8	15/3～19/3	9.4	17/11	12.2	15/11～19/11	9.8
18/3	9.3	16/3～20/3	9.9	18/11	9.6		
19/3	11.1	17/3～21/3	10.7	19/11	9.8		
20/3	11.8	18/3～22/3	11.3	20/11	10.2		
21/3	12.5	19/3～23/3	10.8	21/11	8.3		
22/3	11.7	20/3～24/3	10.2	22/11	7.9		
23/3	9.3	21/3～25/3	9.8	23/11	6.3		
24/3	8.5	22/3～26/3	10.1	24/11	10.4		
25/3	9.2	23/3～27/3	10.8	25/11	12.3		
26/3	10.3	24/3～28/3	≥10.0	26/11	11.5		
27/3	13.2			27/11	9.5		
28/3	12.8			28/11	7.8		

秋季第一次出现小于等于10℃的日期为11月10日，从该日起往前推4天，按日序依次计算5日滑动平均气温，一直计算到第一个五日平均气温低于10℃为止，找出之前的最后一个五日滑动平均温度值大于等于10℃的值10.4℃，其所对应的5日为11月14日至11月18日。在从组成最后五日滑动平均温度值的这5天中找出最后一个日平均温度值大于等于10℃（12.2℃）所对应的日期是11月17日，即为终日。

初日与终日之间的天数（含初日、终日）即为大于等于某界限温度的持续天数。例如，[例8.1]中所求3月22日至11月17日共持续241天。

计算出持续天数之后将此期间大于等于界限温度的日平均气温（活动温度）累加即得到活动积温。例如，将活动温度与界限温度的差值（有效温度）累加得到的和即为有效温度，如该地该年大于等于 10℃的活动积温为 4508.7℃ · 日，有效积温为 3368.7℃ · 日。

2. 直方图法

直方图法是用于确定稳定通过界限温度的多年平均初日、终日期的方法。它是用当地多年的月平均气温资料绘制温度直方图和年变化曲线，来求算界限温度的起止日期、持续天数和积温的方法。

1）直方图绘制

（1）在坐标纸上以横坐标表示月份（1mm 代表 1 天或 2 天），纵坐标表示月平均温度值（1mm 表示 0.1℃或 0.2℃），绘制各月平均气温。

（2）以月平均温度值为高，各月日数为底边作直方图。鉴于温度连续变化的特点，绘直方图要求连续标注横坐标从 12 月、1 月、2 月……到翌年 12 月和 1 月共 14 个月，这样便得到一张反映温度逐月连续变化的直方图。

2）绘制温度年变化曲线

除月平均温度最高值和最低值的 2 个月份外，将其他各月直方图顶边中点用曲线平滑连接，曲线两次从气温月平均值最高月和最低月顶边穿过，且曲线顶点高于最高月平均值，曲线最低点低于最低月平均值，这样绘制成气温年变化曲线，它表示该地多年的温度年变化情况，通过该曲线可以确定任一界限温度的起止日期。在绘制时要注意使每个直方形被切去的面积与被划入的面积相等，以保持直方形原有的面积等于年变化曲线下面的面积（图 8.2）。

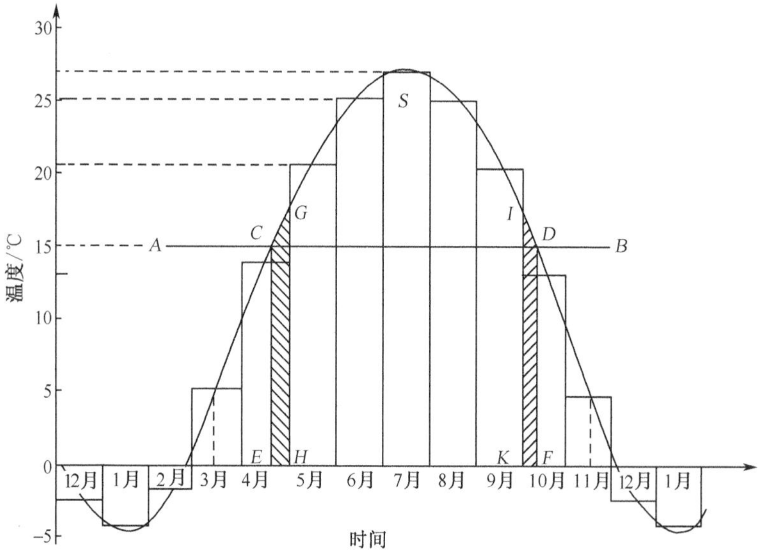

图 8.2　北京气温直方图和年变化曲线

3）确定某界限温度的起止日期、持续天数和积温

（1）确定某界限温度的起止日期。以确定北京地区界限温度 15℃的起止日期为例，在图 8.2 中纵坐标上找出界限温度为 15℃的点，并从此点引平行于横轴的直线 AB 与曲线相交于 C、D 两点，再由 C、D 两点分别引直线垂直于横轴，相交于 E、F 两点，则 E、F 两点分别为界限温度的起止日期。

（2）确定持续天数。起始日与终止日之间的天数（含起止日）即为某界限温度的持续天数。

（3）活动积温和有效积温的求算。从直方图上确定某界限温度起止日期以后，可以从图 8.2 中看出气温年变化曲线中的曲线$\overset{\frown}{CD}$和坐标中直线 DF、FE、EC 所围成的面积，即为大于等于 15℃的活动积温。

起始月和终止月活动积温分别为图 8.2 中阴影部分的面积，可按梯形面积的方法求出，即

$$梯形面积=\frac{上底+下底}{2}\times高$$

式中，上底、下底分别为温度值,℃；高表示天数，天。

［例 8.2］　如图 8.2 所示，计算北京地区界限温度 15℃的活动积温。

在起始月，上底表示阴影 $CGHE$ 的 CE 边的温度 15℃，下底表示 GH 边的温度 18℃，高表示 EH 的长度，即天数 15 天。在终止月上底表示阴影 $IDFK$ 的 IK 边的温度 17℃，下底表示界限温度值 15℃，高表示 KF 的长度，即天数 12 天。计算得 4 月活动积温为 247.5℃ · 日，10 月活动积温为 192℃ · 日。

5～9 月的活动积温，可按计算矩形面积的方法求出，即分别将各月的月平均温度乘以该月日数即可。5 月活动积温为 666.5℃ · 日；6 月活动积温为 780.0℃ · 日；7 月活动积温为 837.0℃ · 日；8 月活动积温为 780.0℃ · 日；9 月活动积温为 666.5℃ · 日。

北京地区界限温度 15℃的活动积温为 4169.5℃ · 日。

$$有效积温=(活动温度-界限温度)\times持续天数$$

从图 8.2 中可以看出，15℃有效积温为直线CD和曲线$\overset{\frown}{CD}$所围成的面积。

二、变率和保证率的求算方法

1. 变率

变率是说明气候要素变化情况的一个指标，变率分为绝对变率和相对变率两种。在统计序列中，某要素观测值 x_i 与该要素的多年平均值 $\overline{x}$ 之差称为距平（d_i），则有

$$d_i = x_i - \overline{x}$$

相应的距平序列为 d_1，d_2，…，d_i，…，d_n。当 $d_i>0$ 时，为正距平；当 $d_i<0$ 时，为负距平。

绝对变率（$\bar{d}$）是序列中各距平绝对值的平均，它反映该要素变动的平均情况，计算如下

$$\bar{d}=\frac{1}{n}\sum_{i=1}^{n}|d_i|$$

绝对变率（$\bar{d}$）与多年平均值（$\bar{x}$）的百分比称为相对变率（D），其数学表达式为

$$D=\frac{\bar{d}}{\bar{x}}\times 100\%$$

相对变率反映气象要素的稳定程度。相对变率越小，说明该要素越稳定；反之亦然。

常用相对变率来比较不同地区或同一地区不同时段气候要素的变化特征和稳定程度。

例如，北京地区 1951～2007 年的年降水量平均值为 592mm，这 57 年年降水量的绝对变率为 163.4mm，年降水量的相对变率为 27.6%。7 月降水量的绝对变率为 74.5mm，相对变率为 37.5%。因此，对北京地区而言，7 月的降水量比年降水量更不稳定。

2. 变异系数

变异系数（CV）是某要素总体均方差（σ）与平均值（$\bar{x}$ ）之比，用百分率表示。表达式为

$$\mathrm{CV}=\frac{\sigma}{\bar{x}}\times 100\%$$

当样本数较大（一般 $N\geqslant 30$）时，总体均方差（σ）用大样本均方差（S）代替：

$$S=\sqrt{\frac{1}{N}\sum_{i=1}^{N}(x_i-\bar{x})^2}$$

当样本数较小时，则用总体均方差的无偏估计值（S^* ）代替，

$$S^*=\sqrt{\frac{1}{N-1}\sum_{i=1}^{N}(x_i-\bar{x})^2}$$

比较两个量纲不同或水平相差悬殊的系列时，应采用变异系数来表述其稳定程度。

例如，甲乙两地的年降水量均方差都是 50mm，甲乙两地年降水量平均值分别为 1000mm 和 500mm，则甲乙两地年降水量的变异系数分别为 5%和 10%，

说明乙地降水变化较大，甲地年降水量相对乙地来说较为稳定。

对同一地区不同时段也可以用变异系数进行比较。例如，北京地区年降水量变异系数为 35.5%，7 月降水量变异系数为 50.6%。说明北京 7 月的降水量比年降水量更不稳定。

3. 保证率

保证率是指在一定时段内某一气象要素值大于等于（或小于等于）某一界限值的累积概率值，即大于等于（或小于等于）某界限值的分布函数。用于说明该气象要素出现的可靠程度。

气象要素值总体上是无限的，无法求出真正的概率值。一般地，只能利用尽可能长的历史资料，通过求频率来代替概率，这种概率称为气候概率。保证率取值和概率一样，只能在 0～1 变化，小数点后保留一位有效数字。计算保证率首先应了解样本的总体分布，一般先对样本进行由大到小或由小到大的排序。

保证率的计算方法通常有等距分组法和次序计数法。

1）等距分组法计算保证率的步骤如下

（1）挑出极值。从资料中挑出最大值（X_{max}）和最小值（X_{min}）。为计算方便可将最大值向上扩展，最小值向下扩展。

（2）确定组数。用经验公式：$N=5\times\lg n$（N 为组数，常为整数；n 为样本数）。在实际工作中，还需要根据具体要求确定 N 值，一般要满足：$2.5\times\lg n<N\leqslant 5\times\lg n$，因为只有当组数 $N>2.5\times\lg n$ 时，统计结果才能达到基本的精度要求；当组数 $N\leqslant 5\times\lg n$ 时，才能达到分组简化计算的目的。一般 6～8 组较为适用。

（3）确定组距（D）。组距即为每组上下限之差，可参考下式确定组距 D：

$$D=\frac{X_{max}-X_{min}}{N-1}$$

D 要尽可能取整数，各组组距应相等，不可中断。

（4）分组。首先确定组限，组限是各组气象要素的界限。根据组距确定各组的上下限。但最小组的下限值要低于资料的最小值，最大组的上限值要大于资料的最大值。各组组界彼此要衔接。

（5）确定频数和频率。在时间序列中，各组数据出现的次数即为频数，各组频数与样本数的百分比即为频率。

（6）求算保证率。保证率就是累计频率，因此农业气象保证率的计算有方向性。例如，在干旱或半干旱地区，研究降水量对作物的影响时，由于降水量小的值比降水量大的值易出现，要求计算高于某降水量界限的保证率时，分组组限以较小值为下限，较大值为上限，保证率的统计以从大到小的方向作频率的累积。

在研究洪涝灾害时则恰好相反，较大值为下限，较小值为上限，保证率的统计以从小到大的方向作频率的累积。

（7）绘制保证率曲线。分组法求出的保证率不连续，绘制成保证率曲线是为了了解气象要素保证率的连续变化。以横坐标代表某一要素，纵坐标代表保证率，分别将各组的下限值与对应的保证率值作为一组坐标值点在二维的平面坐标纸上，依次连接各点成一条平滑曲线，得到保证率曲线图（图 8.3）。

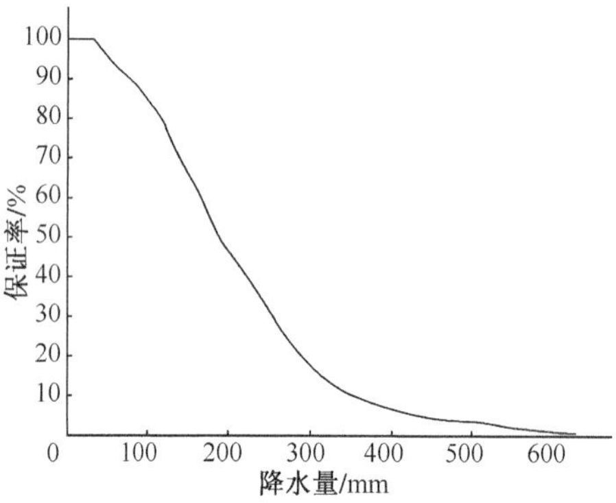

图 8.3　北京地区 7 月降水量保证率曲线

在实际工作中，往往需要知道某地降水（或其他气候要素）的保证率为一定数值时，其降水量（或其他气候要素值）为多少；或需要知道降水量（或其他气候要素）大于或小于某一数值时，其保证率有多大（可靠程度如何）。根据绘制的保证率曲线图，可了解上述情况。

［**例 8.3**］　北京地区 1920～2012 年 7 月降水量（1993 年资料，$n=93$）如表 8.3 所示，计算北京地区 7 月不同保证率所对应的降水量。

（1）从资料中挑出最大值 $X_{max}=648.3$mm 和最小值 $X_{min}=26.5$mm。

（2）组数：$N>2.5\times \lg 93\geqslant 4.9$，$N\leqslant 5\times \lg 93\leqslant 9.8$，分组数取整数 $N=9$（组）。

（3）组距：$D=\dfrac{X_{max}-X_{min}}{9}=\dfrac{648.3-26.5}{9}=69.1$（mm）。

于是，降水量从大至小序列分组为：649.0～580.0；579.9～510.8；510.7～441.6；441.5～372.5；372.4～303.3；303.2～234.1；234.0～164.9；164.8～95.7；95.6～26.5。

表 8.3　北京地区 1920～2012 年 7 月降水量　　（单位：mm）

年（十位）	年（个位）									
	0	1	2	3	4	5	6	7	8	9
192-	143.6	98.9	297.9	137.8	648.3	448.2	110.9	329.6	111.2	346.3
193-	106.1	153.6	399.9	193.6	116.4	125.2	115.6	201.0	320.0	375.4
194-	177.1	56.4	247.9	47.9	230.8	62.8	367.3	194.9	218.7	417.3
195-	289.1	82.2	312.2	146.7	223.0	172.8	131.4	103.1	243.1	511.1
196-	281.1	254.5	201	161.6	124.9	37.7	81.6	173.3	138.8	310.6
197-	255.7	154	166.7	290.3	248.3	192.2	159.6	268.3	114.7	228.1

续表

年（十位）	年（个位）									
	0	1	2	3	4	5	6	7	8	9
198-	30.6	170.9	207.4	26.5	60.0	289.5	162.9	130.9	278.7	124.8
199-	223.0	198.0	153.9	206.4	459.2	195.6	307.4	139.8	247.9	59.6
200-	61.5	128.6	54.9	57.7	182.0	96.1	155.0	116.2	79.3	196.6
201-	34.0	265.7	361.3							

（4）求算各组出现频数、频率和保证率（表 8.4），并绘制保证率曲线（图 8.3）。

表 8.4 北京 1920～1999 年 7 月降水量的频数、频率和保证率

项目	组号								
	1	2	3	4	5	6	7	8	9
组限	649.0～580.0	579.9～510.8	510.7～441.6	441.5～372.5	372.4～303.3	303.2～234.1	234.0～164.9	164.8～95.7	95.6～26.5
频数	1	1	2	3	8	14	21	28	15
频率/%	1.1	1.1	2.2	3.2	8.6	15.1	22.6	30.1	16.1
保证率/%	1.1	2.2	4.4	7.5	16.1	31.2	53.8	83.9	100.0

（5）根据保证率曲线（图 8.4）查找不同保证率所对应的 7 月降水量，并填入表 8.5。

表 8.5 北京 7 月不同保证率下的降水量（1920～2012 年）

项目	保证率/%								
	60	65	70	75	80	85	90	95	100
降水量/mm	≥150.6	≥139.1	≥127.6	≥116.1	≥104.6	≥90.9	≥69.4	≥48.0	≥26.5
降水量/mm	≤207.0	≤222.3	≤239.4	≤262.4	≤285.4	≤312.2	≤352.5	≤426.6	≤648.3

2）次序计数法计算保证率的步骤

（1）把原始数据资料按大小顺序排列，形成从小至大或从大至小的序列；

（2）把顺序序列中相同数值的数据合并，按大小序列对不同数值数据进行序位编号，并统计序列中≥（或≤）各不同数值的序位及其对应的累积频数；

（3）计算序位序列中各不同数值对应的频率和≥（或≤）该数值的累积频率；

（4）绘制保证率曲线：以横坐标代表某一要素，纵坐标代表保证率，分别将各不同数值及其对应≥（或≤）该数值的累积频率代替保证率值作为一组坐标值

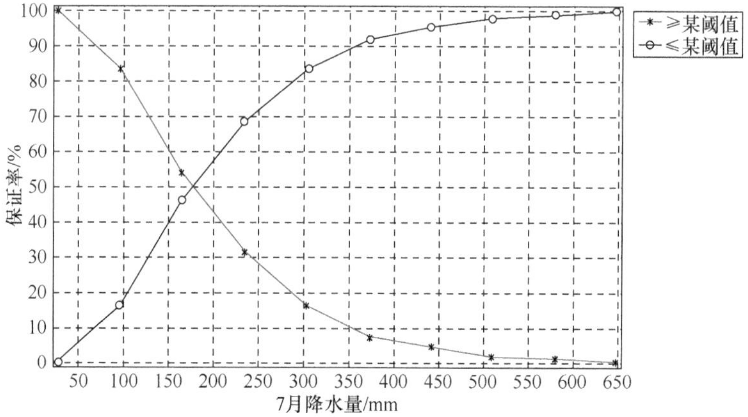

图 8.4 等距分组法绘制的北京地区 7 月降水量保证率曲线

点在二维平面坐标纸上，依次连接各点成一条平滑曲线，得到保证率曲线图；

(5) 对保证率曲线运用线性内插法估算不同保证率对应的气象要素值和不同气象要素范围对应的保证率。

[例 8.4] 运用次序计数法绘制 [例 8.3] 中的降水量保证率曲线图，并求算北京地区 7 月不同保证率对应的降水量。

(1) 对表 8.3 中的数据进行大小排序，统计不同数值的序位、频数和对应≥和≤各数值的累积频率，并列于表 8.6。

表 8.6 北京地区 7 月降水量从小至大的序位和保证率

序位	降水量/mm	保证率/%	频率/%	序位	降水量/mm	保证率/%	频率/%
1	26.5	100.0	1.1	14	81.6	86.0	15.1
2	30.6	98.9	2.2	15	82.2	85.0	16.1
3	34.0	97.9	3.2	16	96.1	83.9	17.2
4	37.7	96.8	4.3	17	98.9	82.8	18.3
5	47.9	95.7	5.4	18	103.1	81.7	19.4
6	54.9	94.6	6.5	19	106.1	80.7	20.4
7	56.4	93.6	7.5	20	110.9	79.6	21.5
8	57.7	92.5	8.6	21	111.2	78.5	22.6
9	59.6	91.4	9.7	22	114.7	77.4	23.7
10	60.0	90.3	10.8	23	115.6	76.3	24.7
11	61.5	89.3	11.8	24	116.2	75.3	25.8
12	62.8	88.2	12.9	25	116.4	74.2	26.9
13	79.3	87.1	14.0	26	124.8	73.1	28.0

续表

序位	降水量/mm	保证率/%	频率/%	序位	降水量/mm	保证率/%	频率/%
27	124.9	72.0	29.0	60	218.7	36.6	64.5
28	125.2	71.0	30.1	62	223.0	35.5	66.7
29	128.6	69.9	31.2	63	228.1	33.3	67.7
30	130.9	68.8	32.3	64	230.8	32.3	68.8
31	131.4	67.7	33.3	65	243.1	31.2	69.9
32	137.8	66.7	34.4	67	247.9	30.1	72.0
33	138.8	65.6	35.5	68	248.3	28.0	73.1
34	139.8	64.5	36.6	69	254.5	26.9	74.2
35	143.6	63.4	37.6	70	255.7	25.8	75.3
36	146.7	62.4	38.7	71	265.7	24.7	76.3
37	153.6	61.3	39.8	72	268.3	23.7	77.4
38	153.9	60.2	40.9	73	278.7	22.6	78.5
39	154.0	59.1	41.9	74	281.1	21.5	79.6
40	155.0	58.1	43.0	75	289.1	20.4	80.7
41	159.6	57.0	44.1	76	289.5	19.4	81.7
42	161.6	55.9	45.2	77	290.3	18.3	82.8
43	162.9	54.8	46.2	78	297.9	17.2	83.9
44	166.7	53.8	47.3	79	307.4	16.1	85.0
45	170.9	52.7	48.4	80	310.6	15.1	86.0
46	172.8	51.6	49.5	81	312.2	14.0	87.1
47	173.3	50.5	50.5	82	320.0	12.9	88.2
48	177.1	49.5	51.6	83	329.6	11.8	89.3
49	182.0	48.4	52.7	84	346.3	10.8	90.3
50	192.2	47.3	53.8	85	361.3	9.7	91.4
51	193.6	46.2	54.8	86	367.3	8.6	92.5
52	194.9	45.2	55.9	87	375.4	7.5	93.6
53	195.6	44.1	57.0	88	399.9	6.5	94.6
54	196.6	43.0	58.1	89	417.3	5.4	95.7
55	198.0	41.9	59.1	90	448.2	4.3	96.8
57	201.0	40.9	61.3	91	459.2	3.2	97.9
58	206.4	38.7	62.4	92	511.1	2.2	98.9
59	207.4	37.6	63.4	93	648.3	1.1	100.0

（2）绘制保证率曲线，如图 8.5 所示。

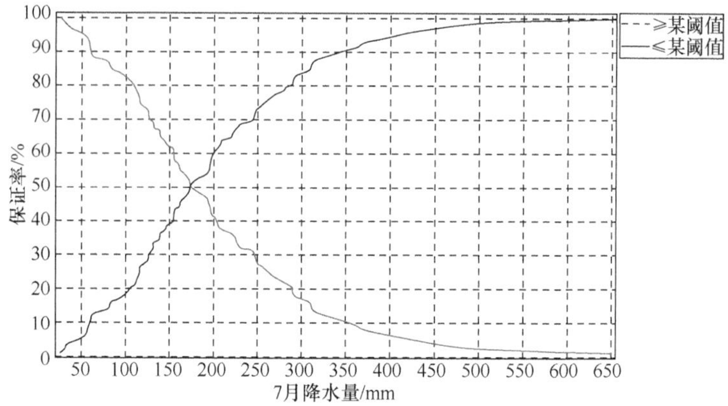

图 8.5 次序计数法绘制的北京地区 7 月的降水量保证率曲线

（3）按保证率曲线采用线性内插法测算不同保证率对应的降水量阈值，结果列于表 8.7。

表 8.7 次序计数法估算的不同保证率对应的降水量范围

项目	保证率/%								
	60	65	70	75	80	85	90	95	100
≥降水量/mm	153.9	139.4	128.3	116.3	109.0	82.2	60.5	52.4	26.5
≤降水量/mm	199.2	219.7	243.3	255.4	284.3	307.6	341.3	406.0	648.3

第三节 农业气候相似分析

气候是重要的农业自然资源，它决定一个地方的作物分布和种植制度。任何优良品种只有在农业气候条件相似的地区引种才有成功的可能性。进行农业气候相似分析可以防止或减少引种中的盲目性，提高引种的成功率。

一、关键时期关键因子的选择

各种农业生物在不同的生长发育过程中对气候条件的要求不同，不同地域影响生物生长发育的关键时期和主导因素也不同。生物气候相似是针对某种生物，以其本身对气候环境的要求，根据生物体本身的适应性和变异性所决定的各种气候要素的阈值与气候环境所提供条件的吻合程度来衡量的。

生物气候相似程度不仅要求考察不同地区气候要素的年平均值、年总量或生长季总量，而且要考虑各要素的年内分配或生育时段内的时间分布。同一作物在不同地区生长发育进程不同，不同时期的关键影响因子也不同。这要求深入了解某一具体生物的特性、对气候环境的要求与适宜界限值、关键时期主导因素的阈值和生物生育期内主要气候因素的时间分布状况。因此，进行农业气候条件比较时，不能简单地比较年内同时段气候条件，而应该选择比较作物生长关键期的关键气候因子。

影响农业生物生长发育的气象因子是很多的，这些因子在作物整个生长、发育过程中所起的作用是不同的，在进行农业气候相似程度分析时，一定要选择对引种作物生长发育影响最大的气候要素为对比分析因子。

二、农业气候相似距离的计算

首先，利用影响生物生长发育关键时期的 m 个关键因子和不同区域n（$n>2$）构成初始样本矩阵：

	A_1	A_2	…	A_j	…	A_n
p_1	X_{11}	X_{12}	…	X_{1j}	…	X_{1n}
p_2	X_{21}	X_{22}	…	X_{2j}	…	X_{2n}
⋮	⋮	⋮		⋮		⋮
p_k	X_{k1}	X_{k2}	…	X_{kj}	…	X_{kn}
⋮	⋮	⋮		⋮		⋮
p_m	X_{m1}	X_{m2}	…	X_{mj}	…	X_{mn}

其中，$A_j(j=1,2,\cdots,n)$为空间各点；$p_k(k=1,2,\cdots,m)$为各种农业气候要素。

其次，在气象要素中，各要素单位不同，平均值和标准差也不同。为使它们能在同一水平上进行比较，常使用标准化处理方法，使它们变成同一水平的无单位的变量。标准化处理如下：

$$X'_{kj}=\frac{X_{kj}-\overline{X}_k}{\sigma_k}$$

$$\overline{X}_k=\frac{1}{n}\sum_{j=1}^{n}X_{kj}$$

式中，$\overline{X}_k$ 为第 k 个要素的平均值，σ_k 为第 k 个要素的标准差。

$$\sigma_k=\sqrt{\frac{1}{n}\sum_{j=1}^{n}(X_{kj}-\overline{X}_k)^2}$$

从而得到变量经标准化处理后的样本矩阵为

	A_1	A_2	$\cdots$	A_j	$\cdots$	A_n
p_1	X'_{11}	X'_{12}	$\cdots$	X'_{1j}	$\cdots$	X'_{1n}
p_2	X'_{21}	X'_{22}	$\cdots$	X'_{2j}	$\cdots$	X'_{2n}
$\vdots$	$\vdots$	$\vdots$		$\vdots$		$\vdots$
p_k	X'_{k1}	X'_{k2}	$\cdots$	X'_{kj}	$\cdots$	X'_{kn}
$\vdots$	$\vdots$	$\vdots$		$\vdots$		$\vdots$
p_m	X'_{m1}	X'_{m2}	$\cdots$	X'_{mj}	$\cdots$	X'_{mn}

最后，计算 m 维空间任意两点的欧氏相似距离为

$$d_{ij}=\sqrt{\sum_{k=1}^{m}(X'_{ik}-X'_{jk})^2}$$

由于各气候因子在农业生产中所起的作用不同，假设第 k 个气候要素的影响权重为 W_k，相应地，相似距离公式修正为

$$d_{ij}=\sqrt{\sum_{k=1}^{m}W_k\cdot(X'_{ik}-X'_{jk})^2}$$

这就是农业气候相似距离的计算公式。式中，$\sum_{k=1}^{m}W_k=1$，d_{ij} 为 i、j 两地农业气候相似距离。

当 $n=2$ 时，直接比较两地之间各要素的相似距离就可以了。如果 i 地为引种原地，j 地为引种目的地，则两地之间的农业气候相似距离为

$$d_{ij}=\sum_{k=1}^{m}\left(\left|\frac{X_{ik}-X_{jk}}{X_{ik}}\right|\cdot W_k\right)$$

当多个气象要素的影响权重难以确定时，也可以逐个计算气象要素的农业气候相似距离

$$d_{ijk}=\left|\frac{X_{ik}-X_{jk}}{X_{ik}}\right|$$

三、相似程度的判断

1. 当 $n>2$ 时

当 $d_{ij}<1.0$ 时，认为两地农业气候条件相似，是生物引种的适宜和次适宜地区；当 $d_{ij}\geqslant 1.0$ 时，认为两地农业气候条件不相似，是引种的不适宜地区。同时，在农业气候相似的地区，按照 d_{ij} 的大小，把相似程度分为 4 个等级(表8.8)：一级相似地区，作物种类、种植制度及主要生育期基本相同，可作为直接引种地区；二

级相似地区，作物种类、种植制度基本相同，主要生育期有所差异；三级相似地区，作物种类大体相同，种植制度及主要生育期不尽相同；四级相似地区，作物种类大体相同，种植制度及主要生育期差异较大。一般地，二级、三级、四级相似地区可作为间接引种或驯化地区。

表 8.8　农业气候相似距离与引种适宜程度的对照表

相似距离（d_{ij}）	相似级别	相似程度	引种适宜程度
$0.0 \leqslant d_{ij} < 0.3$	1	高	适宜，直接引种，重点引种区
$0.3 \leqslant d_{ij} < 0.5$	2	较高	适宜，引种重点参考区
$0.5 \leqslant d_{ij} < 0.7$	3	较低	次适宜，考虑引种和驯化区
$0.7 \leqslant d_{ij} < 1.0$	4	低	次适宜，间接引种和驯化区
$d_{ij} \geqslant 1.0$		不相似	不适宜，慎重考虑引种

2. 当 $n=2$ 时

d_{ij} 越小说明两地农业气候条件相似程度越高，但具体指标要结合当地农业技术人员的经验，根据作物和品种对该要素的要求来评判。一般认为 d_{ij} 为 0～0.1 是基本适宜的。

［**例 8.5**］　以太行山引种日本甜柿为例，介绍多地区之间农业气候相似程度的判断过程。

太行山区是中国柿子的主产区，但全为涩柿品种。柿树原产中国，甜柿作为柿树变异类型，初生基因在中国，次生基因中心在日本。日本是目前栽培甜柿最多的国家，有 200 多个品种和优质高产的成套栽培技术。甜柿果实可以自然脱涩，从树上采摘鲜果即可食用，甜脆爽口、储运方便、营养价值和商品价值都很高。我国虽然是柿树的原产地，但在甜柿的育种、生产管理等各个方面落后于日本。对比日本甜柿生长地的气候条件与太行山区的气候条件发现，在温度和降水方面还存在较大差异，某些学者认为甜柿最适宜的引种区是长江流域气候区，太行山区处于甜柿引种的北界或边缘地带。为防止引种工作的失误，有必要开展农业气候相似分析。

从甜柿生长发育对气候条件的要求可知，光照、水分和温度条件共同影响甜柿的生长发育。通过综合分析，选取年平均温度、4～11 月平均温度、8～10 月平均温度、≥10℃积温、年平均最低温、4～11 月日照、9～10 月日照、年降水量、5～6 月降水（或灌溉量）、8～10 月降水等指标作为农业气候的关键因子。计算中国太行山区的保定、石家庄、邢台和邯郸与日本仙台、福岛、东京、和歌山和福冈等地的农业气候相似距离，如表 8.9 所示。

表 8.9 中国太行山 4 个引种区与日本 7 个引种原地的气候相似距离

	仙台	福岛	松本	东京	静冈	和歌山	福冈
保定	0.71	0.71	0.76	0.81	0.87	0.96	0.99
石家庄	0.31	0.31	0.44	0.53	0.77	0.85	0.89
邢台	0.43	0.43	0.42	0.59	0.66	0.83	0.90
邯郸	0.34	0.32	0.33	0.42	0.42	0.52	0.66

从表 8.9 来看，中国太行山 4 个引种区与日本 7 个引种原地的甜柿农业气候相似距离都小于 1.0，说明引种目的地与引种原地的农业气候条件是相似的，但任何两地之间的相似距离也没有小于 0.3 的，说明没有一级相似的直接引种区。从理论上分析，中国石家庄引种日本仙台和福岛的甜柿品种应该更容易成功。实践证明，从中国石家庄地区引种日本仙台和福岛的主栽品种品质与日本原产地无大差别，引种是成功的。

［**例 8.6**］ 以长春引种台北甜豌豆为例，介绍两个地区之间农业气候相似程度的判断过程。

甜豌豆是一种产量高、营养丰富的鲜嫩可口的蔬菜，原产台北，是喜冷凉作物，耐寒不耐热，秋冬季种植，生长期短，生长期适宜温度为 12～20℃，花期适宜温度为 15～18℃，温度超过 26℃，授粉率低，产量下降。福建已有多县引种成功，因为福建和台北气候类型相同，是可以引种的。然而，我国北方气候相对寒冷，蔬菜品种少，能否引种这种喜冷凉的甜豌豆呢?

甜豌豆属长日照作物，对光周期反应较弱。对长日照作物来说，在南种北引过程中，光照时间是延长的，因此光照不是限制因子。水热条件是蔬菜生长的关键因子。对于降水量不足的地区，如果有灌溉条件，降水也就不成为限制因子，但对于降水量过多的地区则另当别论。长春的降水明显低于台北，如果考虑有灌溉条件的引种，则温度是首选的农业气候关键因子。长春和台北是两个截然不同的气候类型区。长春属温带大陆性季风气候，气温年较差大，年降水量偏少；而台北属亚热带海洋性气候，气温年较差小，年降水量较多，一年当中夏季长而冬季短，无严寒酷暑。台北与长春各月的水热条件对比如表 8.10和表 8.11 所示。

表 8.10 台北和长春降水量的比较 （单位：mm）

	1月	2月	3月	4月	5月	6月	7月	8月	9月	10月	11月	12月
长春	4.8	5.2	12.9	25.2	50.9	112.6	169.7	138.9	57.7	35.2	15.6	4.5
台北	91	147	164	182	205	322	269	266	189	117	71	77

表 8.11　台北和长春气温比较　(单位:℃)

	1月	2月	3月	4月	5月	6月	7月	8月	9月	10月	11月	12月
长春	−16.7	−12.7	−3.6	6.6	14.5	20	23.4	21.8	15.2	7.3	−3.8	−12.8
台北	15.2	15.4	17.5	20.9	24.5	26.8	28.4	28.3	26.9	23.3	20.5	17.2

甜豌豆在台北的生长季为 12 月至翌年 3 月，生长期月平均气温为 15.2～17.5℃，0℃以上活动积温和有效积温均为 1978.1℃，生长期平均气温为 16.3℃，降水量为 479mm。显然，长春不可能在同期引种甜豌豆。如果台北甜豌豆引种长春，长春 4～7 月的温度条件与台北 12 月至翌年 3 月是相近的。统计长春 4～7 月的 0℃以上活动积温和有效积温均为 1972.9℃，期间平均气温为 16.1℃，降水量为 358.4mm。

运用农业气候相似理论和方法，以生长期的平均气温和生长期总降水量作为农业气候指标的关键因子，对比分析两地水热条件得出：平均气温相差很小，积温基本一致。只是长春的降水量比台北少一些，如果有灌溉条件的话，降水量不够是可以通过灌溉来补充的。因此，热量条件是否满足才是甜豌豆引种成败的关键。从表 8.12 可知，长春有灌溉条件的地方可以引种台北甜豌豆。引种试验的实践也证明长春可以引种台北甜豌豆。

表 8.12　台北和长春甜豌豆生育期水热条件的比较

地区	$\sum T_{\geqslant 0}$ /℃	$\overline{T}$/℃	P/mm
台北	1978.1	16.3	479.0
长春	1972.9	16.1	358.4
相似距离	0.003	0.012	0.253

复习思考题

1. 气象观测月报表统计的原则和方法是什么？
2. 五日滑动平均法和直方图法在统计方法及应用范围上有何差异？
3. 简述保证率统计的步骤。
4. 运用农业气候相似理论指导农业生物引种的实践要注意什么？

实习九　气候资料统计月报表

一、实习目的

1. 熟悉气象观测资料统计和整理的一般原则及方法。
2. 了解地面气象观测月报表的内容。

3. 掌握温度、湿度、降水、风和日照的统计方法。

二、实习资料

1. 当地地面观测逐日资料。

2. 气象资料统计表。

三、实习内容

1. 气温、相对湿度、降水量的月报统计。

2. 风向、风速的统计及绘制风向频率、风速玫瑰图。

3. 日照百分率的统计。

四、实习作业

1. 将气温、相对湿度、降水量统计资料填写在实习报告中。

2. 统计当地某月各风向频率及日平均风速并填写在实习报告中。

3. 用统计数据绘制当地该月的风矢量玫瑰图。

4. 计算当地某月的日照百分率。

实习十　界限温度起止日期及积温求算

一、实习目的

1. 掌握温度直方图和年变化曲线的绘制方法，了解气温年变化曲线图在农业中的应用。

2. 掌握五日滑动平均法确定某年稳定通过某界限温度的起止日期、持续天数和活动积温。

二、实习资料

1. 某地各月的多年平均气温资料（表 6）。

表 6　中国各地 1971～2000 年逐月平均气温　　　（单位:℃）

省份	站名	1月	2月	3月	4月	5月	6月	7月	8月	9月	10月	11月	12月
重庆	沙坪坝	7.8	9.5	13.6	18.4	22.3	25.1	28.1	28.4	23.6	18.6	14.0	9.3
重庆	酉阳	3.9	5.3	9.1	14.9	19.1	22.5	25.1	24.8	20.7	15.7	10.8	6.2
北京	北京	−3.7	−0.7	5.8	14.2	19.9	24.4	26.2	24.8	20.0	13.1	4.6	−1.5
上海	上海	4.7	6.0	9.2	14.7	20.3	23.8	28.0	27.8	24.4	19.2	13.5	7.8
天津	天津	−3.5	−0.6	5.9	14.3	20.0	24.6	26.6	25.6	20.9	13.9	5.3	−1.1
浙江	杭州	4.3	5.6	9.5	15.8	20.7	24.3	28.4	27.9	23.4	18.3	12.4	6.8
浙江	温州	8.0	8.5	11.4	16.3	20.8	24.6	28.0	28.0	24.9	20.4	15.5	10.4
福建	福州	10.9	11.0	13.5	18.2	22.2	26.0	28.9	28.4	25.9	22.1	17.7	13.2
福建	厦门	12.5	12.4	14.6	18.7	22.6	25.8	27.8	27.6	26.0	23.0	19.2	14.6
安徽	亳州	0.6	3.1	8.2	15.3	20.7	25.5	27.3	26.4	21.6	15.7	8.7	2.7
安徽	合肥	2.6	4.5	9.1	15.9	21.3	24.9	28.0	27.6	22.9	17.2	10.7	5.0
甘肃	兰州	−5.3	−1.0	5.4	12.1	17.0	20.4	22.4	21.1	16.3	9.8	2.5	−3.9
甘肃	天水	−2.0	1.0	6.2	12.6	17.0	20.6	22.8	21.9	16.8	11.0	4.7	−0.7

续表

省份	站名	1月	2月	3月	4月	5月	6月	7月	8月	9月	10月	11月	12月
广东	广州	13.6	14.5	17.9	22.1	25.5	27.6	28.6	28.4	27.1	24.2	19.6	15.3
广东	汕头	13.7	14.1	16.6	20.7	24.2	26.9	28.3	28.1	26.8	23.8	19.6	15.5
广西	桂林	7.9	9.3	12.9	18.7	23.0	26.3	28.0	27.9	25.3	20.7	15.4	10.5
广西	南宁	12.8	14.1	17.6	22.5	25.9	27.9	28.4	28.2	26.9	23.5	18.9	14.9
贵州	遵义	4.5	6.0	10.2	15.8	19.7	22.7	25.1	24.6	21.0	16.1	11.3	6.7
贵州	贵阳	5.1	6.6	11.0	16.1	19.6	22.2	23.9	23.6	20.6	16.3	11.8	7.4
海南	海口	17.7	18.7	21.7	25.1	27.4	28.4	28.6	28.1	27.1	25.3	22.2	19.0
海南	琼海	18.5	19.7	22.6	25.5	27.4	28.3	28.4	27.8	26.8	25.0	22.0	19.2
河北	石家庄	−2.2	0.8	7.3	15.3	20.9	25.7	26.8	25.4	20.7	14.1	5.9	−0.1
河北	沧州	−3.0	−0.4	6.1	14.5	20.5	25.1	26.5	25.6	20.9	14.2	5.7	−1.0
河南	郑州	0.1	2.7	8.0	15.5	21.0	25.7	27.0	25.6	21.0	15.1	8.0	2.2
黑龙江	哈尔滨	−18.3	−13.6	−3.4	7.1	14.7	20.4	23.0	21.1	14.5	5.6	−5.3	−14.8
湖北	武汉	3.7	5.8	10.1	16.8	21.9	25.6	28.7	28.2	23.4	17.7	11.4	6.0
湖南	长沙	4.9	7.1	10.3	17.0	22.0	25.4	28.6	28.1	23.6	18.1	12.4	7.7
吉林	长春	−15.1	−10.7	−2.0	7.8	15.2	20.6	23.1	21.6	15.4	7.0	−3.4	−11.7
江苏	南京	2.4	4.2	8.7	15.2	20.5	24.4	27.8	27.4	22.8	17.1	10.4	4.5
江西	南昌	5.3	6.9	10.9	17.3	22.3	25.7	29.2	28.8	24.6	19.4	13.3	7.8
辽宁	沈阳	−11.0	−6.9	1.2	10.2	17.0	22.0	24.6	23.6	17.4	9.5	0.3	−7.5
辽宁	大连	−3.9	−2.1	3.2	10.2	15.9	20.3	23.4	24.1	20.3	13.8	6.0	−0.5
内蒙古	呼和浩特	−11.6	−7.2	0.3	9.0	16.1	20.7	22.6	20.6	14.6	7.0	−2.1	−9.4
宁夏	银川	−7.9	−3.8	3.2	11.2	17.3	21.5	23.4	21.6	16.2	9.2	1.4	−5.5
青海	西宁	−7.4	−3.9	1.8	8.0	12.4	15.3	17.2	16.6	12.2	6.5	−0.2	−5.7
山东	济南	−0.4	2.2	8.2	16.1	21.8	26.3	27.5	26.3	22.0	16.1	8.3	1.8
山西	太原	−5.5	−2.0	4.2	12.2	18.1	21.8	23.4	21.9	16.5	10.1	2.5	−3.7
陕西	西安	−0.1	2.9	8.1	14.7	19.8	24.8	26.6	25.3	19.9	13.9	6.9	1.3
四川	成都	5.6	7.5	11.5	16.7	21.0	23.7	25.2	25.0	21.2	17.0	12.1	7.1
云南	昆明	8.1	9.9	13.2	16.6	19.0	19.9	19.8	19.4	17.8	15.4	11.6	8.2
新疆	乌鲁木齐	−12.6	−9.7	−1.7	9.9	16.7	21.5	23.7	22.4	16.7	7.7	−2.5	−9.3

2. 某地某年逐日平均气温资料（以北京海淀地区1998年逐日气温数据为例）（表7）。

表 7 北京市海淀区 1998 年逐日气温 （单位：℃）

月份	1月	2月	3月	4月	5月	6月	7月	8月	9月	10月	11月	12月
1	1.6	−0.5	7.0	7.4	16.8	22.5	23.7	28.0	22.4	23.5	7.9	−3.3
2	1.8	−0.9	8.7	8.9	18.3	18.1	27.1	26.3	22.4	19.3	12.0	−4.8
3	−2.7	1.1	7.6	10.7	18.8	17.8	28.3	26.4	23.1	19.8	11.0	−4.7
4	−5	−0.4	7.1	14.2	20.2	18.0	22.5	28.3	25.4	19.0	10.8	−0.7
5	−0.8	2.8	8.4	15.9	20.3	21.2	26.1	27.4	24.7	18.4	7.5	−3.4
6	1.3	4.2	9.5	15.5	18.0	20.9	27.2	29.5	27.0	18.5	11.4	−4.4
7	0.3	−1.7	6.9	16.7	19.9	21.7	31.0	26.9	26.7	19.6	8.1	−1.1
8	−2.4	−1.9	8.3	18.0	17.5	23.6	27.6	26.9	23.8	19.3	10.7	−1.8
9	−0.5	−0.7	8.7	16.7	19.2	24.7	25.7	28.0	26.6	19.1	11.2	−1.9
10	0.1	−0.1	8.9	17.6	19.6	22.5	27.8	28.0	26.6	18.3	8.5	0.0
11	−2.6	4.3	8.8	12.8	17.3	22.1	26.6	30.1	26.3	18.5	9.4	−0.1
12	−2.9	4.2	10.0	16.9	19.5	21.2	23.6	27.6	23.2	19.6	8.9	−0.6
13	−3.3	3.7	10.3	15.8	22.7	22.8	23.9	27.6	22.0	17.3	9.1	4.6
14	−6.6	1.4	6.5	16.7	22.8	23.9	28.5	28.0	22.5	14.7	8.3	6.0
15	−8	2.0	7.1	18.2	21.5	28.0	30.5	26.7	20.5	16.2	10.3	5.6
16	−8.6	3.6	9.5	14.8	18.4	28.1	28.3	26.9	20.4	15.0	6.8	7.9
17	−9.8	2.3	11.5	15.3	21.1	24.5	25.3	26.8	20.3	14.0	−0.5	2.9
18	−11.0	1.9	8.1	17.5	23.8	23.2	23.5	27.0	22.9	11.4	−3.4	5.2
19	−7.7	2.3	−0.3	21.0	25.1	26.7	28.2	26.8	21.3	13.0	−1.7	3.2
20	−4.3	6.3	0.9	21.5	24.5	29.4	28.5	24.9	19.0	12.4	−0.2	1.4
21	−4.7	4.0	3.5	24.3	19.9	26.2	29.1	22.6	20.8	12.6	−0.5	5.7
22	−2.1	2.9	5.0	17.9	21.3	23.3	26.3	20.4	21.0	14.2	−2.2	4.1
23	−7.1	4.1	8.2	15.4	18.9	22.5	23.9	25.2	20.8	13.0	−1.6	2.9
24	−4.8	5.0	9.9	12.2	22.0	23.5	26.2	22.7	21.1	10.4	−1.8	2.0
25	−4.0	5.6	10.1	12.9	22.9	25.2	26.2	28.8	22.6	9.8	−6.3	3.3
26	−3.0	8.4	8.1	17.0	23.5	27.8	25.6	28.9	22.8	10.5	0.0	1.1
27	−3.1	8.6	10.3	15.0	20.6	28.4	26.6	24.8	20.8	8.7	2.9	1.3
28	−2.7	7.7	14.3	13.5	19.4	30.5	26.0	24.7	21.4	10.2	0.4	2.0
29	−3.2		14.8	13.6	20.3	28.5	28.0	23.1	21.7	10.0	1.7	−1.5
30	0.4		12.5	16.3	22.3	23.0	28.7	21.5	22.6	10.5	1.2	−0.2
31	−1.2		7.9		23.8		27.3	21.9		9.4		−0.7

三、实习内容

1. 绘制某一地区的气温直方图和气温年变化曲线图。

2. 用所绘制的气温年变化曲线图求算农业界限温度 0℃、10℃的起止日期、持续日数和期间的活动积温和有效积温。

3. 用五日滑动平均法确定北京市海淀区 1998 年气温稳定通过 0℃（或 10℃）的起止日期、持续日数和期间的活动积温与有效积温。

四、实习作业

1. 绘制气温直方图和气温年变化曲线。

2. 根据直方图和气温年变化曲线，计算某地稳定通过农业界限温度 0℃（或 10℃）的起止日期、持续日数和积温。

3. 用五日滑动平均法，计算 1998 年北京市海淀区稳定通过 0℃（或 10℃）的起止日期、持续日数和活动积温的计算步骤和结果。

4. 比较直方图法和五日滑动平均法的应用范围。

实习十一　农业气候要素保证率的求算

一、实习目的

1. 熟悉保证率的概念及意义，掌握保证率的统计方法、保证率曲线图的绘制及应用。

2. 熟悉绝对变率和相对变率的计算方法、含义及应用范围。

二、实习资料

1. 当地历年年降水量（活动积温或其他气象指标）资料序列。

2. 北京市海淀区 1955～1998 年各年稳定通过 0℃和 10℃的日期/日序（表 8）。

表 8　北京市海淀区 1955～1998 年稳定通过 0℃和 10℃的日期/日序

年份	日均气温≥0℃		日均气温≥10℃	
	初始日期/日序	终止日期/日序	初始日期/日序	终止日期/日序
1955	Mar. 14/74	Dec. 5/340	Apr. 20/111	Oct. 5/279
1956	Mar. 13/73	Nov. 18/323	Apr. 4/95	Oct. 22/296
1957	Mar. 14/74	Nov. 25/330	Apr. 12/103	Oct. 20/294
1958	Mar. 3/63	Dec. 13/348	Apr. 9/100	Oct. 14/288
1959	Mar. 1/61	Nov. 20/325	Mar. 25/85	Oct. 23/297
1960	Feb. 13/44	Nov. 20/325	Apr. 10/101	Oct. 22/296
1961	Feb. 17/48	Dec. 1/336	Mar. 28/88	Oct. 19/293
1962	Feb. 28/59	Nov. 17/322	Apr. 5/96	Oct. 16/290
1963	Feb. 18/49	Nov. 23/328	Apr. 9/100	Oct. 19/293
1964	Feb. 29/60	Dec. 3/338	Apr. 10/101	Oct. 15/289
1965	Mar. 7/67	Nov. 28/333	Apr. 30/121	Oct. 29/303
1966	Mar. 10/70	Nov. 19/324	Apr. 11/102	Oct. 23/297

续表

年份	日均气温≥0℃		日均气温≥10℃	
	初始日期/日序	终止日期/日序	初始日期/日序	终止日期/日序
1967	Mar. 6/66	Nov. 11/316	Apr. 9/100	Oct. 29/303
1968	Mar. 3/63	Nov. 11/316	Mar. 30/90	Oct. 10/284
1969	Mar. 14/74	Dec. 1/336	Apr. 5/96	Oct. 25/299
1970	Mar. 21/81	Nov. 20/325	Apr. 8/99	Oct. 24/298
1971	Mar. 16/76	Nov. 27/332	Apr. 5/96	Oct. 21/295
1972	Mar. 1/61	Nov. 19/324	Apr. 9/100	Oct. 20/294
1973	Feb. 27/58	Dec. 2/337	Apr. 3/94	Oct. 22/296
1974	Mar. 13/73	Dec. 2/337	Apr. 3/94	Oct. 19/293
1975	Feb. 24/55	Dec. 4/339	Apr. 2/93	Oct. 28/302
1976	Feb. 18/49	Nov. 10/315	Apr. 9/100	Oct. 23/297
1977	Feb. 19/50	Nov. 30/335	Mar. 29/89	Oct. 31/305
1978	Feb. 20/51	Dec. 13/348	Apr. 3/94	Oct. 25/299
1979	Mar. 2/62	Nov. 11/316	Apr. 28/119	Nov. 2/307
1980	Feb. 22/53	Dec. 2/337	Apr. 17/108	Oct. 19/293
1981	Mar. 1/61	Nov. 24/329	Apr. 2/93	Oct. 21/295
1982	Feb. 15/46	Dec. 2/337	Mar. 27/87	Oct. 21/295
1983	Feb. 23/54	Dec. 8/343	Mar. 28/88	Nov. 2/307
1984	Feb. 28/59	Nov. 26/331	Apr. 7/98	Oct. 27/301
1985	Mar. 11/71	Nov. 28/333	Apr. 5/96	Oct. 20/294
1986	Mar. 2/62	Nov. 23/328	Mar. 26/86	Oct. 16/290
1987	Feb. 27/58	Nov. 25/330	Apr. 14/105	Oct. 18/292
1988	Mar. 5/65	Dec. 12/347	Apr. 7/98	Oct. 27/301
1989	Feb. 20/51	Dec. 13/348	Mar. 25/85	Nov. 4/309
1990	Feb. 26/57	Nov. 29/334	Mar. 29/89	Nov. 4/309
1991	Feb. 27/58	Nov. 24/329	Apr. 2/93	Oct. 29/303
1994	Feb. 16/47	Dec. 1/336	Mar. 28/88	Nov. 9/314
1995	Feb. 6/37	Dec. 7/342	Apr. 3/94	Nov. 6/311
1996	Feb. 22/53	Nov. 26/331	Apr. 14/105	Oct. 25/299
1997	Feb. 9/40	Nov. 30/335	Apr. 4/95	Oct. 26/300
1998	Feb. 11/42	Nov. 16/321	Apr. 3/94	

三、实习内容

1. 保证率

(1) 对当地历年年降水量（活动积温或其他气象要素）进行排序。

(2) 编制频率和保证率统计表。

(3) 绘制保证率曲线。

(4) 编制不同保证率下的年降水量（活动积温或其他气象要素）表。

2. 变率

根据当地历年降水量（活动积温或其他气象要素）资料，计算绝对变率和相对变率。

四、实习作业

1. 利用表 8 计算保证率填写表 9。根据表 9 数据绘制保证率曲线，并由保证率曲线推算保证率为 80%的 0℃（或 10℃）的起始（或终止）日期。

表 9　北京市海淀区大于等于 0℃（或 10℃）的起始（或终止）日序的保证率（1955～1998 年）

组号	1	2	3	4	5	6	7	8
组限								
频数								
频率/%								
保证率/%								

2. 将编制的历年降水量（活动积温或其他气象要素）变率统计表附在实习报告上。

实习十二　农业气候相似分析

一、实习目的

1. 掌握农业气候相似距离的计算方法和地区之间的农业气候相似程度的判断指标。

2. 了解农业气候相似理论的应用范围及应用中要注意的事项。

二、实习资料

1. 各地地面气象观测资料。

2. 农业生物或技术的关键气象指标或标准值。

3. 中国与北美洲部分地区气象条件对比数据（表 10）。

表 10　中国和北美洲部分地区光热水条件对照表

地区	1 月气温 /℃	7 月气温 /℃	12 月气温 /℃	年平均气温 /℃	年降水量 /mm	日照时数 /h
北京	−3.7	26.2	−1.5	12.3	571.8	2780.2
上海	4.7	28.0	7.8	16.6	1184.4	2014.3
天津	−3.5	26.6	−1.1	12.7	544.2	2746.5
杭州	4.3	28.4	6.8	16.5	1454.5	1904.0

续表

地区	1月气温/℃	7月气温/℃	12月气温/℃	年平均气温/℃	年降水量/mm	日照时数/h
福州	10.9	28.9	13.2	19.8	1393.6	1848.3
桂林	7.9	28.0	10.5	18.8	1921.2	3325.9
海口	17.7	28.6	19.0	24.1	1684.5	4479.6
石家庄	−2.2	26.8	−0.1	13.4	549.9	2736.5
哈尔滨	−18.3	23.0	−14.8	4.3	524.3	2644.3
长沙	4.9	28.6	7.7	17.1	1546.4	3354.3
长春	−15.1	23.1	−11.7	5.7	570.4	2643.6
南京	2.4	27.8	4.5	15.5	1062.4	2155.3
沈阳	−11.0	24.6	−7.5	8.4	690.3	2569.0
大连	−3.9	23.4	−0.5	10.9	658.7	3447.6
西宁	−7.4	17.2	−5.7	6.1	368.2	4692.5
济南	−0.4	27.5	1.8	14.7	685.0	2737.3
太原	−5.5	23.4	−3.7	10.0	459.5	2675.8
西安	−0.1	26.6	1.3	13.7	580.2	2038.2
成都	5.6	25.2	7.1	16.1	947.0	1228.2
休斯敦（美国）	10.2	28.1	11.9	19.9	1171.0	2577.9
亚特兰大（美国）	7.0	26.0	6.9	16.5	1290.0	2738.3
佛罗里达（美国）	19.6	28.1	20.6	24.4	1422.0	3154.0
温哥华（加拿大）	3.0	17.2	3.5	9.9	1168.0	1919.2

4. 有关西洋参对气象条件的要求和中国各地引种西洋参的实践经验资料。

西洋参自1975年引进中国后，在年平均气温3.9～15.6℃、1月平均气温不低于12.2℃、冬季有两个多月平均气温不高于5℃、7月平均气温在25℃以下的凉爽环境，无霜期120天以上，降水量为200～1200mm，雨量均匀的地区都可以种植。根据西洋参对温度的要求及多年来全国不同地区引种的成败经验，认为西洋参在中国较适宜的种植地区为华北和东北地区的北京、河北、吉林、辽宁及山东的平原或低山丘陵区。目前，山东西洋参主要种于莱州、烟台等沿海地区，产量高，质量也好。南方许多地区的温度条件虽也适宜西洋参的生长，但因雨量大和湿度高，在生长季节病害容易大面积流行，且较难防治，所以在多雨地区及土壤黏重的地方不宜种植西洋参。

三、实习内容

1. 收集整理气象数据资料，计算各地相应的农业气候指标值。
2. 计算地区之间的农业气候相似距离。
3. 进行地区之间农业气候相似程度的评判，确定指导实践的具体方案。

四、实习作业

1. 把计算得出的各地相应农业气候指标填入初始样本矩阵中。

2. 对数据进行标准化处理，得到待计算农业气候相似距离的标准数据矩阵。

3. 计算地区之间的农业气候相似距离。

4. 在农业气候相似程度判断的基础上进行确定引种或技术引进方案。

5. 本实习以西洋参为例，运用农业气候相似理论和方法判断中国哪些地区能引种西洋参，并确定不同引种地区适宜从哪些原产地引种？

第九章　农业气象统计分析

农业气象数据统计分析使农业与气象关系从定性描述向定量研究发展，通过分析不同农业对象与气象数据之间的相互关系，找出气象条件对农业影响的规律性，为运用气象科技服务农业、实现高效利用资源和规避风险提供技术支持。

第一节　农业气象产量分析

作物生长发育进程和产量形成受气象要素随时间变化状况的影响。分析农业产量变异与气候波动关系，可定量估算气候要素波动对产量的效应和贡献，并提炼农业气象产量。

一、农业产量的组成和分解

分析农业产量与气候要素的关系，首先要去掉气象资料的错误信息和产量材料的不合理样本。气象数据的整理和处理在其他章节中已介绍，这里仅阐述产量材料的处理问题。

提炼农业气象产量基于探讨作物产量形成与各时期气象条件的关系，故由非气象原因造成减产的材料应该剔除。例如，因为某些人为因素或品种更换不合适而造成的大面积减产，这种产量变异是非气象原因所致，所以这一年的产量材料不能参与气象与产量关系的分析。另有一种情况虽属气象原因造成的减产，但也应该把样本材料去掉。例如，一场雹灾、一次毁灭性低温冷害或一场大水冲毁等天灾导致的绝收，这种气象灾害属农业气象灾害研究范畴，这些特殊样本也应该去掉。

影响作物最终产量形成的因素很多，相互之间的制约关系也很复杂。我们通常搜集到的作物产量材料，除田间试验材料外，便是大面积生产田的统计产量。产量不仅受气候条件逐年变化波动的影响，而且还受包括耕作、施肥、病虫害控制、品种特性及其增产措施等生产水平波动的影响。农业技术管理措施反映一定历史时期的社会生产发展水平，其导致的产量在短期内可以有较明显的上升和下降趋势；而气象要素的年际变化通常是在平均值附近上下摆动，数十年内气候变化导致的产量一般为上下波动。受品种改良影响，作物单产明显增加，播种新品种则产量持续保持较高的水平。显然，这种产量的突变和持续高水平的现象是科学技术生产力改进的结果，而非气候条件日趋好转所致。

试验田测产或大面积估产都需要通过随机抽取样本来完成，这种随机样本不可避免具有随机误差。因此，作物单产（y_a）常被分解为随时间推移不断进步的科学技术管理水平所致的趋势产量（y_t）、受气候变化波动的气象产量（y_w）和

随机误差（ε）3 部分，用公式具体描述为

$$y_a = y_t + y_w + \varepsilon$$

趋势产量反映社会生产力因素对产量形成的作用，气象产量反映以气象为主的生态环境因子对产量的影响，随机误差则表示一些偶然的、无法预测的自然或人为因素对产量的影响。随机误差不可避免也无法准确测算，通常根据当时具体情况而粗略估算，而这种随机的粗略估算又可能导致随机误差，因此在实际单产分解时往往忽略此项不计。

因而，在产量预测的业务应用中，常把产量分解为趋势产量和气象产量两项。数学描述即简化为

$$y_a = y_t + y_w$$

研究农业产量与气象条件之间的关系，必须从实际产量中将人为因素去掉，剩下由气候变化而影响的那部分产量波动与气象要素的关系进行统计分析才合理。

实践表明，趋势产量在产量组成中占很大比例，总体呈现随时间增加而逐渐上升的趋势。农业科学技术和管理水平随时间增加使农作物单产水平也随之提高，因此，趋势产量常作为时间的增函数来处理。趋势产量从实际产量中分解并确定后，气象产量也就被确定了。趋势产量是提炼气象产量的前提和基础，趋势产量分解正确与否直接决定着气象产量的准确程度。

检验产量时间趋势项是否可靠，通常以下面 3 项原则作为参考：①全国或整个研究区的趋势产量变化特征是否基本一致（社会和技术水平发展过程差异不大），气候条件相似区域其气候产量是否具有很强的相关性；②趋势产量模拟曲线是否符合社会技术各发展阶段的实际，产量趋势项所反映的生产水平变化与社会调查情况是否基本一致；③去掉产量趋势项后，气候产量与某种作物进行简单相关计算，其结果与农业气象基本规律和生物学特性是否符合等。

研究中需要对各种方法进行比较，以期得到最合适的模拟趋势产量的算法，这样才可能得到更为准确的分析结果。

二、趋势产量的测算

目前，从实际单产中分离趋势产量的处理方法很多，这里介绍 3 种常用的统计方法：①点滑动平均法；②直线滑动平均法；③分段直线性。

1. 点滑动平均法

趋势产量计算时，有当年产量计入滑动样本和当年不计入滑动样本两种情况。假设某地区某作物 n 年的单产序列为 $y_{a\cdot 1}$，$y_{a\cdot 2}$，$y_{a\cdot 3}$，…，$y_{a\cdot n}$，当年产量不计入滑动样本的，即当年趋势产量为前 N 年的滑动平均值，产生的趋势产量序列样本数为 $n-N$，从第 $N+1$ 年起至第 n 年的趋势产量序列分别为 $y_{t\cdot N+1}$，$y_{t\cdot N+2}$，$y_{t\cdot N+3}$，…，$y_{t\cdot n}$，趋势产量序列比实际产量序列少 N 个；当年计入滑

动样本的，即当年趋势产量为前 $N-1$ 年和当年产量的滑动平均值，产生的趋势产量序列样本数为 $n-N+1$，从第 N 年起至第 n 年的趋势产量序列分别为 $y_{t\cdot N}$，$y_{t\cdot N+1}$，$y_{t\cdot N+2}$，…，$y_{t\cdot n}$，趋势产量序列则短 $N-1$ 个。

对于当年产量不计入样本的情况，趋势产量计算方法的数学表达式为

$$y_{t\cdot N+1}=\sum_{i=1}^{N}y_{a\cdot i}$$

$$y_{t\cdot N+2}=\sum_{i=2}^{N+1}y_{a\cdot i}$$

$$y_{t\cdot N+3}=\sum_{i=3}^{N+2}y_{a\cdot i}$$

$$\cdots$$

$$y_{t\cdot n}=\sum_{i=n-N+1}^{n-1}y_{a\cdot i}$$

对于当年产量计入样本的情况，趋势产量计算方法的数学表达式为

$$y_{t\cdot N}=\sum_{i=1}^{N}y_{a\cdot i}$$

$$y_{t\cdot N+1}=\sum_{i=2}^{N+1}y_{a\cdot i}$$

$$y_{t\cdot N+2}=\sum_{i=3}^{N+2}y_{a\cdot i}$$

$$\cdots$$

$$y_{t\cdot n}=\sum_{i=n-N+1}^{n}y_{a\cdot i}$$

一般地，N 取值随样本数量而有所变化。样本数较大时，滑动间断可适当取长一些，即 N 取值大一些。粮食作物产量的滑动通常取 3 年或 5 年，在农业产量保险项目中样本序列长时也有取 11 年滑动求趋势产量的。

随着农业产量保险的发展，另一种利用点滑动平均测算趋势产量的方法在业务领域逐渐兴起。这种方法先把 N 年样本中的极大值和最小值剔除，然后以其余 $N-2$ 年产量算术平均值为趋势产量。这种方法也称为“去两极滑动平均法”。去两极滑动平均法也包括当年计入和不计入样本两种情况，具体计算公式和步骤参照滑动平均法，这里省略不述。

[例 9.1] 湖南省常德市某县双季晚稻 1981～2012 年的单产（32 年产量序列资料，$n=32$），以 5 年滑动平均法（$N=5$），按当年产量计入和不计入样本两种情况分别计算趋势产量。

（1）把原始产量资料列于表 9.1，第 1 列为年份，第 2 列为相应年份的单产；

（2）以 5 年滑动平均法求算趋势产量，第 3 列和第 4 列分别对应当年计入样本和当年不计入样本两种情况的趋势产量计算结果；

（3）挑出连续 5 年单产序列中的最高产和最低产，然后从 5 年产量序列中去

掉这两个产量极值（如果有不止 1 个最大值或最小值，也只剔除 1 个），最后求取剩余 3 个产量的平均值的趋势产量；

（4）第 5 列和第 6 列分别为利用去两极滑动平均法求算的当年计入样本和当年不计入样本两种情况对应的趋势产量。

表 9.1　点滑动平均法计算趋势产量的示例

年份	单产/（kg/hm²）	趋势产量/（kg/hm²）			
		当年计入样本	当年不计入样本	去两极计入	去两极不计入
1981	3967.5				
1982	4282.5				
1983	5257.5				
1984	5130.0				
1985	5527.5	4833.0		4890.0	
1986	5625.0	5164.5	4833.0	5305.0	4890.0
1987	4890.0	5286.0	5164.5	5305.0	5305.0
1988	4873.5	5209.2	5286.0	5182.5	5305.0
1989	5627.3	5308.7	5209.2	5347.5	5182.5
1990	6000.0	5403.2	5308.7	5380.8	5347.5
1991	6120.0	5502.2	5403.2	5505.8	5380.8
1992	5880.0	5700.2	5502.2	5835.8	5505.8
1993	6285.0	5982.5	5700.2	6000.0	5835.8
1994	6447.0	6146.4	5982.5	6135.0	6000.0
1995	7500.0	6446.4	6146.4	6284.0	6135.0
1996	7125.0	6647.4	6446.4	6619.0	6284.0
1997	6105.0	6692.4	6647.4	6619.0	6619.0
1998	7050.0	6845.4	6692.4	6874.0	6619.0
1999	6000.0	6756.0	6845.4	6760.0	6874.0
2000	5700.0	6396.0	6756.0	6385.0	6760.0
2001	5700.0	6111.0	6396.0	5935.0	6385.0
2002	5370.0	5964.0	6111.0	5800.0	5935.0
2003	5700.0	5694.0	5964.0	5700.0	5800.0
2004	5925.0	5679.0	5694.0	5700.0	5700.0
2005	6075.0	5754.0	5679.0	5775.0	5700.0
2006	6255.0	5865.0	5754.0	5900.0	5775.0
2007	6450.0	6081.0	5865.0	6085.0	5900.0
2008	6555.0	6252.0	6081.0	6260.0	6085.0
2009	6750.0	6417.0	6252.0	6420.0	6260.0
2010	6075.0	6417.0	6417.0	6420.0	6420.0
2011	6375.0	6441.0	6417.0	6460.0	6420.0
2012	6570.0	6465.0	6441.0	6500.0	6460.0

2. 直线滑动平均法

直线滑动平均法是将产量的时间序列在某个阶段内的变化看成线性函数。随着阶段的连续滑动，直线不断改变位置、后延滑动而反映产量历史演变趋势的连续变化。依次求取各个阶段内的回归模型，而各时间点上各直线滑动回归模拟值的均值，即为其趋势产量值。若某阶段的线性趋势方程为

$$y_i(t)=a_i+b_it$$

式中，$i=n-k+1$ 为方程个数，k 为滑动步长，n 为样本序列个数；t 为时间序号，则 $i=1$ 时，$t=1$，2，3，…，k；$i=2$ 时，$t=2$，3，4，…，$k+1$；…；$i=n-k+1$ 时，$t=n-k+1$，$n-k+2$，$n=k+3$，…，n。计算每个方程在 t 点上的函数值 y_i（t），这样每个 t 点上分别有 q 个函数值，q 的多少与 n、k 有关。当 $k\leqslant n/2$时，则 $q=1$，2，3，…，k，…，k，…，3，2，1；q 连续为 k 的个数等于 q 连续为 k 的个数等于 $n-2$（$k-1$）；当 $k>n/2$ 时，则 $q=1$，2，3，…，$n-k+1$，…，$n-k+1$，…，3，2，1；q 连续为 $n-k+1$ 的个数等于 $2k-n$。然后求算每个 t 点上各个函数值的平均值：

$$\overline{y}_j(t)=\frac{1}{q}\sum_{j=1}^{q}y_j(t)$$

连接各点的 $\overline{y}_j(t)$，即可表示产量的历史演变趋势，$\overline{y}_j(t)$ 即为对应年份 t 的趋势产量。趋势产量受 k 取值影响，只有 k 足够大时，趋势产量才能消除短周期波动的影响。

直线滑动平均法得到的趋势产量序列与原始产量序列保持同等长度，产量序列样本数量没有损失，因而供统计分析的序列比点滑动平均法所得到的要长一些。

[例 9.2] 基于［例 9.1］湖南省常德市某县双季晚稻 1981～2012 年的单产序列，以 11 年为滑动步长（$k=11$），运用直线滑动平均法求算趋势产量序列。

(1) 以 1981～1991 年对应时间序列 1，2，3，…，11，与这 11 年的单产序列进行统计分析，得到一元线性回归方程为 $y=159.92t+4249.6$，相关系数为 $r=0.79$；

(2) 利用一元线性回归方程计算对应这 11 年的产量模拟值，分别为 4409.5、4569.4、4729.4、4889.3、5049.2、5209.1、5369.0、5529.0、5688.9、5848.8 和 6008.7；

(3) 往后推移 1 年，以 1982～1992 年对应时间序列 1，2，3，…，11，得到产量随时间变化的一元线性回归方程为 $y=122.69t+4646.9$，相关系数为 $r=0.73$；

(4) 利用回归方程模拟 1982～1992 年的产量，分别为 4769.6、4892.3、5015.0、5137.7、5260.4、5383.0、5505.7、5628.4、5751.1、5873.8、5996.5；

(5) 相应地，得到 1983～1993 年的产量模拟方程为 $y=103.66t+4943.1$，相关系数为 $r=0.71$，模拟产量分别为 5046.8、5150.4、5254.1、5357.7、

5461.4、5565.1、5668.7、5772.4、5876.0、5979.7、6083.4；

（6）依此类推，得到1984～1994年、1985～1995年、…、2001～2011年、2002～2012年的产量模拟方程及对应年份的产量模拟值；

（7）计算1981～2012年各年份对应的产量模拟值的平均值，即为相应年份的趋势产量，统计结果列于表9.2的最后1列（第10列）。

表9.2 直线滑动平均法计算趋势产量的过程和结果示例

年份	单产/(kg/hm²)	模拟产量/(kg/hm²)							趋势产量/(kg/hm²)
		1981～1991	1982～1992	1983～1993	1984～1994	…	2001～2011	2002～2012	
1981	3967.5	4409.5							4409.5
1982	4282.5	4569.4	4769.6						4669.5
1983	5257.5	4729.4	4892.3	5046.8					4889.5
1984	5130.0	4889.3	5015.0	5150.4	5038.4				5023.3
1985	5527.5	5049.2	5137.7	5254.1	5165.3	…			5118.6
1986	5625.0	5209.1	5260.4	5357.7	5292.3	…			5206.0
1987	4890.0	5369.0	5383.0	5461.4	5419.3	…			5319.3
1988	4873.5	5529.0	5505.7	5565.1	5546.3	…			5466.4
1989	5627.3	5688.9	5628.4	5668.7	5673.2	…			5661.2
1990	6000.0	5848.8	5751.1	5772.4	5800.2	…			5862.4
1991	6120.0	6008.7	5873.8	5876.0	5927.2	…			6049.6
1992	5880.0		5996.5	5979.7	6054.1	…			6225.8
1993	6285.0			6083.4	6181.1	…			6404.3
1994	6447.0				6308.1	…			6556.4
1995	7500.0					…			6657.5
1996	7125.0					…			6640.9
1997	6105.0					…			6528.9
1998	7050.0					…			6394.1
1999	6000.0					…			6195.7
2000	5700.0					…			6031.0
2001	5700.0					…	5612.7		5913.8
2002	5370.0					…	5712.5	5700.0	5842.8
2003	5700.0					…	5812.4	5798.2	5833.7
2004	5925.0					…	5912.2	5896.3	5867.4
2005	6075.0					…	6012.0	5994.5	5942.5
2006	6255.0					…	6111.8	6092.7	6063.0

续表

年份	单产/(kg/hm²)	模拟产量/(kg/hm²)							趋势产量/(kg/hm²)
		1981～1991	1982～1992	1983～1993	1984～1994	…	2001～2011	2002～2012	
2007	6450.0					…	6211.6	6190.9	6194.9
2008	6555.0					…	6311.4	6289.1	6320.6
2009	6750.0					…	6411.3	6387.3	6458.8
2010	6075.0					…	6511.1	6485.4	6522.6
2011	6375.0						6610.9	6583.6	6597.3
2012	6570.0							6681.8	6681.8

3. 分段直线法

不同历史时期社会经济所处生产水平变化速率不同，受科学技术发展影响的生产水平变化虽然不可能自始至终为一个常数，但在某一短暂的历史时期仍然有相对稳定上升或下降的可能。在新品种或新技术投入生产管理的年份常常为产量趋势突变的年份，因此，采用分段直线法拟合产量趋势能更客观地反映生产水平变化的实际情况。

在不同时段，以时间为自变量，产量为因变量，构建一元线性回归方程，并模拟得到各时间点上的趋势产量值。计算过程同直线滑动法［例 9.2］的前两个步骤，只是步长随时段内样本数而改变，这里具体方法不再赘述。

此外，测算趋势产量方法还有正交多项式、logistic 曲线、指数平滑法和调和权重法等。应用中要根据实际情况和要求确定采用何种方法，但无论什么方法都很难真正代表生产水平发展变化情况。有些地方或某种作物人为因素影响不大，也可以不进行产量时间趋势项的分离处理。在目前科学技术水平下，尽量使趋势产量相对合理就行。

三、气象产量和气候年型

实际单产去掉趋势产量得到气象产量。气象产量具有相对明显的年际波动特性，这是由于引起气象产量年际波动的气象要素具有随时间呈现明显的年际变化特性，这种特性看似随机却并非随机。因此，气象产量的时间序列也不是无序的随机过程，应该存在着某种与大气状态变化类似的内在规律。

单产与趋势产量之差即为气象波动产量。气象波动产量与趋势产量之比称为相对气象产量。以 y'_w 表示相对气象产量（%），即

$$y'_w=\frac{y_w}{y_t}\times100\%=\frac{y_a-y_t}{y_t}\times100\%$$

相对气象产量为正值表示当地气象条件对小麦生产有利，增产；负值表示气象条件对生产不利，减产。当相对气象产量为负值时，以其绝对值百分率为减产率。减产率被广泛采用作为农业气象灾害风险指标。

相对气象产量也常作为产量年型和气候年型的划分指标。以平年、丰年和歉年划分产量年型时，3 种年型常分别对应 $-5.0\% \leqslant y'_w \leqslant 5.0\%$、$y'_w > 5.0\%$ 和 $y'_w < -5.0\%$。

[例 9.3]　以 [例 9.2] 直线滑动平均法测算的趋势产量为依据，计算该县 1981～2012 年晚稻气象产量，并分析产量年型。

(1) 根据表 9.2 中的历年实际单产和趋势产量计算气象产量，并列于表 9.3 的第 4 列；

(2) 计算各年的相对气象产量，并列于表 9.3 第 5 列；

(3) 根据相对气象产量对应产量年型指标判断各年的产量年型，列于表 9.3 第 6 列。

表 9.3　单产分解项及产量年型（1981～2012 年）

年份	实际单产 /(kg/hm²)	趋势产量 /(kg/hm²)	气象产量 /(kg/hm²)	相对气象产量/%	产量年型
1981	3967.5	4409.5	−442.0	−10.0	歉
1982	4282.5	4669.5	−387.0	−8.3	歉
1983	5257.5	4889.5	368.0	7.5	丰
1984	5130.0	5023.3	106.7	2.1	平
1985	5527.5	5118.6	408.9	8.0	丰
1986	5625.0	5206.0	419.0	8.0	丰
1987	4890.0	5319.3	−429.3	−8.1	歉
1988	4873.5	5466.4	−592.9	−10.8	歉
1989	5627.3	5661.2	−34.0	−0.6	平
1990	6000.0	5862.4	137.6	2.3	平
1991	6120.0	6049.6	70.4	1.2	平
1992	5880.0	6225.8	−345.8	−5.6	歉
1993	6285.0	6404.3	−119.3	−1.9	平
1994	6447.0	6556.4	−109.4	−1.7	平
1995	7500.0	6657.5	842.5	12.7	丰
1996	7125.0	6640.9	484.1	7.3	丰
1997	6105.0	6528.9	−423.9	−6.5	歉
1998	7050.0	6394.1	655.9	10.3	丰

续表

年份	实际单产/(kg/hm²)	趋势产量/(kg/hm²)	气象产量/(kg/hm²)	相对气象产量/%	产量年型
1999	6000.0	6195.7	−195.7	−3.2	平
2000	5700.0	6031.0	−331.0	−5.5	歉
2001	5700.0	5913.8	−213.8	−3.6	平
2002	5370.0	5842.8	−472.8	−8.1	歉
2003	5700.0	5833.7	−133.7	−2.3	平
2004	5925.0	5867.4	57.6	1.0	平
2005	6075.0	5942.5	132.5	2.2	平
2006	6255.0	6063.0	192.0	3.2	平
2007	6450.0	6194.9	255.1	4.1	平
2008	6555.0	6320.6	234.4	3.7	平
2009	6750.0	6458.8	291.2	4.5	平
2010	6075.0	6522.6	−447.6	−6.9	歉
2011	6375.0	6597.3	−222.3	−3.4	平
2012	6570.0	6681.8	−111.8	−1.7	平

第二节　马尔柯夫概型分析

马尔柯夫（Markov）概型分析是以时间序列内部概率分布结构为出发点，应用多元时间序列分析和马尔柯夫过程的理论从实测时间序列中总结出随机过程的概率规律。它常用于分析气象和农业气象事件发生的演变规律及预测出现可能性的大小。

一、马尔柯夫过程和转移概率

在大气过程和农业气象研究中，某些现象常被称为某种“状态”。例如，对逐日天气现象划分为“晴”和“雨”两种状态，对以年为单位的气候状态划分为“旱”、“正常”和“涝”三种状态，产量年型划分为“丰年”、“平年”和“歉年”三种状态，双季晚稻寒露风灾害发生分为“有”和“无”两种状态等。

若随机过程 $x(t)$，在时刻 t 系统的状态以 E 表示，对时刻 τ（$\tau>t$）系统所处状态与时间 t 以前所处状态无关，这一过程称为马尔柯夫过程。在这个随机过程中，每一时刻都对应着一种状态，而系统可能存在的状态数目却是有限的，因此，马尔柯夫随机过程通常看成是由若干个可以相互转换的状态构成的时间序列，也称为马尔柯夫链。马尔柯夫链是时间离散、状态离散的随机时间序列，也称为无后效的随机过程。

如果下一个时间（日、月、季、年或生长阶段等）的状态（天气现象的晴、雨，有大风、无大风，农业气象灾害发生与否，病虫害灾害发生与否等）仅与前一个时间的状态有关，而与过去的状态无关，这样的过程可视为马尔柯夫过程。

在实际应用中，马尔柯夫链既适用于时间序列，也适用于空间序列。我们把适用于这两方面的马尔柯夫模型称为“马尔柯夫概型”，在这一概型中，以状态之间的转移及其转移的概率作为研究的重要对象。如果在这个时间序列中，状态之间的转移概率随时间而变，这类过程称为非平稳马尔柯夫过程；如果转移概率不随时间而变，这样的过程称为平稳马尔柯夫过程。在天气气候模拟和农业气象预测中，气候要素时间序列及受气候波动影响的农业气象灾害和农业气象产量的随机过程常作为平稳马尔柯夫过程来处理。

在马尔柯夫链中，系统状态的转移可以是系统中任一状态转移至另一状态或与自身相同的状态，假设系统共有 m 种状态，记为 E_i（$i=1$，2，3，…，m）。对于出现其中任一状态的事件构成一个完备事件群，随时间从状态 E_i 转移到状态 E_j 事件的概率称为转移概率，记为 $p_{ij}=P(E_i/E_j)$，表示由前一状态 E_i 条件下事件 E_j 发生的概率（随机可能性）。

由各状态的各种转移概率为元素组成的矩阵称为转移概率矩阵，记为

状态＼概率＼状态	E_1	E_1	…	E_m
E_1	p_{11}	p_{12}	…	p_{1m}
E_2	p_{21}	p_{22}	…	p_{2m}
⋮	⋮	⋮		⋮
E_m	p_{m1}	p_{m2}	…	p_{mm}

其中，$0\leqslant p_{ij}\leqslant 1.0$，$\sum_{i=1}^{m} p_{ij}=1.0$。如果时间序列中样本数量有限，可以近似地用状态转移频率 $\hat{p}_{ij}$ 来代替转移概率 p_{ij}，即可用转移频率矩阵并把它作为概率矩阵的估计。

状态 频率 状态	E_1	E_1	$\cdots$	E_m
E_1	$\hat{p}_{11}$	$\hat{p}_{12}$	$\cdots$	$\hat{p}_{1m}$
E_2	$\hat{p}_{21}$	$\hat{p}_{22}$	$\cdots$	$\hat{p}_{2m}$
$\vdots$	$\vdots$	$\vdots$		$\vdots$
E_m	$\hat{p}_{m1}$	$\hat{p}_{m2}$	$\cdots$	$\hat{p}_{mm}$

[例 9.4]　根据湖南省常德市地面气象站 1951～2012 年的年降水量，按正态分布划分重旱、轻旱、正常、轻涝、重涝 5 个等级（状态），计算年降水量的状态转移概率。

（1）按正态分布，用 1951～2012 年降水量的标准化序列 −1.29、−0.57、0.57 和 1.29 划分 1～5 级的分界点，得到各年对应的 1～5 状态（表 9.4）；

表 9.4　湖南省常德市年降水量正态 5 级划分对应的历年状态（1951～2012 年）

年份	状态	年份	状态	年份	状态	年份	状态
1951	3	1967	3	1983	3	1999	5
1952	4	1968	2	1984	3	2000	3
1953	3	1969	4	1985	2	2001	3
1954	5	1970	5	1986	3	2002	5
1955	2	1971	1	1987	3	2003	3
1956	3	1972	1	1988	3	2004	3
1957	3	1973	5	1989	4	2005	3
1958	4	1974	2	1990	3	2006	3
1959	3	1975	3	1991	3	2007	2
1960	3	1976	2	1992	3	2008	3
1961	3	1977	4	1993	4	2009	3
1962	3	1978	1	1994	3	2010	4
1963	2	1979	1	1995	4	2011	1
1964	3	1980	5	1996	2	2012	4
1965	3	1981	2	1997	2		
1966	2	1982	3	1998	5		

（2）统计 1951～2012 年对应 1～5 种状态出现的频数分别为 5、11、30、9 和 7；

(3) 统计各种状态转移的频数矩阵 $\boldsymbol{F}$，这里要注意：2012 年作为初始时间，其年降水量作为初始状态时，样本序列中缺乏下一步的数据样本，故计算从上一年转入状态要统计 2012 年，但作为初始状态统计时则不考虑 2012 年；

$$\boldsymbol{F}=\begin{bmatrix} f_{11} & f_{12} & f_{13} & f_{14} & f_{15} \\ f_{21} & f_{22} & f_{23} & f_{24} & f_{25} \\ f_{31} & f_{32} & f_{33} & f_{34} & f_{35} \\ f_{41} & f_{42} & f_{43} & f_{44} & f_{45} \\ f_{51} & f_{52} & f_{53} & f_{54} & f_{55} \end{bmatrix}=\begin{bmatrix} 2 & 0 & 0 & 1 & 2 \\ 0 & 1 & 7 & 2 & 1 \\ 0 & 6 & 16 & 6 & 2 \\ 2 & 1 & 4 & 0 & 1 \\ 1 & 3 & 2 & 0 & 1 \end{bmatrix}$$

(4) $\boldsymbol{F}$ 矩阵中元素 f_{ij} 表示由 $E_i \rightarrow E_j$ 发生的频数，类似于转移频率矩阵 $\hat{\boldsymbol{p}}$；

$$\hat{\boldsymbol{p}}=\begin{bmatrix} \hat{p}_{11} & \hat{p}_{12} & \hat{p}_{13} & \hat{p}_{14} & \hat{p}_{15} \\ \hat{p}_{21} & \hat{p}_{22} & \hat{p}_{23} & \hat{p}_{24} & \hat{p}_{25} \\ \hat{p}_{31} & \hat{p}_{32} & \hat{p}_{33} & \hat{p}_{34} & \hat{p}_{35} \\ \hat{p}_{41} & \hat{p}_{42} & \hat{p}_{43} & \hat{p}_{44} & \hat{p}_{45} \\ \hat{p}_{51} & \hat{p}_{52} & \hat{p}_{53} & \hat{p}_{54} & \hat{p}_{55} \end{bmatrix}=\begin{bmatrix} 0.4 & 0.0 & 0.0 & 0.2 & 0.4 \\ 0.0 & 0.09 & 0.64 & 0.18 & 0.09 \\ 0.0 & 0.2 & 0.53 & 0.20 & 0.07 \\ 0.25 & 0.13 & 0.5 & 0.0 & 0.13 \\ 0.14 & 0.43 & 0.29 & 0.0 & 0.14 \end{bmatrix}$$

(5) 以转移频率矩阵作为概率矩阵 $\boldsymbol{P}$ 的估计。

二、多阶转移概率和极限概率

马尔柯夫过程中，从某时刻的状态转到下一时刻的某状态称为一步转移，从某状态经过下一时刻某状态再转至另一状态称为二步转移，类似还有三步或更多步状态转移。这种多步状态转移也称为多阶或高阶转移，状态 E_i 经过一步转移达到状态 E_j 的概率称为一步转移概率或一阶转移概率，状态 E_i 经过多步转移达到状态 E_j 的概率称为多阶转移概率。在计算初始状态 E_i 经 n 阶转移达到状态 E_j 的转移概率时，可以认为最终状态 E_j 是前一步中的任何状态经过一步转移而达到的，也可以认为是初始状态 E_i 先经过 a 步（$n>a>0$）转移到状态 E_k（$k=1, 2, 3, \cdots, m$），再经过 $n-a$ 步转移到状态 E_j 的。多阶段转移概率计算公式可表示为

$$p_{ij}^{(n)}=\sum_{k=1}^{m} p_{ik}^{(n-1)} p_{kj}=\sum_{k=1}^{m} p_{ik}^{(a)} p_{kj}^{(n-a)}$$

根据华南地区历年荔枝是否发生寒害的信息资料，形成一个以有寒害 S_1 和无寒害 S_2 两种状态描述的离散时间序列，并得到一步状态转移概率矩阵 $\boldsymbol{P}^{(1)}=\begin{bmatrix} 0.79 & 0.21 \\ 0.59 & 0.41 \end{bmatrix}$。利用马尔柯夫链的性质，由一阶转移概率计算高阶转移概率。

从一步转移概率矩阵可知，某年状态 S_1，其后一年寒害状态出现 S_1 和 S_2 的概率分别为 0.79 和 0.21；某年状态 S_2，其后一年有、无寒害发生的概率分别

为 0.59 和 0.41。

某年有寒害发生（S_1），计算其后两年状态为 S_1 的概率。S_1 经两步到达 S_1 有两种途径：一是 $S_1 \to S_1 \to S_1$；二是 $S_1 \to S_2 \to S_1$。

第 1 条途径 $S_1 \to S_1 \to S_1$：由马尔柯夫链的无后效性，第一步转移和第二步转移是独立的，第一步 $S_1 \to S_1$ 转移概率记为 $p_{11}^{(1)}$，按照独立事件概率乘法，$S_1 \to S_1 \to S_1$ 的概率为 $p_{11}^{(1)} \times p_{11}^{(1)} = 0.79 \times 0.79 = 0.6241$；第二条途径 $S_1 \to S_2 \to S_1$ 的转移概率为 $p_{12}^{(1)} \times p_{21}^{(1)} = 0.21 \times 0.59 = 0.1239$。这两条途径都可以使状态 S_1 通过两步转移到状态 S_1，因此，按互不相容事件概率之和得到 S_1 转移至 S_1 的两阶概率为

$$p_{11}^{(2)} = p_{11}^{(1)} \times p_{11}^{(1)} + p_{12}^{(1)} \times p_{21}^{(1)} = 0.6241 + 0.1239 = 0.748 \approx 0.75$$

S_1 经两步到 S_2 也有两种途径：$S_1 \to S_1 \to S_2$ 和 $S_1 \to S_2 \to S_2$。S_1 转移至 S_2 的两阶概率为：$p_{12}^{(2)} = p_{11}^{(1)} \times p_{12}^{(1)} + p_{12}^{(1)} \times p_{22}^{(1)} = 0.79 \times 0.21 + 0.21 \times 0.41 = 0.252 \approx 0.25$；同理，

$$p_{21}^{(2)} = p_{21}^{(1)} \times p_{11}^{(1)} + p_{22}^{(1)} \times p_{21}^{(1)} = 0.59 \times 0.79 + 0.41 \times 0.59 = 0.708 \approx 0.71$$

$$p_{22}^{(2)} = p_{21}^{(1)} \times p_{12}^{(1)} + p_{22}^{(1)} \times p_{22}^{(1)} = 0.59 \times 0.21 + 0.41 \times 0.41 = 0.292 \approx 0.29$$

$$p_{11}^{(3)} = p_{11}^{(2)} \times p_{11}^{(1)} + p_{12}^{(2)} \times p_{21}^{(1)} = 0.75 \times 0.79 + 0.25 \times 0.59 = 0.74$$

$$p_{12}^{(3)} = p_{11}^{(2)} \times p_{12}^{(1)} + p_{12}^{(2)} \times p_{22}^{(1)} = 0.75 \times 0.21 + 0.25 \times 0.41 = 0.26$$

$$p_{21}^{(3)} = p_{21}^{(2)} \times p_{11}^{(1)} + p_{22}^{(2)} \times p_{21}^{(1)} = 0.71 \times 0.79 + 0.29 \times 0.59 = 0.732 \approx 0.73$$

$$p_{22}^{(3)} = p_{21}^{(2)} \times p_{12}^{(1)} + p_{22}^{(2)} \times p_{22}^{(1)} = 0.71 \times 0.21 + 0.29 \times 0.41 = 0.268 \approx 0.27$$

$$p_{11}^{(4)} = p_{11}^{(3)} \times p_{11}^{(1)} + p_{12}^{(3)} \times p_{21}^{(1)} = 0.74 \times 0.79 + 0.26 \times 0.59 = 0.738 \approx 0.74$$

$$p_{12}^{(4)} = p_{11}^{(3)} \times p_{12}^{(1)} + p_{12}^{(3)} \times p_{22}^{(1)} = 0.74 \times 0.21 + 0.26 \times 0.41 = 0.262 \approx 0.26$$

$$p_{21}^{(4)} = p_{21}^{(3)} \times p_{11}^{(1)} + p_{22}^{(3)} \times p_{21}^{(1)} = 0.73 \times 0.79 + 0.27 \times 0.59 = 0.736 \approx 0.74$$

$$p_{22}^{(4)} = p_{21}^{(3)} \times p_{12}^{(1)} + p_{22}^{(3)} \times p_{22}^{(1)} = 0.73 \times 0.21 + 0.27 \times 0.41 = 0.264 \approx 0.26$$

$$p_{11}^{(5)} = p_{11}^{(4)} \times p_{11}^{(1)} + p_{12}^{(4)} \times p_{21}^{(1)} = 0.74 \times 0.79 + 0.26 \times 0.59 = 0.738 \approx 0.74$$

$$p_{12}^{(5)} = p_{11}^{(4)} \times p_{12}^{(1)} + p_{12}^{(4)} \times p_{22}^{(1)} = 0.74 \times 0.21 + 0.26 \times 0.41 = 0.262 \approx 0.26$$

$$p_{21}^{(5)} = p_{21}^{(4)} \times p_{11}^{(1)} + p_{22}^{(4)} \times p_{21}^{(1)} = 0.74 \times 0.79 + 0.26 \times 0.59 = 0.738 \approx 0.74$$

$$p_{22}^{(5)} = p_{21}^{(4)} \times p_{12}^{(1)} + p_{22}^{(4)} \times p_{22}^{(1)} = 0.74 \times 0.21 + 0.26 \times 0.41 = 0.262 \approx 0.26$$

$$p_{11}^{(6)} = p_{11}^{(5)} \times p_{11}^{(1)} + p_{12}^{(5)} \times p_{21}^{(1)} = 0.74 \times 0.79 + 0.26 \times 0.59 = 0.738 \approx 0.74$$

$$p_{12}^{(6)} = p_{11}^{(5)} \times p_{12}^{(1)} + p_{12}^{(5)} \times p_{22}^{(1)} = 0.74 \times 0.21 + 0.26 \times 0.41 = 0.262 \approx 0.26$$

$$p_{21}^{(6)} = p_{21}^{(5)} \times p_{11}^{(1)} + p_{22}^{(5)} \times p_{21}^{(1)} = 0.74 \times 0.79 + 0.26 \times 0.59 = 0.738 \approx 0.74$$

$$p_{22}^{(6)} = p_{21}^{(5)} \times p_{12}^{(1)} + p_{22}^{(5)} \times p_{22}^{(1)} = 0.74 \times 0.21 + 0.26 \times 0.41 = 0.262 \approx 0.26$$

比较以上多阶转移概率矩阵，一阶 $P^{(1)} = \begin{bmatrix} 0.79 & 0.21 \\ 0.59 & 0.41 \end{bmatrix}$ 和二阶 $P^{(2)} =$

$\begin{bmatrix}0.75 & 0.25\\0.71 & 0.29\end{bmatrix}$差异明显，三阶以上差异缩小$\left(P^{(3)}=\begin{bmatrix}0.74 & 0.26\\0.73 & 0.27\end{bmatrix},\ P^{(4)}=P^{(5)}=P^{(6)}=\begin{bmatrix}0.74 & 0.26\\0.74 & 0.26\end{bmatrix}\right)$，到 4 阶以上时，无论初始状态是有寒害发生的 S_1 还是没有寒害发生的 S_2，到达状态 S_1 的转移概率都是 0.74，而到达状态 S_2 的转移概率都等于 0.26。这种与起始状态 S_j 无关，经过若干步转移后达到某种终止状态 S_k 的概率 p_{jk} 是一个常数 p_k。常数 p_k 称为 S_k 的极限概率，也就是 S_k 的绝对概率。

具有马尔柯夫特性的随机过程，系统经过足够长时间的平稳转移后，趋于一个稳定状态的性质称为马尔柯夫链的遍历性。农业气象预测常利用系统状态的绝对概率分布进行未来时刻的状态预测，并从状态绝对概率估计值大小判断未来时刻出现某种状态的可能性及其可能性大小，一般取绝对概率较大的状态为预测状态。

从华南荔枝有无寒害发生的预测实例来看，利用马尔柯夫链的两阶和三阶概率模型进行两年和三年的状态预测比直接用气候概率要准确一些，四阶以上的预测效果则是一样的。这个实例表明，利用马尔柯夫概型预测时，转移概率不一定阶数越高越好，达到极限概率就没必要增加阶数了。进行一步转移概率预测，为了避免由于某种状态在样本中出现的频率较大所带来的影响，往往把状态绝对概率的估计值与初始状态的气候概率进行比较，取大于气候概率的状态作为预测状态。

三、马尔柯夫概型预测及其改进方法

国内外研究普遍认为，气象要素和受气象条件影响的农业生物发育进程及产量形成等的时间序列具有马尔柯夫过程的特征。马尔柯夫概型分析是常用的气象和农业气象预测方法。

在天气形势预报中，常把盛行环流形势分为几种类型，根据逐日历史天气图确定不同类型的转换，这种过程可以看成是马尔柯夫链中状态的转移过程。因而就可以用状态转移概率来描述环流形势演变的规律。张家诚等利用这种方法研究500hPa 高度场上环流形势逐日演变的规律，利用马尔柯夫遍历性研究大气环流演变过程的稳定性，发现与纬向环流型相对应的低阶多项式系数具有较高的平稳性。

么枕生利用马尔柯夫链的转移概率研究逐日天气晴雨状态转移的规律，并提出改进马尔柯夫链的描述特点。他认为马尔柯夫过程仅凭借前一次试验预报未来状态，而不考虑过去更长时间（前几次）任何试验的影响，对大气过程描述过于简单。因此，他考虑较长时期前期影响下状态转移的分析。例如，以晴日为固定起始状态，在序列中凡晴日都划分为状态 E_0，晴日后出现雨日的状态划分为

E_1，当 E_1 后再出现雨日的状态划分为 E_2。显然，E_2 的状态就考虑了前两天的影响。这可以推广到多个前期影响状态的划分，晴、雨两种状态的序列形成了多种状态的马尔柯夫链，然后按马尔柯夫概型分析和预测这些状态之间的转移概率。利用这种改进的方法研究上海地区 5～9 月晴、雨日的变化，结果表明，在一个晴日出现后仍为晴日的概率较高，达 72%；已经持续两个雨日再持续一个雨日的概率也较大，为 58%。这说明在上海地区 5～9 月连阴雨三天的天气过程出现的机会较多。

在马尔柯夫链中，状态对应的往往是一个数值区间而不是一个具体数值。利用马尔柯夫随机概型从某时刻的初始状态可以预测到下一时刻最大可能出现的状态，这个状态对应着一个数值区间，那么，下一时刻真正最大可能出现的数据点值到底是区间上的哪一点呢？农业气象产量预测则常取状态区间中值作为平均预测值。转移概率预测的是状态出现的最大可能性，那么预测值也应该是状态区间出现概率最大的数值点。随机变量在多种状态构成的随机过程中，任何一个状态区间出现的概率机会均等，则可以取中值作为预测值或平均值，但如果在状态区间各数值点出现的概率机会不均等，则应取状态区间中最大可能出现的数值点作为最大可能的预测值或取区间各点的加权平均值作为平均预测值。姜会飞和温德永等基于这种思考于 2006 年提出了综合随机过程的概率分布函数改进马尔柯夫概型的预测方法，并成功地应用到农业气象产量和农业气象灾害预测中。下面介绍这种改进的马尔柯夫概型及其在农业气象预测中的步骤。

在马尔柯夫链中，状态对应的可能是一个数值区间而不是一个具体的数值，即与状态对应的数值可能不是唯一的。假设随机变量 x 在随时间变化而发生的随机过程有如图 9.1 所示的 4 种时间序列，用来描述随机过程的 3 种状态 E_i、E_j 和 E_k 分别对应着的数值区间为 $(x_{i1}, x_{i2}]$、$(x_{j1}, x_{j2}]$ 和 (x_{k1}, x_{k2})；随机过程 1 中，随机变量 x 在取值空间 (x_0, x_n) 内所有数值点集上出现的概率都等于 p_0，这个随机过程的概率密度曲线则可以用直线 AB 来描述；随机过程 3 中，变量 x 在 (x_0, x_n) 数值点集上出现的概率不相等，但在同一状态（E_i、E_j 或 E_k）区间内出现的概率是相等的，在状态 E_i（对应线段为 CD）内变量出现的概率等于 p_2，在状态 E_j（对应线段为 EF）内变量出现的概率等于 p_5，在状态 E_k（对应直线为 GH）变量出现的概率等于 p_4。利用转移概率预测下一步变量最可能出现的状态，而变量在同一状态区间内出现的概率是相同的，即变量发生在这一状态区间内的任意数值都具有同等的机会。也就是说，变量出现在状态上限（对应最大值）、状态下限（对应最小值）和区间任意值的概率是相等的。对随机过程 1 和 3 转移状态的平均值可取中值。但随机过程 2 和 4 中同一状态区间中不同数值点出现的概率是变化的，在下一步转移状态中概率大的数值点出现的可能性较大，变量平均值就倾向状态区间中概率较大的数值点。

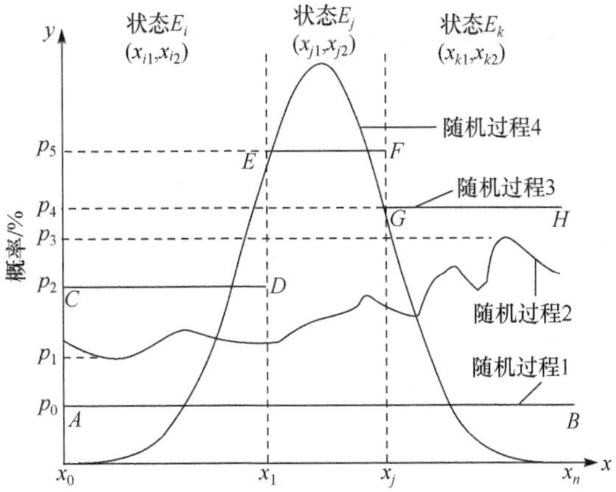

图 9.1　几种随机过程概率密度分布曲线

转移概率预测的是各种状态出现的可能性或概率，那么预测值则是各种可能状态区间上的任意数值点。如果随机变量 x 在预测状态区间出现的概率机会均等，则可以取预测状态区间中间点作为平均值；但如果在状态区间各数值点出现的概率机会不均等，则平均值应取状态区间各数值点的加权平均。因此，运用转移概率预测状态区间后，确定预测值时要事先弄清楚随机过程的概率分布类型，以及构成随机过程的各状态在其对应的数值区间上的概率密度情况。

随机变量概率密度分布函数用 $f(x)$ 表示，运用计算机程序随机生成具有此分布型的序列样本数 N（一般取值 1000）。如果随机生成的由 N 样本组成的序列产生在状态 E_i，则状态变量 x 取值范围为 $x_i \in [x_{i1},\ x_{i2}]$ 的变量数为 M，分别记为 x_1，x_2，x_3，…，x_m。因此，在状态 E_i 区间变量 x 的平均值 $\overline{x}_i = \dfrac{\sum_{i=1}^{m} x_i}{M}$，变量 x 出现在该状态 E_i 的概率为

$$\int_{x_{i1}}^{x_{i2}} f(x)\mathrm{d}x = p(x_{i1} \leqslant x_i \leqslant x_{i2})$$

随机过程对应 m 种状态，记为 E_i $(i=1,\ 2,\ 3,\ \cdots,\ m)$，变量 $x(t)$ 的初始状态为 E_j，变量从状态 E_j 转移到状态 E_k 事件的概率为 p_{jk}。姜会飞和温德永等认为，农业气象随机过程具有特定的轨迹，这种随机过程也称为随机轨迹，其轨迹由样本的状态转移概率和概率密度分布函数共同决定。特定轨迹表现为以初始状态为起点的随机生成的农业气象事件随机序列具有与样本序列相同的状态转移概率和概率密度分布特征。因此，在初始状态和随机轨迹确定后，农业气象变量 $x(t)$在下一时刻的预测平均值为 $x(t+1) = \sum_{i=1}^{m} [\overline{x}_i(t+1) \times p_{ji}]$。

第三节　相关关系与回归分析

光照、温度、水和空气等气象因素与作物生长、发育和产量之间有着密切的关系。回归分析目前是农业气象统计分析中最常用的一种方法，尤其在农业气象预报业务中为国内外所常用。根据自变量和因变量的关系类型，回归分析可分为线性回归分析和非线性回归分析。一般地，非线性关系可以转换为线性关系处理，故本节仅介绍线性回归分析。

一、相关关系和相关系数

1. 相关关系

变量之间的相互关系分为函数关系和相关关系。函数关系是指一定条件下，自变量和因变量之间完全确定的关系。相关关系是指，当自变量 x 给定一个确定值 x_0 时，因变量 y 有若干个随机值（y_1，y_2，y_3，…，y_n）与之相对应，这是在自变量 $x=x_0$ 条件下，其值与因变量的条件平均值 $\bar{y}_0=\frac{1}{n}\sum_{i=1}^{n}y_i$（也称为无偏估计值 $\hat{y}_0$）相对应的关系。

例如，北京地区 11 月平均气温与冬小麦产量的对应关系如表 9.5 所示。

表 9.5　北京地区冬前 11 月平均气温与冬小麦产量的关系

11 月平均气温/℃	5.1	5.7	4.8	3.4	3.9	4.6	6.4	4.6	3.4
产量/（kg/hm²）	3600.0	3901.5	4551.0	4242.8	5014.5	4384.5	4898.3	4593.0	5357.3
11 月平均气温/℃	3.7	6.4	7.7	4.2	5.4	4.0	5.9	3.0	5.3
产量/（kg/hm²）	5475.0	4747.5	5563.5	5413.0	5541.0	4763.6	5325.5	4424.3	4428.0
11 月平均气温/℃	3.4	3.5	6.5	7.5	6.8	5.6	6.3	2.2	5.8
产量/（kg/hm²）	4765.9	4749.3	4781.4	4762.8	4640.9	4012.3	4327.4	4240.8	5883.5

从表 9.5 中可以看出，当 11 月平均气温升高，翌年冬小麦产量也有升高的趋势，但数值并不一一对应。例如，当气温为 3.4℃时，与之对应的产量数值就有 3 个：4242.8kg/hm^2、5357.3kg/hm^2 和 4765.9kg/hm^2。当平均气温为 3.4℃时，与之对应的只能是以上 3 个产量的条件平均值 4788.7kg/hm^2，气温和产量的这种对应关系就是相关关系。

简单相关关系用一元线性回归方程表达为：$\hat{y}=b_0+bx$，b_0 为常数，b 为回归系数。

一个因变量与一个自变量之间的相关关系称为简单相关关系，一个因变量与多个自变量综合作用的关系称为复相关关系。例如，冬小麦产量 y 与冬前积温 x_1、播前底墒 x_2、返青阶段平均气温 x_3 和抽穗扬花期光照时间 x_4 等有关，这种复相关关系用多元线性回归方程表达为：$\hat{y}=b_0+b_1x_1+b_2x_2+b_3x_3+b_4x_4$。

函数关系与相关关系并没有严格界限。由于测量误差，变量之间的关系在实际中往往表现为相关关系；而当对变量之间的内部规律十分清楚时，从一定的统计意义上来看相关关系又可以转化为函数关系，即从不确定的关系转化为完全确定的关系。古今科学实践表明，许多定律（函数关系）都是在大量实验数据的基础上，通过相关关系的归纳总结而得到的。

2. 相关系数

一般地，两个变量之间的相关系数严格地讲是线性相关系数。自变量 x_i（x_1，x_2，x_3，…，x_n）和因变量 y_i（y_1，y_2，y_3，…，y_n）之间相互关系的密切程度用简单相关系数 r_{xy} 表示。设 $L_{xx}=\sum_{i=1}^{n}x_i^2-\frac{1}{n}\left(\sum_{i=1}^{n}x_i\right)^2$，$L_{yy}=\sum_{i=1}^{n}y_i^2-\frac{1}{n}\left(\sum_{i=1}^{n}y_i\right)^2$，$L_{xy}=\sum_{i=1}^{n}(x_i\cdot y_i)-\frac{1}{n}\sum_{i=1}^{n}x_i\cdot\sum_{i=1}^{n}y_i$，简单相关系数 r_{xy} 的计算公式如下：

$$r_{xy}^2=\frac{L_{xy}^2}{L_{xx}\cdot L_{yy}}$$

相关系数变化范围为 $-1\sim+1$，即 $-1\leqslant r_{xy}\leqslant+1$；$r_{xy}>0$ 表示两个变量之间呈正相关，$r_{xy}<0$ 表示呈负相关；$|r_{xy}|$ 越接近 1，表示两个变量的相关关系越强；$|r_{xy}|$ 越接近 0，表示两个变量的相关关系越弱；$r_{xy}=0$ 表示变量之间没有线性相关关系，两者不相关；$r_{xy}=\pm1$ 表示变量之间具有线性函数关系，即两者完全相关。

若因变量 y 随自变量 x_1，x_2，…，x_k 的变化而变化，根据这些变量之间两两相关系数形成的矩阵 $\boldsymbol{W}_{xy}$ 和自变量两两因子之间的相关系数矩阵 $\boldsymbol{W}_{xx}$ 分别为

$$\boldsymbol{W}_{xy}=\begin{bmatrix}1 & r_{y1} & r_{y2} & \cdots & r_{yk}\\ r_{1y} & 1 & r_{12} & \cdots & r_{1k}\\ r_{2y} & r_{21} & 1 & \cdots & r_{2k}\\ \vdots & \vdots & \vdots & & \vdots\\ r_{ky} & r_{k1} & r_{k2} & \cdots & 1\end{bmatrix}\qquad \boldsymbol{W}_{xx}=\begin{bmatrix}1 & r_{12} & \cdots & r_{1k}\\ r_{21} & 1 & \cdots & r_{2k}\\ \vdots & \vdots & & \vdots\\ r_{k1} & r_{k2} & \cdots & 1\end{bmatrix}$$

复相关程度用复相关系数 $r_{y\cdot12\cdots k}$ 表示，$r_{y\cdot12\cdots k}$ 的计算公式为

$$r_{y\cdot12\cdots k}^2=1-\frac{W_{xy}}{W_{xx}}$$

若多元回归方程表达为 $\hat{y}_i=b_0+b_1x_{1i}+b_2x_{2i}+\cdots+b_kx_{ki}$，则复相关系数可

以通过因变量的样本序列数值 y_i 与回归估计值 $\hat{y}_i$ 计算得到，数学表达式为

$$r_{y\cdot 12\cdots k}^2 = 1 - \frac{\sum_{i=1}^{n}(y_i - \hat{y}_i)^2}{\sum_{i=1}^{n}(y_i - \bar{y})^2}$$

相关系数只是从统计角度判断变量的相关程度，并不能判断变量之间是否具有生物学和气象学的实际意义。但在相互联系的事物之间，相关系数能帮助我们选出有意义的主要影响因子。例如，在寻找预报指标时，常用相关普查的办法，找到较大相关系数后，再考虑其物理、生物或气象学原因。受认识水平所限，很多事物之间内在的真实联系往往并未发觉。

3. 相关系数的检验

相关系数是由样本计算出来的，称为样本相关系数。它是否真正反映总体相关情况呢？需要进行显著性检验，由样本相关去推断总体相关情况。

假设因变量与自变量总体不相关（总体相关系数等于 0）成立，样本的简单相关系数的概率密度分布函数遵循 t 分布，复相关系数服从 F 分布，因此分别用 t 检验法和 F 检验法对简单相关系数和复相关系数的假设进行检验，判断变量相关是否显著、回归方程是否有统计意义等。

1）简单相关系数的检验

在原假设总体不相关（相关系数 H_0：$\rho=0$）条件下，根据样本数 n 和简单相关系数 r_{xy} 计算得到的统计量 $t=\frac{r_{xy}}{\sqrt{1-r_{xy}^2}}\sqrt{n-2}$ 遵从自由度 $f=n-2$ 的 t 分布。从 t 分布表（附表 1）查自由度 f 和信度 α（显著水平）条件下的临界值 t_α。如果统计量 t 的计算值 $|t|\geqslant t_\alpha$ 则否定原假设，即相关系数通过显著性的 t 检验，判断两个变量在信度水平 α 下相关关系显著；否则，如果 $|t|<t_\alpha$ 则接受原假设关于总体相关系数为零的假设，即两个变量在信度水平 α 下不相关。也可以通过附表 1 查得的临界值 t_α 求相关系数的临界值 $r_c=\sqrt{\frac{t_\alpha^2}{n-2+t_\alpha^2}}$，如果 $|r_{xy}|\geqslant r_c$，则 $|r_{xy}|$ 在临界值 r_c 及其以上者都通过显著性 t 检验；否则，若 $|r_{xy}|<r_c$，则变量之间表现为不相关统计关系。

2）复相关系数的检验

假设因变量 y 与自变量 x_1，x_2，…，x_k 总体无线性关系，则 H_0：$\rho_1=\rho_2=\cdots=\rho_k=0$，根据样本数 n、自变量个数 k 和复相关系数 $r_{y\cdot 12\cdots k}$ 计算得到的统计量 $F=\frac{r_{y\cdot 12\cdots k}}{1-r_{y\cdot 12\cdots k}}\cdot\frac{n-k-1}{k}$ 遵从分子自由度 $f_1=k$，分母自由度 $f_2=n-k-1$ 的 F 分

布。从 F 分布表（附表 2）查分子自由度 f_1、分母自由度 f_2 和信度 α 条件下的临界值 $F_{\alpha}^{(f_1,f_2)}$。计算值 $|F| \geqslant F_{\alpha}^{(f_1,f_2)}$，则相关系数通过显著性检验，判断在信度水平 α 下复相关关系显著；否则，如果 $|F| < F_{\alpha}^{(f_1,f_2)}$，则复相关不显著。

二、偏相关分析

简单相关分析能够检验两个变量的相关程度，并通过相关系数的正、负号判断相关的方向。在多元相关分析中，变量之间的关系较复杂，任何两个变量之间常常存在不同程度的简单相关关系，但是这种相关关系又包含其他变量的影响。简单相关分析没有考虑其他变量对这两个变量的影响，故简单相关分析实际上并不能真实反映两个变量的相关关系。而只有消除了其他变量的影响之后，研究两个变量之间的相关性，才能真实地反映这两个变量之间相关的性质和密切程度。偏相关分析就是在固定其他变量不变的情况下，单独研究某两个变量之间相关性的统计分析方法。

1. 偏相关关系和偏相关系数

在多个相关变量中，其他变量保持固定不变的情况下，某两个变量之间的线性相关关系称为偏相关关系。多元相关分析中往往因为第三变量的影响或作用，使简单相关系数不能真实地反映两个变量之间的线性相关程度，这也是二元变量相关分析不精确产生的原因。

偏相关分析在研究两个变量之间的线性相关关系时控制可能对其产生影响的其他变量。例如，玉米气候产量 y 与雄穗抽穗期日序 x_1 和雌穗抽穗期日序 x_2 都有关，x_1 和 x_2 之间也相关。x_1 和 x_2 对 y 的综合影响是复相关关系，任何两个变量之间的净相关关系不能用简单相关来表达。为了消除其他变量的可能影响，把一个变量或多个变量固定当成常数后，单独分析得到的某一个变量与另一个变量之间的关系称为偏（净）相关关系。

用偏相关系数表示两个变量偏相关的性质与程度。根据被固定的变量个数可将偏相关系数分级，偏相关系数的级数等于被固定的变量的个数。

当研究 2 个相关变量 x_1、x_2 的相关关系时，用简单相关系数 r_{12} 表示 x_1 与 x_2 线性相关的性质与程度。此时固定的变量个数为 0，所以简单相关系数 r_{12} 又称为零级偏相关系数。当研究 3 个相关变量 x_1、x_2、x_3 的相关时，把 x_3 保持固定不变，x_1 与 x_2 的相关系数称为 x_1 与 x_2 的偏相关系数，记为 $r_{12\cdot3}$，类似地，还有偏相关系数 $r_{13\cdot2}$、$r_{23\cdot1}$。这 3 个偏相关系数固定的变量个数为 1，所以都称为一级偏相关系数。

当研究 4 个相关变量 x_1、x_2、x_3、x_4 的相关关系时，须将其中的 2 个变量固定不变，研究另外 2 个变量之间的相关关系，即此时只有二级偏相关系数才真实地反映 2 个相关变量之间线性相关的性质与程度。二级偏相关系数共有 $C_4^2=6$ 个：$r_{12\cdot34}$、$r_{13\cdot24}$、$r_{14\cdot23}$、$r_{23\cdot14}$、$r_{24\cdot13}$、$r_{34\cdot12}$。

一般地，当研究 m 个相关变量 x_1，x_2，…，x_m 的相关关系时，只有将其中的 $m-2$ 个变量保持固定不变，研究另外两个变量的相关才能真实地反映这两个相关变量间的相关，即此时只有 $m-2$ 级偏相关系数才真实地反映了这两个相关变量间线性相关的性质与程度。$m-2$ 级偏相关系数共有 $C_m^2=m(m-2)/2$ 个。x_i 与 x_j 的 $m-2$ 级偏相关系数记为 $r_{ij}.$（i、$j=1$，2，…，m，$i\neq j$）。偏相关系数的取值范围为 $[-1,\ 1]$，即 $-1\leqslant r_{ij}.\leqslant 1$。

一级偏相关系数可由零级偏相关系数，即直线相关系数计算，计算公式为

$$r_{12\cdot3}=\frac{r_{12}-r_{13}r_{23}}{\sqrt{(1-r_{13}^2)(1-r_{23}^2)}}$$

$$r_{13\cdot2}=\frac{r_{13}-r_{12}r_{32}}{\sqrt{(1-r_{12}^2)(1-r_{32}^2)}}$$

$$r_{23\cdot1}=\frac{r_{23}-r_{21}r_{31}}{\sqrt{(1-r_{21}^2)(1-r_{31}^2)}}$$

二级偏相关系数可由一级偏相关系数计算，计算公式为

$$r_{12\cdot34}=\frac{r_{12\cdot3}-r_{14\cdot3}r_{24\cdot3}}{\sqrt{(1-r_{14\cdot3}^2)(1-r_{24\cdot3}^2)}}$$

$$r_{13\cdot24}=\frac{r_{13\cdot2}-r_{14\cdot2}r_{34\cdot2}}{\sqrt{(1-r_{14\cdot2}^2)(1-r_{34\cdot2}^2)}}$$

$$r_{14\cdot23}=\frac{r_{14\cdot2}-r_{13\cdot2}r_{43\cdot2}}{\sqrt{(1-r_{13\cdot2}^2)(1-r_{43\cdot2}^2)}}$$

$$r_{23\cdot14}=\frac{r_{23\cdot1}-r_{24\cdot1}r_{34\cdot1}}{\sqrt{(1-r_{24\cdot1}^2)(1-r_{34\cdot1}^2)}}$$

$$r_{24\cdot13}=\frac{r_{24\cdot1}-r_{23\cdot1}r_{43\cdot1}}{\sqrt{(1-r_{23\cdot1}^2)(1-r_{43\cdot1}^2)}}$$

$$r_{34\cdot12}=\frac{r_{34\cdot1}-r_{32\cdot1}r_{42\cdot1}}{\sqrt{(1-r_{32\cdot1}^2)(1-r_{42\cdot1}^2)}}$$

m 个相关变量 x_1，x_2，…，x_m 的 $m-2$ 级偏相关系数的计算方法如下所述。

首先，计算简单相关系数，即直线相关系数 r_{ij}：

$$r_{ij}=\frac{SP_{ij}}{\sqrt{SS_iSS_j}}\quad (i、j=1,\ 2,\ \cdots,\ m)$$

其中，$SS_{ij}=\sum(x_i-\bar{x}_i)(x_j-\bar{x}_j)$，$SS_i=\sum(x_i-\bar{x}_i)^2$，$SS_j=\sum(x_j-\bar{x}_j)^2$，并

由简单相关系数 r_{ij} 组成相关系数矩阵 $\boldsymbol{R}$：

$$\boldsymbol{R}=\begin{bmatrix} r_{11} & r_{12} & \cdots & r_{1m} \\ r_{21} & r_{22} & \cdots & r_{2m} \\ \vdots & \vdots & & \vdots \\ r_{m1} & r_{m2} & \cdots & r_{mm} \end{bmatrix}$$

然后求相关系数矩阵 $\boldsymbol{R}$ 的逆矩阵 $\boldsymbol{C}$

$$\boldsymbol{C}=\boldsymbol{R}^{-1}=\begin{bmatrix} C_{11} & C_{12} & \cdots & C_{1m} \\ C_{21} & C_{22} & \cdots & C_{2m} \\ \vdots & \vdots & & \vdots \\ C_{m1} & C_{m2} & \cdots & C_{mm} \end{bmatrix}$$

则相关变量 x_i 与 x_j 的 $m-2$ 级偏相关系数 r_{ij} 的计算公式为

$$r_{ij}=\frac{-C_{ij}}{\sqrt{C_{ii}C_{jj}}}\ (i、j=1,\ 2,\ \cdots,\ m;\ i\neq j)$$

2. 偏相关系数的显著性检验

偏相关系数检验和简单相关系数检验方法相同，都是采用 t 检验法，差别在于自由度要去掉被固定的常数个数 k，即 $f=n-k-2=n-m$，n 为样本数，m 为变量数，k 为偏相关级数。

设相关变量 x_i 与 x_j 的总体偏相关系数为 ρ_{ij}，则对偏相关系数 r_{ij} 进行显著性检验的无效假设与备择假设为

$$H_0:\rho_{ij}=0,\ H_A:\rho_{ij}\neq 0$$

$$统计量\ t=\frac{r_{ij\cdot}}{S_{r_{ij}\cdot}}=\frac{r_{ij\cdot}}{\sqrt{1-r_{ij\cdot}^2}}\cdot\sqrt{n-k-2}$$

式中，$S_{r_{ij}\cdot}$ 为偏相关系数标准误，$S_{r_{ij}\cdot}=\sqrt{\dfrac{1-r_{ij\cdot}^2}{n-m}}$。

注意，m 个相关变量的偏相关分析中的 m 指包括自变量和因变量的相关变量的总个数；m 元线性回归分析中的 m 则仅指自变量的个数；这两种分析方法中的 m 所表达的意义是不同的。同样，在查 t 分布表时，偏相关分析所用的自由度是 $n-m$；而对于简单相关分析时，自由度为 $n-2$。

如果统计量计算得到的 $|t|\geqslant t_\alpha$，则变量 x_i 与变量 x_j 之间的偏相关关系显著，即偏相关系数通过检验；否则，如果 $|t|<t_\alpha$，则 x_i 与 x_j 之间的偏相关关系不显著。

3. 主要影响因子判别

在多变量相互作用和相互影响的综合分析中，简单相关系数和偏相关系数在

数值上可以相差很大，有时甚至符号相反。只有偏相关分析才能正确地表示两个变量之间线性相关的性质和程度，才真实反映了两个变量之间的本质联系。而简单相关分析则可能由于其他变量的影响，反映的两个变量之间的关系只是非本质的表面联系。因此，对多变量资料进行相关分析时，应进行偏相关分析，偏相关分析常用于判别和提取主要影响因子。

例如，通过对 28 块试验田的统计得到，玉米气候产量 y 与雄穗抽穗期日序 x_1 和雌穗抽穗期日序 x_2 三个变量两两之间的简单相关系数分别为 $r_{y1}=0.799$、$r_{y2}=0.570$、$r_{12}=0.570$，则 x_1 和 x_2 与 y 之间的复相关系数：

$$r_{y\cdot 12}=\sqrt{\frac{0.799^2+0.570^2-2\times 0.799\times 0.570\times 0.570}{1-0.570^2}}=\sqrt{0.642}=0.8012$$

检验：假设总体复相关为 0，根据统计量计算，

$$F=\frac{r_{y\cdot 12}^2}{1-r_{y\cdot 12}^2}\cdot\frac{n-k-1}{k}=\frac{0.8012^2}{1-0.8012^2}\cdot\frac{28-2-1}{2}=22.41$$

对于给定信度 $\alpha=0.01$，自由度 $f_1=2$，$f_2=25$，查附表 2 得 $F_{0.01}^{(2,25)}=5.57$。

$F_{计算值}=22.41\gg 5.57$，故否定原假设，即玉米雄穗抽穗期日序和雌穗抽穗期日序与气候产量的复相关关系是显著的。

偏相关系数

$$r_{y1\cdot 2}=\frac{r_{y1}-r_{y2}\cdot r_{12}}{\sqrt{(1-r_{y2}^2)(1-r_{12}^2)}}=\frac{0.570-0.799\times 0.570}{\sqrt{(1-0.799^2)\cdot(1-0.570^2)}}=0.2319$$

$$r_{y2\cdot 1}=\frac{r_{y2}-r_{y1}\cdot r_{12}}{\sqrt{(1-r_{y1}^2)(1-r_{12}^2)}}=\frac{0.799-0.570\times 0.570}{\sqrt{(1-0.570^2)\cdot(1-0.570^2)}}=0.7023$$

$$r_{12\cdot y}=\frac{r_{12}-r_{y1}\cdot r_{y2}}{\sqrt{(1-r_{y1}^2)(1-r_{y2}^2)}}=\frac{0.570-0.799\times 0.570}{\sqrt{(1-0.799^2)\cdot(1-0.570^2)}}=0.2319$$

检验：假设总体偏相关为 0。

计算统计量 $t_{y1}=\frac{r_{y1\cdot 2}}{\sqrt{1-r_{y1\cdot 2}^2}}\cdot\sqrt{n-m}=\frac{0.7023}{\sqrt{1-0.7023^2}}\cdot\sqrt{28-3}=4.933$

$$t_{y2}=\frac{r_{y2\cdot 1}}{\sqrt{1-r_{y2\cdot 1}^2}}\cdot\sqrt{n-m}=\frac{0.2319}{\sqrt{1-0.2319^2}}\cdot\sqrt{28-3}=1.192$$

$$t_{12}=\frac{r_{12\cdot y}}{\sqrt{1-r_{12\cdot y}^2}}\cdot\sqrt{n-m}=\frac{0.2319}{\sqrt{1-0.2319^2}}\cdot\sqrt{28-3}=1.192$$

给定信度 $\alpha=0.01$，对于自由度 $f=25$，查附表 1 得 $t_{0.01}^{25}=2.787$。

$t_{y1}=4.933>2.787$，通过显著性检验，表明雌穗抽穗期日序与气候产量偏相关显著；

$t_{y2}=1.192<2.787$，表明雄穗抽穗期日序与气候产量偏相关关系不显著；

$t_{12}=1.192<2.787$，表明雄穗抽穗期与雌穗抽穗期之间的偏相关关系不

显著。

以上结果说明，从简单相关系数来看，玉米气候产量与雄穗抽穗期和雌穗抽穗期都相关。但进一步的偏相关分析则表明，玉米气候产量只与雌穗抽穗期相关，而与雄穗抽穗期无关；影响玉米气候产量的主要原因是雌穗抽穗期早晚，两者具有正相关关系，即雌穗抽穗期早，气候产量低，雌穗抽穗期晚，气候产量则高。

三、回归方程的构建和回归效果分析

1. 回归方程的构建

1）一元线性回归方程

构建一元线性方程 $\hat{y}_i=b_0+bx_i$，回归系数 $b=\dfrac{L_{xy}}{L_{xx}}$，常数项 $b_0=\bar{y}-b\bar{x}$。

也可运用消元法，求方程组 $\begin{cases} n\,b_0+b_1\sum\limits_{i=1}^{n}x_i=\sum\limits_{i=1}^{n}y_i \\ b_0\sum\limits_{i=1}^{n}x_i+b_1\sum\limits_{i=1}^{n}x_i^2=\sum\limits_{i=1}^{n}(x_i\cdot y_i) \end{cases}$ 的解，得到 b_0 和 b_1。

根据水稻气候产量 y_i 与生长期间有效积温 x_{1i} 和 8 月下旬温度 x_{2i} 的对应关系（表 9.6），构建气候产量与 8 月下旬温度之间的线性回归方程为：$\hat{y}_i=41.268x_{2i}-1098.9$；相关系数为：$r_{y2}=0.9266$。

表 9.6 某地水稻气候产量与 8 月下旬温度之间的关系

气候产量/(kg/hm²)	19.8	−21.2	81.1	110.8	−97.3	139.0	157.6	−142.2	118.8	73.4	107.3	113.5	−65.0	115.9	−184.0
积温/(℃·d)	2705	2698	2800	2817	2640	2708	2773	2803	2733	2739	2839	2630	2717	2737	2619
气温/℃	27.4	25.6	29.4	29.6	23.2	29.8	28.0	23.0	29.3	28.4	29.5	29.8	25.4	29.3	24.5

对于给定信度 $\alpha=0.001$，自由度为 15−2=13，查附表 1 得临界 $t_\alpha=4.221$，推算相关系数临界值 $r_{y2_c}=0.7604$。

变量之间相关系数的计算值 r_{y2}（0.9266）大于临界值 r_{y2_c}（0.7604），即该地水稻气候产量与 8 月下旬温度的相关系数通过显著性检验，表明回归方程具有统计意义。

2）多元线性回归方程

构建多元线性回归方程 $\hat{y}_i=b_0+b_1x_{1i}+b_2x_{2i}+\cdots+b_kx_{ki}=b_0+\sum\limits_{j=1}^{k}b_jx_{ji}$，

回归系数 b_1，b_2，…，b_k 通过消元法，求解方程组

$$\begin{cases} L_{11}b_1+L_{12}b_2+L_{13}b_3+\cdots+L_{1k}b_k=L_{1y} \\ L_{21}b_1+L_{22}b_2+L_{23}b_3+\cdots+L_{2k}b_k=L_{2y} \\ \vdots \quad \vdots \quad \vdots \quad \vdots \quad \vdots \\ L_{k1}b_1+L_{k2}b_2+L_{k3}b_3+\cdots+L_{kk}b_k=L_{ky} \end{cases}$$

得到，常数项 $b_0=\bar{y}-b_1\bar{x}_{1i}-b_2\bar{x}_{2i}-b_3\bar{x}_{3i}-\cdots-b_k\bar{x}_{ki}$。

方程组中 $\begin{cases} L_{jj} = \sum\limits_{i=1}^{n} x_{ji}^2 - \dfrac{1}{n}\left(\sum\limits_{i=1}^{n} x_{ji}\right)^2 \\ L_{jk} = \sum\limits_{i=1}^{n}(x_{ji}\cdot x_{ki}) - \dfrac{1}{n}\sum\limits_{i=1}^{n} x_{ji}\cdot\sum\limits_{i=1}^{n} x_{ki} \\ L_{jy} = \sum\limits_{i=1}^{n}(x_{ji}\cdot y_i) - \dfrac{1}{n}\sum\limits_{i=1}^{n} x_{ji}\cdot\sum\limits_{i=1}^{n} y_i \end{cases}$

根据水稻气候产量 y_i 与生长期间有效积温 x_{1i} 和 8 月下旬温度 x_{2i} 的对应关系（表 9.6），构建水稻气候产量与生长期有效积温和 8 月下旬温度之间的二元线性回归方程为：$\hat{y}_i=0.131x_{1i}+35.498x_{2i}-1298.72$；相关系数为：$r_{y\cdot 12}=0.9248$。根据复相关系数和样本数计算 $F=\dfrac{r_{y\cdot 12\cdots k}^2}{1-r_{y\cdot 12\cdots k}^2}\cdot\dfrac{n-k-1}{k}=\dfrac{0.9248^2}{1-0.9248^2}\cdot\dfrac{12}{2}=35.4522$。

对于给定信度 $\alpha=0.05$，分子自由度 $f_1=2$，分母自由度 $f_2=15-2-1=12$，查附表 2 得临界值 $F_{0.05}^{(2,12)}=3.88$。

F 计算值（35.4522）大于 F_α 临界值（3.88），即该地水稻气候产量与有效积温和 8 月下旬温度的复相关系数通过显著性检验，表明该二元线性回归方程具有统计意义。

2. 回归效果的分析

回归方程的回归效果可以用相关系数来衡量。一元回归方程的简单相关系数和多元回归方程的复相关系数的数值大小可以作为衡量回归方程的效果。相关系数通过显著性检验，则认为回归方程具有统计意义，否则无意义。除相关系数外，离差分析和方差分析也是常用的衡量回归效果和鉴别回归方程优劣的统计分析方法。

1）离差分析

因变量 y 与 k 个自变量 x 构建的 n 个多元线性回归方程组 $\hat{y}_i=b_0+\sum\limits_{j=1}^{k}b_jx_{ji}$，产生对应样本数 n 组 y_i 与其回归估计值 $\hat{y}_i$，$L_{yy}=\sum\limits_{i=1}^{n}(y_i-\bar{y}_i)^2$ 表示离

差平方和，$U=\sum_{i=1}^{n}(\hat{y}_i-\bar{y})^2$ 表示回归平方和，$Q=\sum_{i=1}^{n}(y_i-\hat{y}_i)^2$ 表示残差平方和，其中 $\bar{y}=\frac{1}{n}\sum_{i=1}^{n}y_i$。

总的离差平方和等于回归平方和加上残差平方和，即 $L_{yy}=U+Q$。

对于样本确定的序列，总的离差平方和 L_{yy} 是一个常数。因此，U 大则 Q 小，U 小则 Q 大。那么就可以利用 Q 或 U 来衡量回归效果。这就是所谓的离差分析。

一元线性回归 $U=bL_{xy}$，k 元线性回归 $U=\sum_{i=1}^{k}b_iL_{iy}$。回归系数确定后，回归平方和 U 和残差平方和 Q 就可以根据自变量 x 和因变量 y 的样本序列统计算出。如果用回归平方和与总的离差平方和之比，即得到相关系数的平方：对一元回归，$r^2=\frac{U}{L_{yy}}=\frac{bL_{xy}}{L_{yy}}=\frac{L_{xy}{}^2}{L_{xx}\cdot L_{yy}}$；对多元回归，$r^2=\frac{U}{L_{yy}}=1-\frac{Q}{L_{yy}}$。这也证明利用离差分析检验方程的回归效果与利用相关系数检验回归效果是一致的。

2) 方差分析

离差分析中，回归效果的好坏可用 Q 或 U 来衡量，它与样本数 n 和变量个数 k 有关。统计上常采用方差比，引入统计量 F 作为检验回归效果好坏的标准。

$$F=\frac{U/k}{Q/(n-k-1)}$$

当给定信度 α，确定自由度 $f_1=k$，$f_2=n-k-1$，查 F 分布表，得到 F_α 后，若 $F_{计算值}\geqslant F_\alpha$，则回归效果较好，回归方程有意义；若 $F_{计算值}<F_\alpha$，则回归效果差，回归方程无意义。这种回归效果分析方法称为方差分析。

实际计算时，可列“方差分析表”逐项计算。例如，根据表 9.6 构建二元线性回归方程为 $\hat{y}_i=0.131x_{1i}+35.498x_{2i}-1298.72$，分别计算离差平方和 L_{yy}、回归平方和 U 和残差平方和 Q 填入表 9.7。

表 9.7　方差分析表

项目	平方和	自由度	F
回归(U)	$U=\sum_{i=1}^{n}(\hat{y}_i-\bar{y})^2=\sum_{j=1}^{k}b_jL_{jy}=116643.2$	$k=2$	$F=\frac{U/k}{Q/(n-k-1)}$
残差(Q)	$Q=\sum_{i=1}^{n}(y_i-\hat{y}_i)^2=L_{yy}-U=24679.9$	$n-k-1=12$	$=\frac{116643.2/2}{24679.9/12}$
总离差(L_{yy})	$L_{yy}=\sum_{i=1}^{n}(y_i-\bar{y}_i)^2=\sum_{i=1}^{n}y_i^2-\frac{1}{n}\left(\sum_{i=1}^{n}y_i\right)^2=170402.2$	$n-1=14$	$=28.3575$

查 F 表，$F_{0.01}^{(2,12)}=6.93$，$F_{计算值}=28.3575>6.93$，故此二元线性方程的回归效果显著，回归方程具有统计意义。

3. 各自变量的重要性分析

在多元回归方程 $\hat{y}_i = b_0 + \sum_{j=1}^{k} b_j x_{ji}$ 中，各自变量 x_i 对因变量 y 的效应是不同的。判断各自变量对因变量贡献大小的方法通常采用标准回归系数法和偏回归平方和法。

1）标准回归系数法

因自变量单位不同，直接按回归系数大小比较自变量对因变量贡献是不行的。为消除量纲影响，对回归系数进行标准化处理，标准回归系数 $b_i' = b_i \sqrt{\frac{L_{ii}}{L_{yy}}}$，$i=1, 2, \cdots, k$。标准回归系数 b_i' 与 x_i 所取的单位无关，b_i' 的大小可作为衡量各自变量 x_i 对因变量 y 贡献和作用大小的判别依据。

例如，北京冬小麦气候产量 y 与前一年 11 月平均气温 x_1 和前一年 7 月下旬至 8 月下旬的伏雨量 x_2 之间的回归方程为 $\hat{y}=17.4x_1+0.15x_2-21.58$，且已知 $L_{yy}=20993$、$L_{11}=37.52$、$L_{22}=376200$，求各变量的标准回归系数

$$b_1' = b_1 \sqrt{\frac{L_{11}}{L_{yy}}} = 17.4 \times \sqrt{\frac{37.52}{20993}} = 0.736$$

$$b_2' = b_2 \sqrt{\frac{L_{22}}{L_{yy}}} = 0.15 \times \sqrt{\frac{376200}{20993}} = 0.635$$

从计算结果可知，前一年 11 月平均气温的标准回归系数比前一年伏雨量的要大一些，说明气候产量受 11 月气温影响比伏雨影响要大，即从这两个自变量比较而言，气温相对于伏雨对气候产量作用更重要。

用标准回归系数大小识别主次因素，方法简便、直观，但只适用于因素之间关系不太密切的情况，否则，就会得出不正确的结论，应采用其他方法。

2）偏回归平方和法

所有自变量 x_i 对因变量 y 变化的总贡献，称为回归平方和。自变量越多，其回归平方和就越大，如果增加与 y 关系很小的变量，回归平方和的增加也会很小；如果去掉某一变量，则回归平方和就会减少，如果减少得少，则说明该因素是次要的，如果减少得越多，说明该因素越重要。取消一个自变量后，回归平方和减少的数值为 y 对这个自变量的偏回归平方和。利用偏回归平方和可以衡量各个因素在回归方程中所起作用的大小。

y 对 x_i 的偏回归平方和 P_i 的计算公式为

$$P_i = \frac{b_i^2}{c_{ii}}$$

式中，b_i 为回归系数；c_{ii} 为回归方程中正规方程组的系数矩阵 $\boldsymbol{L}=(L_{ij})$ 逆矩阵 $\boldsymbol{C}$ 中的元素。

P_i 越大，该因素对 y 的作用也越大，比较各因素的 P_i 值大小，即可分辨该因素的重要程度。经过 F 检验显著的偏回归平方和大的因素，一定是对 y 有重要影响的因素。构建回归方程要选择与 y 关系密切的因素，而因素之间的相关性则越小越好。

$$F_i=\frac{P_i}{S^2}=\frac{b_i^2}{c_{ii}S^2}=\frac{b_i^2}{c_{ii}}\cdot\frac{n-k-1}{Q}$$

查附表 2，如果 $F_i \geqslant F_\alpha^{(1,n-k-1)}$，通过显著性检验，即为比较重要的因素，可以留在回归方程中；否则，$F_i < F_\alpha^{(1,n-k-1)}$ 则不通过显著性检验，可从方程中剔除。

剔除一个变量 x_i 后，新回归系数与原回归系数 $b_j^*=b_j-\frac{c_{ij}}{c_{ii}}b_i\ (j\neq i)$。

对回归方程因子选择而言：简单相关系数越高，对残差平方和下降的贡献越大，即 r 越大，Q 越小；多引入一个因子，Q 就下降一些；当因子增加到一定数目，Q 下降的幅度就很小了。理论和实践都证明，因子数目在 5 个或 6 个为宜，因子太多不仅对方程所起的贡献已经不太大，而且还带来不少因子本身的各种随机因素，影响方程的稳定性。

在多元线性回归方程构建过程中要进行因子筛选，使对 y 贡献大的因子引进方程，同时对贡献小的因子予以剔除，以建立回归效果满意的最优回归方程。这种因子的引进和剔除都要经过 F 检验的双重检验，逐步回归技术是目前最广泛使用的回归分析方法。

复习思考题

1. 单产分解为趋势产量和气象产量前，是否需要对原始产量序列进行处理？
2. 比较不同趋势产量测算方法及其对应的产量年型的差异，分析差异产生的原因？
3. 马尔柯夫概型中的转移概率与绝对概率有何区别和联系？
4. 论述基于概率密度分布函数改进马尔柯夫概型对农业气象风险管理有哪些影响？
5. 简述简单相关系数、复相关系数和偏相关系数的计算方法和显著性检验步骤。
6. 如何运用双重逐步回归分析方法构建最优多元线性回归方程？

实习十三　农业气象产量测算

一、实习目的

1. 了解作物单产分解为趋势产量和气象产量的基本原理。

2. 掌握作物单产序列生成趋势产量的几种常用方法和判别气候产量年型。

二、实习资料

1. 华北冬麦区某县冬小麦单产序列（表 11）。

2. 湖南省常德市双季早稻的单产序列（表 11）。

表 11　华北某县冬小麦和湖南省常德市早稻单产及其分解项(1980～2010 年)

年份	冬小麦单产/(kg/hm²)	趋势产量/(kg/hm²)	气象产量/(kg/hm²)	相对气象产量/%	早稻单产/(kg/hm²)	趋势产量/(kg/hm²)	气象产量/(kg/hm²)	相对气象产量/%
1980	3285.5				4659.8			
1981	2735.3				6038.3			
1982	3026.3				5934.5			
1983	3784.5				4457.3			
1984	3232.6				5040.5			
1985	3548.3				3836.3			
1986	2610.7				4335.4			
1987	2363.9				3750.7			
1988	3045.2				4650.1			
1989	3345.8				4335.4			
1990	3525.6				4018.5			
1991	3690.5				3051.9			
1992	4539.4				4687.5			
1993	3942.8				4266.3			
1994	4320.3				4627.5			
1995	3510.7				3043.5			
1996	4545.8				4038.6			
1997	4290.3				5001.8			
1998	3225.6				4528.5			
1999	3180.5				3255.9			
2000	2430.9				4195.5			
2001	3180.1				4378.5			
2002	2850.4				2850.8			
2003	3826.5				4312.5			
2004	3136.5				4875.2			
2005	3786.2				4875.6			
2006	2710.8				5700.1			
2007	3817.5				5157.2			
2008	3140.7				5250.5			
2009	4240.3				4125.7			
2010	3883.5				4800.2			

三、实习内容

1. 对作物单产序列进行处理，生成与当地科学技术和生产发展水平一致的趋势产量。

2. 从实际单产中减去趋势产量项，计算气象产量。

3. 按气象产量和趋势产量百分比求算相对气象产量百分率。

4. 按相对气象产量百分率进行产量年型判断。

四、实习作业

1. 利用表 11 中年份和作物单产基础数据，计算趋势产量、气象产量和相对气象产量百分率，并把计算结果填入表 11 中的相应位置。

2. 绘制实际产量、趋势产量和气象产量的年际变化曲线，并判断产量年型。

实习十四　马尔柯夫概型预测

一、实习目的

1. 了解马尔柯夫链、气候概率、转移概率和绝对概率的概念。

2. 掌握转移概率的计算方法和运用马尔柯夫概型进行农业气象预测的方法。

二、实习资料

1. 湖南省常德市某县双季晚稻 1981～2012 年单产数据（表 9.2）。

2. 某地历年作物生长期的降水量及对应按降水量距平百分率划分的旱涝状态序列。

三、实习内容

1. 按相应方法将历史农业气象数据序列划分为与马尔柯夫链对应的等级状态。

2. 计算马尔柯夫转移概率。

3. 构建马尔柯夫概型进行农业气象状态预测。

4. 基于概率密度分布函数，结合马尔柯夫概型，进行相对气象产量百分率预测和降水量预测。

四、实习作业

1. 粮食产量的马尔柯夫概型预测。

(1) 选择合适的方法对作物单产进行分解，计算趋势产量和气象产量。

(2) 根据气象产量和趋势产量计算相对气象产量百分率，划分产量年型，即气候年型（状态）。

(3) 对气候年型（状态）按马尔柯夫过程计算转移概率，预测相对气象产量百分率。

(4) 根据趋势产量生成方法预测趋势产量，结合气候年型（状态）预测气象产量。

(5) 综合趋势产量和气象产量的预测结果得到作物产量预测结果。

2. 旱涝状态、降水概率和平均降水量预测。

(1) 根据生长期降水量和按降水量距平划分的旱涝状态序列，计算状态转移概率。

(2) 运用马尔柯夫概型，根据转移概率预测降水状态及其对概率预测。

(3) 随机生成具有原状态序列分布类型和转移概率的预测样本序列，运用改进的马尔柯夫概型，进行旱涝状态、降水概率和平均降水量的预测。

实习十五　相关回归分析

一、实习目的

1. 掌握线性相关与回归分析的意义及用途，掌握回归方程构建的原理、方法和步骤。

2. 掌握应用逐步回归分析方法建立最优回归方程的思路及计算步骤。

二、逐步回归的方法及原理

对相关矩阵，转换为增广矩阵 $\boldsymbol{R}^{(0)}=[r_{ij}{}^{(0)}]$。

1. 引入变量

计算尚未引进回归方程各变量的俯回归平方和：

$$P_i^{(g)}=[r_{iy}^{(g-1)}]^2/r_{ij}^{(g-1)} \tag{1}$$

选择 Max $\{P_i^{(g)}\}$，进行 F 检验，

$$F=\frac{P_i^{(g)}\cdot(n-g-2)}{r_{yy}^2x-P_i^{(g)}}$$

n 为样本数；g 为逐步回归步数。若 $F>F_\alpha$，则引入该变量。

2. 剔除变量

计算已引入回归方程各变量的偏回归平方和：

$$P_i^{(g)}=[r_{iy}^{(g-1)}]^2/r_{ij}^{(g-1)} \tag{2}$$

选择 Min $\{P_i^{(g)}\}$，计算 F 检验，

$$F=\frac{P_i^{(g)}\cdot(n-g-1)}{r_{yy}^{(g)}} \tag{3}$$

若 $F>F_\alpha$ 则剔除该变量。

3. 矩阵变换公式

$$r_{ij}^{(g)}=\begin{cases}r_{ij}^{(g-1)}-r_{ik}^{(g-1)}r_{kj}^{(g-1)}/r_{kk}^{(g-1)} & (i\neq k,\ j\neq k)\\ -r_{ik}^{(g-1)}/r_{kk}^{(g-1)} & (i\neq k,\ j=k)\\ r_{kj}^{(g-1)}r_{kk}^{(g-1)} & (i=k,\ j\neq k)\\ 1/r_{kk}^{(g-1)} & (i=k,\ j=k)\end{cases} \tag{4}$$

式中，g 为步数；i、j、k 为变量号。

三、逐步回归的步骤

1. 点绘初选变量与预报对象的相关分布图，选择适当的函数形式将非线性关系转化为线性关系；

2. 用线性化资料建立相关矩阵，并转换为增广矩阵 $\boldsymbol{R}^{(0)}=[r_{ij}^{(0)}]$；

3. 引入第一个变量。

(1) 利用式 (1) 计算各预报变量的偏回归平方和，选择 Max(P_i)变量 X_{k1}进行 F 检验。

若 $F_{k1}>F_\alpha$ [本实习 $\alpha=0.1$，设将选入因子为 2 个或 3 个，则 $k=2$ 或 3，$f=n-k-1$，查附表 2，得到相应 $F_{0.1}^{(1,f)}$ 的值]，则该因子 X_{k1} 作为引入回归方程的第一个变量；

(2) 利用矩阵变换公式对矩阵 $\boldsymbol{R}^{(0)}$ 作消去变换，得到矩阵 $\boldsymbol{R}^{(1)}$。

4. 引入第二个变量。

(1) 用 $\boldsymbol{R}^{(1)}$ 和式 (1) 计算尚未引入方程的变量的偏回归平方和，选 Max $\{P_i\}$ 变量 X_{k2} 进行 F 检验，若 $F_{k2}^{(2)}>F_\alpha$，则引入第二个变量 X_{k2}；

(2) 利用式 (4)，对 $\boldsymbol{R}^{(1)}$ 作消去变换，得到矩阵 $\boldsymbol{R}^{(2)}$；若 $F>F_\alpha$，则接步骤 2，继续考察是否有新变量引入。

5. 剔除变量。

(1) 利用 $R^{(2)}$ 和式 (2) 计算已引入方程的变量的偏回归平方和，选 Max $\{P_i\}$ 进行检验；

(2) 若 $F_2^{(2)}<F_\alpha$，则剔除该变量，对矩阵作消去变换，得到矩阵 $R^{(3)}$，若 $F>F_\alpha$，则接步骤 2，继续考察是否有新变量引入。

6. 每引入一个新变量均按引入第二变量的步骤进行计算，直到既无变量引入，也无变量从方程中剔除为止。

7. 建立预报方程。利用最后一步的矩阵结果，将标准化的回归系数、残差平方和还原成非标准化的回归系数和残差平方和。

8. 对预报方程进行回归效果检验，计算复相关系数 R 和剩余标准差 S。

四、实习资料和实习作业

1. 某因变量 y 与 4 个自变量 x_i 的样本数据资料如表 12 所示。

表 12　相关回归分析中自变量与因变量资料表

i	1	2	3	4	5	6	7	8	9	10	11	12	13
x_1	7	1	11	11	7	11	3	1	2	21	1	11	10
x_2	26	29	56	31	52	55	71	31	54	47	40	66	68
x_3	6	15	8	8	6	9	17	22	18	4	23	9	8
x_4	60	52	20	47	33	22	6	44	22	26	34	12	12
y	78.5	74.3	104.3	87.6	95.9	109.2	102.7	72.5	93.1	115.9	83.8	113.3	109.4

2. 建立某地 5 月降水量 (y) 的预报方程。由经验初步确定下列变量为初选变量 (表 13)：

表 13　某地降水及各因子的数据

序号	x_1	x_2	x_3	x_4	x_5	y
1	10.5	3.0	6.5	7.8	32.9	60.0
2	9.0	5.4	7.0	9.4	34.7	26.4
3	6.9	6.9	8.6	11.3	33.6	24.8
4	6.7	8.9	7.2	8.9	35.2	27.1
5	8.9	6.5	6.0	11.1	34.4	39.3

续表

序号	x_1	x_2	x_3	x_4	x_5	y
6	8.0	8.7	13.3	14.7	36.2	25.5
7	7.1	7.0	12.6	21.7	38.4	13.0
8	7.6	2.5	11.7	4.6	38.2	25.3
9	7.6	8.4	11.5	18.4	36.8	13.0
10	6.5	9.2	12.4	11.1	38.3	24.1
11	5.5	5.4	13.8	12.1	36.5	24.6
12	9.3	3.6	10.5	11.0	37.6	29.6
13	8.0	2.7	8.3	4.4	36.4	43.6
14	8.5	7.9	3.6	9.3	34.2	33.5
15	7.9	6.6	10.1	15.6	36.1	27.7
16	8.8	2.5	16.7	9.9	34.3	29.1

注：x_1 为头年 12 月下旬平均绝对湿度；x_2 为 2 月平均气温；x_3 为 3 月日照时数（以 10h 为单位）；x_4 为 1 月日照时数（以 10h 为单位）；x_5 为头年 9 月最高气温

3. 实习作业

（1）计算自变量与因变量两两因子之间的简单相关系数。

（2）运用 t 检验法检验简单相关系数是否通过显著性检验。

（3）对各自变量与因变量构建一元线性回归方程，并评价回归方程效果。

（4）运用逐步回归分析构建多元线性回归方程，并利用回归方程进行预测。

主要参考文献

段若溪，姚渝丽. 2005. 农业气象实习指导. 北京：气象出版社
侯双双，姜会飞，廖树华，等. 2010. 利用风险预测方法甄选农业气象灾害指标初探. 中国农业气象，31 (3)：462-466
黄嘉佑. 2004. 气象统计分析与预报方法. 3 版. 北京：气象出版社
姜会飞. 2008. 农业气象学. 北京：科学出版社
姜会飞. 2013. 农业气象学. 2 版. 北京：科学出版社
姜会飞，温德永，廖树华，等. 2006. 运用混沌理论预测粮食产量. 中国农业大学学报，11 (1)：47-52
刘福杰，王浩静，范立东. 2007. 红外测温仪原理及其在应用中注意的问题. 现代仪器，4：50，51
刘金铜，毕绪岱，蔡虹，等. 2002. 太行山区日本甜柿引种的气候生态适应性研究. 农业系统科学与综合研究，18 (1)：71-74
魏淑秋. 1985. 农业气象统计. 福州：福建科学技术出版社
张霭琛. 2007. 现代气象观测. 北京：北京大学出版社
中国气象局. 1993. 农业气象观测规范（上、下卷）. 北京：气象出版社
中国气象局. 2003. 地面气象观测规范. 北京：气象出版社
中国气象局. 2005. 生态气象观测规范（试行）. 北京：气象出版社
中国气象局. 2006. 湿度查算表（甲种本）. 北京：气象出版社

附表 1　t 分布的双侧分位数（t_α）表

f/α	0.5	0.2	0.1	0.05	0.02	0.01	0.005	0.002	0.001
1	1	3.078	6.314	12.706	31.821	63.657	127.321	318.309	636.619
2	0.816	1.886	2.92	4.303	6.965	9.925	14.089	22.327	31.599
3	0.765	1.638	2.353	3.182	4.541	5.841	7.453	10.215	12.924
4	0.741	1.533	2.132	2.776	3.747	4.604	5.598	7.173	8.61
5	0.727	1.476	2.015	2.571	3.365	4.032	4.773	5.893	6.869
6	0.718	1.44	1.943	2.447	3.143	3.707	4.317	5.208	5.959
7	0.711	1.415	1.895	2.365	2.998	3.499	4.029	4.785	5.408
8	0.706	1.397	1.86	2.306	2.896	3.355	3.833	4.501	5.041
9	0.703	1.383	1.833	2.262	2.821	3.25	3.69	4.297	4.781
10	0.7	1.372	1.812	2.228	2.764	3.169	3.581	4.144	4.587
11	0.697	1.363	1.796	2.201	2.718	3.106	3.497	4.025	4.437
12	0.695	1.356	1.782	2.179	2.681	3.055	3.428	3.93	4.318
13	0.694	1.35	1.771	2.16	2.65	3.012	3.372	3.852	4.221
14	0.692	1.345	1.761	2.145	2.624	2.977	3.326	3.787	4.14
15	0.691	1.341	1.753	2.131	2.602	2.947	3.286	3.733	4.073
16	0.69	1.337	1.746	2.120	2.583	2.921	3.252	3.686	4.015
17	0.689	1.333	1.74	2.11	2.567	2.898	3.222	3.646	3.965
18	0.688	1.33	1.734	2.101	2.552	2.878	3.197	3.61	3.922
19	0.688	1.328	1.729	2.093	2.539	2.861	3.174	3.579	3.883
20	0.687	1.325	1.725	2.086	2.528	2.845	3.153	3.552	3.85
21	0.686	1.323	1.721	2.08	2.518	2.831	3.135	3.527	3.819
22	0.686	1.321	1.717	2.074	2.508	2.819	3.119	3.505	3.792
23	0.685	1.319	1.714	2.069	2.5	2.807	3.104	3.485	3.768
24	0.685	1.318	1.711	2.064	2.492	2.797	3.091	3.467	3.745
25	0.684	1.316	1.708	2.06	2.485	2.787	3.078	3.45	3.725
26	0.684	1.315	1.706	2.056	2.479	2.779	3.067	3.435	3.707
27	0.684	1.314	1.703	2.052	2.473	2.771	3.057	3.421	3.69
28	0.683	1.313	1.701	2.048	2.467	2.763	3.047	3.408	3.674

续表

f/α	0.5	0.2	0.1	0.05	0.02	0.01	0.005	0.002	0.001
29	0.683	1.311	1.699	2.045	2.462	2.756	3.038	3.396	3.659
30	0.683	1.31	1.697	2.042	2.457	2.750	3.030	3.385	3.646
31	0.682	1.309	1.696	2.04	2.453	2.744	3.022	3.375	3.633
32	0.682	1.309	1.694	2.037	2.449	2.738	3.015	3.365	3.622
33	0.682	1.308	1.692	2.035	2.445	2.733	3.008	3.356	3.611
34	0.682	1.307	1.091	2.032	2.441	2.728	3.002	3.348	3.601
35	0.682	1.306	1.69	2.03	2.438	2.724	2.996	3.340	3.591
36	0.681	1.306	1.688	2.028	2.434	2.719	2.99	3.333	3.582
37	0.681	1.305	1.687	2.026	2.431	2.715	2.985	3.326	3.574
38	0.681	1.304	1.686	2.024	2.429	2.712	2.98	3.319	3.566
39	0.681	1.304	1.685	2.023	2.426	2.708	2.976	3.313	3.558
40	0.681	1.303	1.684	2.021	2.423	2.704	2.971	3.307	3.551
50	0.679	1.299	1.676	2.009	2.403	2.678	2.937	3.261	3.496
60	0.679	1.296	1.671	2	2.39	2.66	2.915	3.232	3.46
70	0.678	1.294	1.667	1.994	2.381	2.648	2.899	3.211	3.436
80	0.678	1.292	1.664	1.99	2.374	2.639	2.887	3.195	3.416
90	0.677	1.291	1.662	1.987	2.368	2.632	2.878	3.183	3.402
100	0.677	1.29	1.66	1.984	2.364	2.626	2.871	3.174	3.39
200	0.676	1.286	1.653	1.972	2.345	2.601	2.839	3.131	3.34
500	0.675	1.283	1.648	1.965	2.334	2.586	2.82	3.107	3.31
1000	0.675	1.282	1.646	1.962	2.33	2.581	2.813	3.098	3.3
10000	0.6745	1.2816	1.6449	1.96	2.3263	2.5758	2.807	3.0902	3.2905

附表 2　F 检验的临界值 F_α 表

$\alpha = 0.005$

$f_2 \backslash f_1$	1	2	3	4	5	6	8	12	24	∞
1	16211	20000	21615	22500	23056	23437	23925	24426	24940	25465
2	198.5	199	199.2	199.2	199.3	199.3	199.4	199.4	199.5	199.5
3	55.55	49.8	47.47	46.19	45.39	44.84	44.13	43.39	42.62	41.83
4	31.33	26.28	24.26	23.15	22.46	21.97	21.35	20.7	20.03	19.32
5	22.78	18.31	16.53	15.56	14.94	14.51	13.96	13.38	12.78	12.14
6	18.63	14.45	12.92	12.03	11.46	11.07	10.57	10.03	9.47	8.88
7	16.24	12.4	10.88	10.05	9.52	9.16	8.68	8.18	7.65	7.08
8	14.69	11.04	9.6	8.81	8.3	7.95	7.5	7.01	6.5	5.95
9	13.61	10.11	8.72	7.96	7.47	7.13	6.69	6.23	5.73	5.19
10	12.83	9.43	8.08	7.34	6.87	6.54	6.12	5.66	5.17	4.64
11	12.23	8.91	7.6	6.88	6.42	6.1	5.68	5.24	4.76	4.23
12	11.75	8.51	7.23	6.52	6.07	5.76	5.35	4.91	4.43	3.9
13	11.37	8.19	6.93	6.23	5.79	5.48	5.08	4.64	4.17	3.65
14	11.06	7.92	6.68	6	5.56	5.26	4.86	4.43	3.96	3.44
15	10.8	7.7	6.48	5.8	5.37	5.07	4.67	4.25	3.79	3.26
16	10.58	7.51	6.3	5.64	5.21	4.91	4.52	4.1	3.64	3.11
17	10.38	7.35	6.16	5.5	5.07	4.78	4.39	3.97	3.51	2.98
18	10.22	7.21	6.03	5.37	4.96	4.66	4.28	3.86	3.4	2.87
19	10.07	7.09	5.92	5.27	4.85	4.56	4.18	3.76	3.31	2.78
20	9.94	6.99	5.82	5.17	4.76	4.47	4.09	3.68	3.22	2.69
21	9.83	6.89	5.73	5.09	4.68	4.39	4.01	3.6	3.15	2.61
22	9.73	6.81	5.65	5.02	4.61	4.32	3.94	3.54	3.08	2.55
23	9.63	6.73	5.58	4.95	4.54	4.26	3.88	3.47	3.02	2.48
24	9.55	6.66	5.52	4.89	4.49	4.2	3.83	3.42	2.97	2.43
25	9.48	6.6	5.46	4.84	4.43	4.15	3.78	3.37	2.92	2.38
26	9.41	6.54	5.41	4.79	4.38	4.1	3.73	3.33	2.87	2.33
27	9.34	6.49	5.36	4.74	4.34	4.06	3.69	3.28	2.83	2.29
28	9.28	6.44	5.32	4.7	4.3	4.02	3.65	3.25	2.79	2.25
29	9.23	6.4	5.28	4.66	4.26	3.98	3.61	3.21	2.76	2.21
30	9.18	6.35	5.24	4.62	4.23	3.95	3.58	3.18	2.73	2.18
40	8.83	6.07	4.98	4.37	3.99	3.71	3.35	2.95	2.5	1.93
60	8.49	5.79	4.73	4.14	3.76	3.49	3.13	2.74	2.29	1.69
120	8.18	5.54	4.5	3.92	3.55	3.28	2.93	2.54	2.09	1.43

续表

α=0.01

$f_2 \backslash f_1$	1	2	3	4	5	6	8	12	24	∞
1	4052	4999	5403	5625	5764	5859	5981	6106	6234	6366
2	98.49	99.01	99.17	99.25	99.3	99.33	99.36	99.42	99.46	99.5
3	34.12	30.81	29.46	28.71	28.24	27.91	27.49	27.05	26.6	26.12
4	21.2	18	16.69	15.98	15.52	15.21	14.8	14.37	13.93	13.46
5	16.26	13.27	12.06	11.39	10.97	10.67	10.29	9.89	9.47	9.02
6	13.74	10.92	9.78	9.15	8.75	8.47	8.1	7.72	7.31	6.88
7	12.25	9.55	8.45	7.85	7.46	7.19	6.84	6.47	6.07	5.65
8	11.26	8.65	7.59	7.01	6.63	6.37	6.03	5.67	5.28	4.86
9	10.56	8.02	6.99	6.42	6.06	5.8	5.47	5.11	4.73	4.31
10	10.04	7.56	6.55	5.99	5.64	5.39	5.06	4.71	4.33	3.91
11	9.65	7.2	6.22	5.67	5.32	5.07	4.74	4.4	4.02	3.6
12	9.33	6.93	5.95	5.41	5.06	4.82	4.5	4.16	3.78	3.36
13	9.07	6.7	5.74	5.2	4.86	4.62	4.3	3.96	3.59	3.16
14	8.86	6.51	5.56	5.03	4.69	4.46	4.14	3.8	3.43	3
15	8.68	6.36	5.42	4.89	4.56	4.32	4	3.67	3.29	2.87
16	8.53	6.23	5.29	4.77	4.44	4.2	3.89	3.55	3.18	2.75
17	8.4	6.11	5.18	4.67	4.34	4.1	3.79	3.45	3.08	2.65
18	8.28	6.01	5.09	4.58	4.25	4.01	3.71	3.37	3	2.57
19	8.18	5.93	5.01	4.5	4.17	3.94	3.63	3.3	2.92	2.49
20	8.1	5.85	4.94	4.43	4.1	3.87	3.56	3.23	2.86	2.42
21	8.02	5.78	4.87	4.37	4.04	3.81	3.51	3.17	2.8	2.36
22	7.94	5.72	4.82	4.31	3.99	3.76	3.45	3.12	2.75	2.31
23	7.88	5.66	4.76	4.26	3.94	3.71	3.41	3.07	2.7	2.26
24	7.82	5.61	4.72	4.22	3.9	3.67	3.36	3.03	2.66	2.21
25	7.77	5.57	4.68	4.18	3.86	3.63	3.32	2.99	2.62	2.17
26	7.72	5.53	4.64	4.14	3.82	3.59	3.29	2.96	2.58	2.13
27	7.68	5.49	4.6	4.11	3.78	3.56	3.26	2.93	2.55	2.1
28	7.64	5.45	4.57	4.07	3.75	3.53	3.23	2.9	2.52	2.06
29	7.6	5.42	4.54	4.04	3.73	3.5	3.2	2.87	2.49	2.03
30	7.56	5.39	4.51	4.02	3.7	3.47	3.17	2.84	2.47	2.01
40	7.31	5.18	4.31	3.83	3.51	3.29	2.99	2.66	2.29	1.8
60	7.08	4.98	4.13	3.65	3.34	3.12	2.82	2.5	2.12	1.6
120	6.85	4.79	3.95	3.48	3.17	2.96	2.66	2.34	1.95	1.38
∞	6.64	4.6	3.78	3.32	3.02	2.8	2.51	2.18	1.79	1

续表

α=0.025

$f_2 \setminus f_1$	1	2	3	4	5	6	8	12	24	∞
1	647.8	799.5	864.2	899.6	921.8	937.1	956.7	976.7	997.2	1018
2	38.51	39	39.17	39.25	39.3	39.33	39.37	39.41	39.46	39.5
3	17.44	16.04	15.44	15.1	14.88	14.73	14.54	14.34	14.12	13.9
4	12.22	10.65	9.98	9.6	9.36	9.2	8.98	8.75	8.51	8.26
5	10.01	8.43	7.76	7.39	7.15	6.98	6.76	6.52	6.28	6.02
6	8.81	7.26	6.6	6.23	5.99	5.82	5.6	5.37	5.12	4.85
7	8.07	6.54	5.89	5.52	5.29	5.12	4.9	4.67	4.42	4.14
8	7.57	6.06	5.42	5.05	4.82	4.65	4.43	4.2	3.95	3.67
9	7.21	5.71	5.08	4.72	4.48	4.32	4.1	3.87	3.61	3.33
10	6.94	5.46	4.83	4.47	4.24	4.07	3.85	3.62	3.37	3.08
11	6.72	5.26	4.63	4.28	4.04	3.88	3.66	3.43	3.17	2.88
12	6.55	5.1	4.47	4.12	3.89	3.73	3.51	3.28	3.02	2.72
13	6.41	4.97	4.35	4	3.77	3.6	3.39	3.15	2.89	2.6
14	6.3	4.86	4.24	3.89	3.66	3.5	3.29	3.05	2.79	2.49
15	6.2	4.77	4.15	3.8	3.58	3.41	3.2	2.96	2.7	2.4
16	6.12	4.69	4.08	3.73	3.5	3.34	3.12	2.89	2.63	2.32
17	6.04	4.62	4.01	3.66	3.44	3.28	3.06	2.82	2.56	2.25
18	5.98	4.56	3.95	3.61	3.38	3.22	3.01	2.77	2.5	2.19
19	5.92	4.51	3.9	3.56	3.33	3.17	2.96	2.72	2.45	2.13
20	5.87	4.46	3.86	3.51	3.29	3.13	2.91	2.68	2.41	2.09
21	5.83	4.42	3.82	3.48	3.25	3.09	2.87	2.64	2.37	2.04
22	5.79	4.38	3.78	3.44	3.22	3.05	2.84	2.6	2.33	2
23	5.75	4.35	3.75	3.41	3.18	3.02	2.81	2.57	2.3	1.97
24	5.72	4.32	3.72	3.38	3.15	2.99	2.78	2.54	2.27	1.94
25	5.69	4.29	3.69	3.35	3.13	2.97	2.75	2.51	2.24	1.91
26	5.66	4.27	3.67	3.33	3.1	2.94	2.73	2.49	2.22	1.88
27	5.63	4.24	3.65	3.31	3.08	2.92	2.71	2.47	2.19	1.85
28	5.61	4.22	3.63	3.29	3.06	2.9	2.69	2.45	2.17	1.83
29	5.59	4.2	3.61	3.27	3.04	2.88	2.67	2.43	2.15	1.81
30	5.57	4.18	3.59	3.25	3.03	2.87	2.65	2.41	2.14	1.79
40	5.42	4.05	3.46	3.13	2.9	2.74	2.53	2.29	2.01	1.64
60	5.29	3.93	3.34	3.01	2.79	2.63	2.41	2.17	1.88	1.48
120	5.15	3.8	3.23	2.89	2.67	2.52	2.3	2.05	1.76	1.31
∞	5.02	3.69	3.12	2.79	2.57	2.41	2.19	1.94	1.64	1

续表

α=0.05

$f_2 \backslash f_1$	1	2	3	4	5	6	8	12	24	∞
1	161.4	199.5	215.7	224.6	230.2	234	238.9	243.9	249	254.3
2	18.51	19	19.16	19.25	19.3	19.33	19.37	19.41	19.45	19.5
3	10.13	9.55	9.28	9.12	9.01	8.94	8.84	8.74	8.64	8.53
4	7.71	6.94	6.59	6.39	6.26	6.16	6.04	5.91	5.77	5.63
5	6.61	5.79	5.41	5.19	5.05	4.95	4.82	4.68	4.53	4.36
6	5.99	5.14	4.76	4.53	4.39	4.28	4.15	4	3.84	3.67
7	5.59	4.74	4.35	4.12	3.97	3.87	3.73	3.57	3.41	3.23
8	5.32	4.46	4.07	3.84	3.69	3.58	3.44	3.28	3.12	2.93
9	5.12	4.26	3.86	3.63	3.48	3.37	3.23	3.07	2.9	2.71
10	4.96	4.1	3.71	3.48	3.33	3.22	3.07	2.91	2.74	2.54
11	4.84	3.98	3.59	3.36	3.2	3.09	2.95	2.79	2.61	2.4
12	4.75	3.88	3.49	3.26	3.11	3	2.85	2.69	2.5	2.3
13	4.67	3.8	3.41	3.18	3.02	2.92	2.77	2.6	2.42	2.21
14	4.6	3.74	3.34	3.11	2.96	2.85	2.7	2.53	2.35	2.13
15	4.54	3.68	3.29	3.06	2.9	2.79	2.64	2.48	2.29	2.07
16	4.49	3.63	3.24	3.01	2.85	2.74	2.59	2.42	2.24	2.01
17	4.45	3.59	3.2	2.96	2.81	2.7	2.55	2.38	2.19	1.96
18	4.41	3.55	3.16	2.93	2.77	2.66	2.51	2.34	2.15	1.92
19	4.38	3.52	3.13	2.9	2.74	2.63	2.48	2.31	2.11	1.88
20	4.35	3.49	3.1	2.87	2.71	2.6	2.45	2.28	2.08	1.84
21	4.32	3.47	3.07	2.84	2.68	2.57	2.42	2.25	2.05	1.81
22	4.3	3.44	3.05	2.82	2.66	2.55	2.4	2.23	2.03	1.78
23	4.28	3.42	3.03	2.8	2.64	2.53	2.38	2.2	2	1.76
24	4.26	3.4	3.01	2.78	2.62	2.51	2.36	2.18	1.98	1.73
25	4.24	3.38	2.99	2.76	2.6	2.49	2.34	2.16	1.96	1.71
26	4.22	3.37	2.98	2.74	2.59	2.47	2.32	2.15	1.95	1.69
27	4.21	3.35	2.96	2.73	2.57	2.46	2.3	2.13	1.93	1.67
28	4.2	3.34	2.95	2.71	2.56	2.44	2.29	2.12	1.91	1.65
29	4.18	3.33	2.93	2.7	2.54	2.43	2.28	2.1	1.9	1.64
30	4.17	3.32	2.92	2.69	2.53	2.42	2.27	2.09	1.89	1.62
40	4.08	3.23	2.84	2.61	2.45	2.34	2.18	2	1.79	1.51
60	4	3.15	2.76	2.52	2.37	2.25	2.1	1.92	1.7	1.39
120	3.92	3.07	2.68	2.45	2.29	2.17	2.02	1.83	1.61	1.25
∞	3.84	2.99	2.6	2.37	2.21	2.09	1.94	1.75	1.52	1

续表

α=0.10

$f_2 \backslash f_1$	1	2	3	4	5	6	8	12	24	∞
1	39.86	49.5	53.59	55.83	57.24	58.2	59.44	60.71	62	63.33
2	8.53	9	9.16	9.24	9.29	9.33	9.37	9.41	9.45	9.49
3	5.54	5.46	5.36	5.32	5.31	5.28	5.25	5.22	5.18	5.13
4	4.54	4.32	4.19	4.11	4.05	4.01	3.95	3.9	3.83	3.76
5	4.06	3.78	3.62	3.52	3.45	3.4	3.34	3.27	3.19	3.1
6	3.78	3.46	3.29	3.18	3.11	3.05	2.98	2.9	2.82	2.72
7	3.59	3.26	3.07	2.96	2.88	2.83	2.75	2.67	2.58	2.47
8	3.46	3.11	2.92	2.81	2.73	2.67	2.59	2.5	2.4	2.29
9	3.36	3.01	2.81	2.69	2.61	2.55	2.47	2.38	2.28	2.16
10	3.29	2.92	2.73	2.61	2.52	2.46	2.38	2.28	2.18	2.06
11	3.23	2.86	2.66	2.54	2.45	2.39	2.3	2.21	2.1	1.97
12	3.18	2.81	2.61	2.48	2.39	2.33	2.24	2.15	2.04	1.9
13	3.14	2.76	2.56	2.43	2.35	2.28	2.2	2.1	1.98	1.85
14	3.1	2.73	2.52	2.39	2.31	2.24	2.15	2.05	1.94	1.8
15	3.07	2.7	2.49	2.36	2.27	2.21	2.12	2.02	1.9	1.76
16	3.05	2.67	2.46	2.33	2.24	2.18	2.09	1.99	1.87	1.72
17	3.03	2.64	2.44	2.31	2.22	2.15	2.06	1.96	1.84	1.69
18	3.01	2.62	2.42	2.29	2.2	2.13	2.04	1.93	1.81	1.66
19	2.99	2.61	2.4	2.27	2.18	2.11	2.02	1.91	1.79	1.63
20	2.97	2.59	2.38	2.25	2.16	2.09	2	1.89	1.77	1.61
21	2.96	2.57	2.36	2.23	2.14	2.08	1.98	1.87	1.75	1.59
22	2.95	2.56	2.35	2.22	2.13	2.06	1.97	1.86	1.73	1.57
23	2.94	2.55	2.34	2.21	2.11	2.05	1.95	1.84	1.72	1.55
24	2.93	2.54	2.33	2.19	2.1	2.04	1.94	1.83	1.7	1.53
25	2.92	2.53	2.32	2.18	2.09	2.02	1.93	1.82	1.69	1.52
26	2.91	2.52	2.31	2.17	2.08	2.01	1.92	1.81	1.68	1.5
27	2.9	2.51	2.3	2.17	2.07	2	1.91	1.8	1.67	1.49
28	2.89	2.5	2.29	2.16	2.06	2	1.9	1.79	1.66	1.48
29	2.89	2.5	2.28	2.15	2.06	1.99	1.89	1.78	1.65	1.47
30	2.88	2.49	2.28	2.14	2.05	1.98	1.88	1.77	1.64	1.46
40	2.84	2.44	2.23	2.09	2	1.93	1.83	1.71	1.57	1.38
60	2.79	2.39	2.18	2.04	1.95	1.87	1.77	1.66	1.51	1.29
120	2.75	2.35	2.13	1.99	1.9	1.82	1.72	1.6	1.45	1.19
∞	2.71	2.3	2.08	1.94	1.85	1.17	1.67	1.55	1.38	1